青蓝工程
专业能力必修系列

初中 历史教师
专业能力必修

chuzhong lishi jiaoshi zhuanye nengli bixiu

教育部基础教育课程教材发展中心　组编

编委会主任：曹志祥　周安平
本 册 主 编：朱汉国　单怀俊

西南师范大学 出版社
全国百佳图书出版单位 国家一级出版社

图书在版编目（CIP）数据

初中历史教师专业能力必修/朱汉国，单怀俊主编
—重庆：西南师范大学出版社，2012.7
（青蓝工程系列丛书）
ISBN 978-7-5621-5870-7

Ⅰ.①初…　Ⅱ.①朱…②单…　Ⅲ.①中学历史课—
教学研究—初中—师资培训—教材　Ⅳ.①G633.512

中国版本图书馆 CIP 数据核字（2012）第 160650 号

青蓝工程系列丛书
编委会主任：曹志祥　周安平
策　划：森科文化

初中历史教师专业能力必修
朱汉国　单怀俊　主编

责任编辑：段小佳　郑　丽
特约编辑：张丹丹
封面设计：红十月设计室
出版发行：西南师范大学出版社
　　　　　地址：重庆市北碚区天生路1号
　　　　　邮编：400715　市场营销部电话：023-68868624
　　　　　http://www.xscbs.com
经　　销：新华书店
印　　刷：重庆东南印务有限责任公司
开　　本：787mm×1092mm　1/16
印　　张：13.5
字　　数：230千字
版　　次：2012年7月　第1版
印　　次：2012年7月　第1次印刷
书　　号：ISBN 978-7-5621-5870-7

定　　价：26.00元

编者的话

在基础教育课程改革 10 周年之际，伴随着义务教育课程标准的再次修订与正式颁布，我们隆重推出这套"青蓝工程——学科教师专业能力必修系列"丛书。丛书立足于教师应该具备的最基本的教学专业知识与普适技能，为有效实施新修订的义务教育课程标准，深化基础教育课程改革，贯彻落实《国家中长期教育改革和发展规划纲要（2010－2020 年）》，助力素质教育高质量地推进提供了保证。

"教育大计，教师为本。"课程改革的有效实施和素质教育的贯彻落实需要一支高素质、专业化的教师队伍做支撑。教师的专业化发展在我国历来受到高度重视，但今天我国教师的专业化水平与社会的现实需求和时代的进步，特别是与教育改革发展的需要还存在着较大的差距。

以往，我们常常说教师要提高自身的专业水平或教学技能，但一个合格的教师究竟需要哪些最基本的专业知识与专业技能？教师的专业发展又该朝着哪个方向和目标去努力？这些问题，在教师专业化发展，尤其是在学科教师专业能力的提高上，一直以来并不是十分清晰。因此，我们聘请了当前活跃在基础教育学科领域的顶级专家，他们中的绝大多数是直接参与义务教育课程标准修订、审议或教材编写的资深学者，以担任相应学科的中小学教师应该（需要）了解（具备）的最基本的常识性知识和技能为出发点，总结了具有普适意义的学科教育教学知识和技能，力求推进教师教育教学能力的均衡发展，实现大多数教师教育教学能力的达标。从这个意义上，可以说这套丛书是教师专业化水平建设与发展的一个奠基工程，也是 10 年基础教育课程改革成果的结晶。我们希望青年教师不但能从书中充分汲取全国资深专家与优秀教师的经验、成果，更能"青出于蓝而胜于蓝"，在前辈的引领下，大胆创新，勇于超越，也因此，我们将丛书命名为"青蓝工程"。

丛书从"知识储备"和"技能修炼"两个维度展开论述（个别学科根据自身特点在目录形式上略有不同）。"知识储备"部分一般包括：①对学科课程价值的理解与认识；②修订后课标（义务教育）的主要精神；③针对该学段、该学科的教学所需的基本知识和内容等。"技能修炼"部分主要针对教学设计、目标把握、教学实施与教学评价等专题展开论述。每个专题下根据学科特点和当前教学实际设有几个小话题，以案例导入或结合案例的形式阐述教师教学所必需的技能以及形成这些技能所需要的方法和途径等。

本丛书具有权威性、系统性和普适性，希望对广大教师，特别是青年教师的专业成长能有实实在在的帮助。

丛书编委会
2012 年 1 月

目 录
Contents

下篇　技能修炼　69

初

中历史教师专业能力必修

Chu Zhong Li Shi Jiao Shi Zhuan Ye Neng Li Bi Xiu

知 识 储 备

历史教师要想很好地完成教学，首先要理解教学目标，掌握教学中的基本问题，形成历史课程资源观，同时还要注意理解和把握主要教学内容，了解历史研究领域的新进展。

专题一　历史教学三维目标的理解

基本理论与学习要点

一、历史课程目标与教学目标的关系

（一）历史课程目标概述

课程目标是课程设计者基于课程性质、课程理念、课程特点，预设的课程学习中学生行为的变化与发展，是选择课程内容、编写教材、实施教学和学业评价的基本依据，也是《课程标准》的主体部分。历史课程目标是对历史这门课程学习的总体要求，以及要达到的预期目的和效果，它反映的是国家和社会对历史这门课程的教育宗旨和要求。历史课程目标包括课程总体目标、课程具体目标和课程具体内容。

《义务教育历史课程标准（2011年版）》（以下简称《课程标准》）从纵横两个角度规定了义务教育阶段历史课程的目标。从横向看，它把课程目标分解成三个维度，即知识与能力、过程与方法、情感态度价值观，这三个维度密切联系、不可分割，且又相互独立、相互制约。从纵向看，它包括三个层次：前言部分提出的宏观课程总目标，课程目标部分基于课程性质和课程基本理念提出的中观课程具体目标，课程内容部分是六大学习板块的微观目标（微观目标包括"课程内容"和"教学活动建议"两部分，前者提出了可操作的识记、理解、运用等层次分明的内容目标要求，后者作为内容目标的组成部分，是对实施内容目标所作的说明，主要提供"怎么教"的建议。）这三个纵向目标之间，前者皆是后者的上位目标，后者是前者的分解和具化，是为上位目标服务的。如课程总体目标中提出"使学生了解和认识人类社会的发展历程"；[①] 课程具体目标则进一步明确提出"学生能够掌握中外历史的基本知识，初步掌握学习历史的基本方法和基本技能""知道重要的历史事件、历史人物及历史现象，知道人类文明的主要成果，初步掌握历史发展的基本线索"[②] "通过多种途径感知历史，学会从当时的历史条件理解历史上的人和事，并经过分析、综合、概括、比较等思维过程，形成历史概念，进而认识历史发展的时代特征和历史发展的基本趋势"[③] 等目标及达标路径；

---

① 中华人民共和国教育部．义务教育历史课程标准（2011年版）[S]．北京：北京师范大学出版社，2012．
② 中华人民共和国教育部．义务教育历史课程标准（2011年版）[S]．北京：北京师范大学出版社，2012．
③ 中华人民共和国教育部．义务教育历史课程标准（2011年版）[S]．北京：北京师范大学出版社，2012．

而微观课程内容目标则更具体，如《中国古代史》学习板块在板块导言中要求"通过学习，知道中国古代的一些重要历史人物、历史事件和历史现象，了解中国古代历史发展的基本线索",[①] 目标达成的时间范围较前更加明确，内容范围明显缩小；至于板块课程内容则更加细化，如"知道夏朝的建立标志着国家的产生，知道夏、商、周三代的更替，了解西周的分封制及其作用。"[②]

《课程标准》所呈现的历史课程目标具有以下特点：

1. 提出了课程目标及达成的具体要求：保留了实验稿课标"知识与能力""过程与方法""情感态度价值观"三维目标的划分，但对所要达成的"三维目标"的表述，则更为清晰、明确和完整。课程目标的确立，还注重课标体系内部目标的联系，宏观的课程目标与纵观板块目标、课程内容微观目标之间的结合更为紧密。

2. 提出了可操作的、层次分明的课程内容要求：课程内容是对学习内容和基本目标的原则性要求，是学生必须掌握的历史基础知识和必须经历的历史思维训练过程。历史课程标准根据初中生的认知特点，在"课程内容"部分对学生学习的历史内容提出了三个层次的要求：第一层次为识记层次，约占全部内容的70％；第二层次为理解层次，约占全部内容的20％；第三层次为应用层次，约占全部内容的10％。

3. 提出了完成内容目标的"教学活动建议"："课程内容"与"教学活动建议"是表达内容目标的两个密不可分的要件。内容目标中的"教学活动建议"与"实施建议"中的"教学建议"有所不同。它旨在倡导通过多样的教学方式，使学生更加积极、主动地对历史进行感知、理解和探究，为内容目标的实现提供了基本的教学思路，同时也为有效实施历史教学在过程上作了一定程度的规范。它作为内容目标的组成部分，是对实施内容目标所作的说明，主要提供"怎么教"的建议。

4. 提出了具体的评价建议：课程标准要求以"课程目标"和"课程内容"为依据，"注重目标、教学和评价的一致性，运用科学、可行和多样的评价方式，对学生的历史学习过程和效果进行价值判断。评价不仅要关注学生的学习结果，更要关注学生在学习过程中的发展和变化。"[③] "学习评价应坚持诊断性评价、形成性评价与终结性评价相结合，教师评价与学生自我评价、同伴评价相结合，量化评价与质性评价相结合的原则。既要注重评价学生的学业成就，如历史知识、能力、思维方法与品质等，还要考虑到学习的其他变化，如对所学内容的情感倾向、对学习方式的效果领悟以及与相关学科的迁移情况，特别是学生对历史认识上的变化。"[④] 对于评价的设计、评价的实施以及评价结果的解释与反馈，课程标准都作了明确说明。

（二）义务教育历史课程总体目标

《课程标准》在前言部分提出："义务教育阶段的历史课程，是在唯物史观的指导

① 中华人民共和国教育部 . 义务教育历史课程标准（2011 年版）[S] . 北京：北京师范大学出版社，2012.
② 中华人民共和国教育部 . 义务教育历史课程标准（2011 年版）[S] . 北京：北京师范大学出版社，2012.
③ 中华人民共和国教育部 . 义务教育历史课程标准（2011 年版）[S] . 北京：北京师范大学出版社，2012.
④ 中华人民共和国教育部 . 义务教育历史课程标准（2011 年版）[S] . 北京：北京师范大学出版社，2012.

下，弘扬以爱国主义为核心的民族精神和以改革创新为核心的时代精神，传承人类文明的优秀传统，使学生了解和认识人类社会的发展历程，更好地认识当代中国和当今世界。学生通过历史课程的学习，初步学会从历史的角度观察和思考社会与人生，从历史中汲取智慧，逐步树立正确的世界观、人生观和价值观，提高综合素质，得到全面发展。"[1] 这实际上明确了义务教育阶段历史课程的总体目标，这一总体目标明确了义务教育阶段历史课程的性质，即它是人文社会科学中的一门基础课程，具有思想性、基础性、人文性和综合性，对学生的全面发展和终身发展有着重要的意义。义务教育阶段历史课程是公民教育和人格教育，而非专业教育，它体现了从"知识为本"到"育人为本"教育理念的转变。课程的价值趋向不是培养历史学家，而是适应社会发展的需要，培养具有正确的价值取向和积极向上的人生态度、正确的历史意识和良好的历史素养与人文素养、富有对祖国和人民的责任感和正确的国际意识，树立为中国特色社会主义事业、人类的和平与发展作贡献的人生理想的全面发展的人。

（三）义务教育历史课程具体目标

《课程标准》在第二部分提出了义务教育阶段历史课程的具体目标，即"通过义务教育阶段历史课程的教学，学生能够掌握中外历史的基本知识，初步掌握学习历史的基本方法和基本技能；对人类历史的延续与发展产生认知兴趣，感悟中华文明的历史价值和现实意义，养成爱国主义情感，开拓观察世界的视野，认识世界历史发展的总体趋势；初步形成正确的世界观、人生观和价值观，为成为拥有良好综合素质的合格公民奠定基础。"[2] 在课程标准中，课程具体目标采取的是结果性目标与体验性目标结合的陈述方式，具体分解为"知识与能力""过程与方法""情感态度价值观"三个层面，通常简称为"三维目标"。"三维目标"明确而具体，更具可操作性。

1. "知识与能力"目标

"知识与能力"目标既是教学的出发点，又是教学的归宿，也是传统教学合理的内核，是我们应该继承的东西。这一维度的目标是义务教育历史课程目标中的基本要求，是应知、应会、直接和基本的目标，它能够促进学生的基本素质得到全面提高，并具备进一步发展的潜能。它在新课程三维目标中处于基础地位，具体指的是学生知识和技能的变化、发展及其程度，是学生了解和习得的该学科最重要的显性成果。通俗地讲，就是我们常说的学生知道"是什么"，会重复"怎么做——这样做"。其从低到高分别是知道、了解、初步认识、归纳、初步说明、掌握、初步学会、学会。

《课程标准》对该目标是这样阐述的："①知道重要的历史事件、历史人物及历史现象，知道人类文明的主要成果，初步掌握历史发展的基本线索。②了解历史的时序，初步学会在具体的时空条件下对历史事物进行考察，从历史发展的进程中认识历史人

---

[1] 中华人民共和国教育部. 义务教育历史课程标准（2011年版）[S]. 北京：北京师范大学出版社，2012.
[2] 中华人民共和国教育部. 义务教育历史课程标准（2011年版）[S]. 北京：北京师范大学出版社，2012.

物、历史事件的地位和作用。③了解多种历史呈现方式，包括文献材料、图片、图表、实物、遗址、遗迹、影像、口述以及历史文学作品等，提高历史的阅读能力和观察能力，形成符合当时历史条件的一定的历史情景想象。④初步学会从多种渠道获取历史信息，了解以历史材料为依据来解释历史的重要性；初步形成重证据的历史意识和处理历史信息的能力，逐步提高对历史的理解能力，初步学会分析和解决历史问题。⑤学会用口头、书面等方式陈述历史，提高表达与交流的能力。"①

"知识"是客观世界在主观认识中的正确反映。就历史课程而言，"知识"就是关于历史事实的知识以及对这些史实的整理、思考、解释和评价的知识。前者主要包括在历史上起过重大作用，具有重要影响的历史人物、历史事件和历史现象以及重要的历史概念和历史发展的基本线索；后者主要指对前者认识、评价基础上形成的新知识。如"唐太宗是唐朝皇帝，年号贞观。他实行……取得了……""唐太宗是一位开明君主，贞观之治的条件……原因……特点……历史作用和意义……"。

在学生掌握基本历史知识的过程中，教师要有意识地培养学生的基本技能。历史学科的基本能力，主要包括历史学习的心智技能和历史学习的思维能力。前者要求逐步形成正确的历史时空概念，拥有正确计算历史年代、识别和使用历史图表的基本技能，初步具备阅读史料和获取信息的能力，提高用口头语、书面语以及图表陈述历史问题的表达能力；后者要求形成丰富的历史想象力和知识迁移能力，逐步了解一定的分析、综合、比较、归纳、概括、判断等逻辑方法，初步形成在独立思考的基础上得出结论的能力；在此基础上，初步了解"人类社会是从低级向高级不断发展的""历史发展是有规律的"等科学的历史观，学习客观地认识和评价历史人物、历史事件和历史现象。

在"技能"目标中，学生的基本技能培养包括两个层次的目标。一是独立操作水平，包括独立完成操作、进行调整与改进、尝试与已有技能建立联系等，常使用完成、表现、制定、解决、拟订、绘制、尝试、试验等行为动词加以陈述。二是迁移水平，包括在新的情境下运用已有技能、理解同一技能在不同情境中的适用性等，常使用联系、转换、灵活运用、举一反三、触类旁通等行为动词加以陈述。②

2."过程与方法"目标

"过程与方法"既是课堂教学的目标之一，又是课堂教学的操作系统，将"过程与方法"纳入课程目标是课程改革的突出特点，是在"知识与能力"目标基础上对课程目标的进一步开发，这个目标实际上反映的是教学方式的一种转变。

《课程标准》对该目标是这样阐述的："①通过多种途径感知历史，学会从当时的历史条件理解历史上的人和事，并经过分析、综合、概括、比较等思维过程，形成历

① 中华人民共和国教育部. 义务教育历史课程标准（2011年版）[S]. 北京：北京师范大学出版社，2012.
② 朱汉国. 新编历史教学论[M]. 上海：华东师范大学出版社，2008.

史概念，进而认识历史发展的时代特征和历史发展的基本趋势。②在学习历史的过程中，逐步学会运用时序与地域、原因与结果、动机与后果、延续与变迁、联系与综合等概念，对历史事实进行理解和判断。③在了解历史事实的基础上，逐步学会发现问题、提出问题，初步理解历史问题的价值和意义，并尝试体验探究历史问题的过程，通过搜集资料、掌握证据和独立思考，初步学会对历史事物进行分析和评价，并在探究历史的过程中尝试反思历史，汲取历史的经验教训。④逐步掌握学习历史的一些基本方法，包括计算历史年代的方法、阅读教科书及有关历史读物的方法、识别和运用历史地图和图表的方法、查找和收集历史信息的途径和方法、运用材料具体分析历史问题的方法等。⑤初步掌握解释历史问题的方法，力求在表达自己的见解时能够言而有据，推论得当；学会与教师、同学共同对历史问题进行探究与讨论，能够积极汲取他人的正确见解，善于与他人合作，交流学习心得和经验。"[1]

新课程倡导过程的体验、方法的选择与习得，要求历史教师不仅要关注学生的学习结果，更要关注学生的学习过程，以培养学生的科学素养、科学方法和实践能力，促进学生的全面发展。"过程与方法"目标反映了教学方式的一种转变。通俗地讲，就是从知道"是什么"和实现"怎么做——这样做"的经历中，逐步形成"怎样知道是什么"和"为什么这样做"的思维方式。它有利于理解和掌握已获得的"知识与能力"，并使其发生迁移——举一反三，从而促进学生新的"知识与能力"的学习。它的目标实际上并不只是停留在现有知识的掌握上，它追求的应该是一种发展性、发散性的学习方式，强调的是以后的应用，由此及彼使学生在学会知识的过程中所掌握的方法可以在以后的学习，甚至更长远的时候产生影响和作用。这是一种经历和体验，可持续发展的目标在新课程三维目标中处于关键地位。

就历史课程而言，"过程"包括对历史的感知过程、积累历史知识的过程、理解历史与现实的过程、学生精神境界升华的过程、参与学习以及学会学习的过程。"方法"指的是掌握史学界确认史实和解释与评价历史的思维方法。历史学习的一些基本方法包括：①认知学习类，包括听说、阅读、观察、记忆、思考等；②实践学习类，包括练习、收集资料、制作图表、写作、实验、参观、表演等；③评鉴性学习类，包括欣赏、研究、总结、评论、创作等；④交流性学习类，包括模仿、暗示、讨论、访问、调查、游戏、社会活动等；⑤探究式学习方式，包括学生主动参与教学、善于提出并解决和总结问题、独立探究与交流合作相结合、注重实践能力和创新精神。在"过程与方法"目标上，课程标准特别强调探究式等以学生为主体的学习方法，使学生学会用历史的眼光来分析历史与现实的问题。

"过程"中必定有"方法"，而"方法"需要通过"过程"来实践。该目标从低到高（获得的时间先后）为感知——形成表象、初步学会——收集信息、比较、抽象、

---

① 中华人民共和国教育部．义务教育历史课程标准（2011年版）[S]．北京：北京师范大学出版社，2012．

概括——形成概念——理解分布和发展变化的规律；尝试发现问题——探究思路——收集信息——运用知识——提出看法或解决问题的设想；运用一定的方法和手段——表达自己的观点——交流。

3."情感·态度·价值观"目标

情感，包括道德感、美感、理智感；态度，包括认知成分、情感成分、行为倾向；价值观，指的是行为取向以及对思想和行为的评价。情感态度价值观既是课程目标之一，又是课堂教学的动力系统。该目标是在知识与能力、过程与方法目标基础上对教学目标深层次的开拓，是一个深层次的人格目标，它适当淡化了历史课程的政治功能，拓宽了以往政治思想教育目标的内涵，注重人文素养和科学精神的培养，要求对多元文明成果的理解与尊重，突出体现了历史课程的教育功能和社会功能，是课程目标改革的重要特点。"情感态度价值观"是指对课程内容、学习方式与氛围的情绪体验和关于价值的信念、主张及其核心观点的抉择"底线"，在学习中起着关注与否、思维倾向、评价标准、原则尺度的作用。它处于三维目标的终极地位，是课程目标的核心和灵魂，也是历史课程实施过程中最有创新潜力的领域。

《课程标准》对该目标是这样阐述的："①从历史的角度认识中国的具体国情，认同中华民族的优秀文化传统，尊重和热爱祖国的历史和文化；认识在漫长的历史进程中，我国各族人民密切交往、相互依存、休戚与共，形成了中华民族多元一体的格局，共同推动了国家发展和社会进步，增强民族自信心和自豪感。②感悟近现代中国人民为救亡图存和实现中华民族伟大复兴而进行的英勇奋斗和艰苦探索，认识中国共产党在中国革命、建设和改革事业中的决定作用，树立中国特色社会主义理想信念；继承和弘扬以爱国主义为核心的民族精神，认识到国家统一、民族团结和社会稳定是中国强盛的重要保证，初步形成对国家、民族的认同感，增强历史责任感。③了解人类社会历史发展的基本趋势及人类文化的多样性，理解和尊重世界各国、各民族的文化传统，学习汲取人类创造的优秀文明成果；认识和平与发展是当今时代的主题，逐步形成面向世界的视野和意识。④认识人类历史上物质文明、精神文明发展的重要性，理解历史上的革命与改革在不同程度上促进了社会的进步，认识从专制到民主、由人治到法治是历史发展的必然趋势，不断发展社会主义民主与加强社会主义法制意识。⑤认识科学技术的发展对人类历史进步的推动作用，逐步形成尊重科学、崇尚科学的意识，树立求真、求实和创新的科学态度；从历史的演变中认识合理开发和利用资源、生态环境保护的重要性，初步形成可持续发展的观念。⑥认识人民群众创造历史的作用以及杰出人物在历史上的重要贡献，汲取前人的经验和智慧，初步理解个人与群体、个人与社会的关系，提高对是与非、善与恶、美与丑的识别判断力，逐步确立积极进取的人生态度，形成健全的人格和健康的个性品质。"[1]

① 中华人民共和国教育部．义务教育历史课程标准（2011 年版）[S]．北京：北京师范大学出版社，2012．

该目标从低到高为认识——认同——尊重——热爱——增强；认识——意识——观念——人格、品质；尊重——自尊、自信、合作——全球意识。该目标把情感态度价值观目标的实现融合在知识与能力、过程与方法目标实现的过程中，使情感态度价值观目标的实现获得体现的载体。实现该维度的目标，一是要有一定的情境；二是给学生以体验的机会；三是持之以恒，不可求"毕其功于一役"。

（四）如何理解"三维目标"的关系

知识与能力、过程与方法、情感态度价值观是新课程目标的三个维度，这三个维度又是一个不可分割、相互交融、相互渗透的连续过程和有机整体。"知识与能力"立足于让学生把"是什么"学会，"过程与方法"立足于让学生会学（如何获得），"情感态度价值观"立足于让学生乐学（内化为自己的东西）。

三维目标其内在的统一性，统一指向人的发展。相对于人的发展这一总体目标的"三维"是交融互进的，任何一个目标都不能脱离整体而单独优先发展，缺失任一维度都无法筑成完整的人的发展的金字塔。"知识与能力"目标只有在学习者积极反思、大胆批判和实践运用的过程中，才能实现经验性的意义建构；"情感态度价值观"目标只有伴随着学习者对学科知识技能的反思、批判与运用，才能得到提升；而"过程与方法"目标，只有学习者以积极的情感、态度为动力，以知识与能力目标为适用对象，才能体现它本身存在的价值。只有认识到这一点，才能完整理解三维目标的内涵，为最终做好三维目标设计创造条件。

（五）课程目标和教学目标的关系

课程目标和教学目标反映的是在教育不同层面上的教育要求。

课程目标是课程设计者预设的课程学习中学生行为的变化与发展，是选择课程内容、编写教材、实施教学和学业评价的基本依据，历史教育功能的实质就在于全面完成历史课程目标。

教学目标也称行为目标，是 20 世纪六七十年代出现的一门新兴的综合性应用学科——教育技术学（也称教育工艺学或教育工程学）的专门术语，指的是教授者在教学过程中提出的目标，即由一课时或若干课时构成的教学或活动课题的目标。教学目标应在课程目标的基础上根据自身的条件来确定。从理论上来说，它应高于课程目标，应在课程标准规定内容的基础上拓展一些新的内容。

束鹏芳在《三维目标的表述——基于知识及其知识意义追寻的线性递进》一文中指出："三维目标是依靠某些具体的历史内容，通过历史教学来完成的课程目标，它不涉及具体的教学手段和方式，而教学目标则可以是通过什么手段或基于什么教学用的历史材料、通过怎样的教学方式来实现什么样的三维目标，如此，三维目标其实就是历史蕴涵的课程价值，挖掘、探寻并实现这些价值的教学行为就成了我们的教学目标。"

教育部颁布的初中历史课程标准规定了具体的课程目标，它提出的是全国初中学生要完成学业的一个最低标准，但并不意味着要求全国学生不分城乡、不分东西部都向最低标准看齐。各地区、各学校可以应该根据自身的条件，在国家课程标准的基础上规定自己的教学目标。

教育目的、课程目标、教学目标的关系[1]

层　　级	陈述名称	制定者	特　　点	举　　例
一级（教育目的）	教育方针或培养目标	政府/国家	抽象、笼统、比较关注"应然"状态，是一种理想。	在德育、智育、体育几方面都得到全面发展。
二级（课程目标）	九年义务教育历史课程目标	学科专家	从"抽象"逐步过渡到"具体"。	初步具备阅读、理解和通过多种途径获取并处理历史信息的能力。
	九年义务教育历史与社会课程目标			会用多种方法和现代信息技术收集、保存、处理和评价社会信息。
	普通高中历史课程目标			进一步提高阅读和通过多种途径获取历史信息的能力。
三级（教学目标）	单元/章节或活动的教学目标	教师	比较具体，比较关注"实然"状态，是一种实践。	《展示活字印刷》的活动目标：锻炼动手能力，体验活字印刷技术。

教育目的——课程目标（学科总目标——学段目标——学期目标）——教学目标（单元/课时目标）

　　教学目标的上位概念是国家教育目的（或教育方针）和课程目标。国家教育目的（或教育方针）是国家对教育的总体要求，是一定社会、一定阶级对受教育者身心发展的总体要求。它规定了教育应当培养具有何种功能的成员以及教育所要形成的人的素质及其结构，具有高度的原则性、概括性和抽象性。培养目标是各级各类学校根据教育目的制定的、符合一定社会需要的教育要求，它主要规定了某一类别的学校教育活动的培养规格和具体培养目标，即普通教育学校的培养目标和专门教育学校的培养目标。由于培养目标要通过一系列的教学活动来实现，因此，教学目标又可被看做是培养目标的具体化。

　　学科教学目标是指学科教学所要达到的总体目标和阶段目标，单元教学目标是指课程结构中各个组成部分的具体要求，课时教学目标是对每课时提出的具体要求。

　　国家教育目的是通过学校培养目标来实现，而学校培养目标则又通过学科教学目

---

① 姚锦祥. 新课程理念下的创新教学设计：初中历史［M］. 长春：东北师范大学出版社，2005.

初中历史教师专业能力必修 Chu Zhong Li Shi Jiao Shi Zhuan Ye Neng Li Bi Xiu

標来实施，学科教学目标再具体分解成单元教学目标和课时教学目标。所以，国家教育目的的实现和学校培养目标的完成，最终要通过课堂教学目标来具体落实。

二、历史教学目标的确定

（一）确立教学目标的基本要求

1. 准确把握课标要求

教学目标的制定依据是体现国家教育目的、体现课程目标的学科课程标准，准确把握课标要求是正确制定教学目标的首要前提。

把握课标要求，首先要宏观通读，了解纵横两个维度的课程目标。从纵向上看，课程标准在"前言"的"课程性质"与"课程基本理念"等部分规定了义务教育阶段历史课程的总体目标，在"课程目标"与"课程内容"部分规定了应达到的具体目标，在"实施建议"部分提出了教学及评价建议和课程资源的开发与利用建议，说明了"怎样做"和"如何做得更好"的问题。从横向上看，它又把课程目标分解成知识与能力、过程与方法、情感态度价值观三个层面的目标。其中"情感态度价值观"是优先考虑的目标，"过程与方法"是组织教学内容的主导目标，而"知识与技能"则是支撑上述目标得以实施的基础，服从并服务于上述目标的设置。因此，设计教学目标要把这三者内容有机地结合在一起。

把握课标要求，还要细读课标中"课程内容"的具体要求，要明确不同学习板块具体知识点的学习能级要求。按照了解、理解、应用等不同层次的要求确立教学目标，切不可自作主张。当然，制定目标也不宜按照标准规定生搬硬套，而是要充分挖掘各学习内容的历史教育功能，设计出最有学科教育特色的目标。

2. 认真做好学情分析

确定教学目标的另一个重要前提是做好学情分析。反思我们以往的教学实践，大多不理想的结果都与教学设计有关，而关键问题在于目标确立忽视了对行为主体——学生的分析，体现的是教师的一相情愿，这种格式化、一成不变的教学目标直接制约了教学的效果。学情分析主要包括学生的生理心理特征、学生的性别特征、学生的个体特点、学生已有的认知水平、学生的经验阅历以及班级情况分析，教师在进行教学设计时，只有基于学生的实际，才能确保教学的针对性和有效性。

3. 研读教材，拓展资源

历史教材是开展历史教学活动的重要依据，是历史教育资源的核心部分，开展任何形式的教学活动都不能置课本于不顾。所以，作为教师不仅要科学地看待课本，更要灵活地利用课本，使课本成为一种动态的、生成性的主要教学资源载体。而教材的知识描述是知识的具体体现，也是学科能力培养和方法习得的重要载体，教材的单元、课标题以及各子目不仅反映了课本的知识结构和联系，而且还揭示了学习的重难点。所以，教师在充分研究教材的基础上确立的教学目标，才不会是无源之水、无本之木。

此外，历史学科所具有的独特性质，使其拥有丰富的课程资源。这些资源包括文字资料、影视资料、历史文物、历史遗址遗迹等，历史教师要强化历史课程资源意识，在确立教学目标前，要尽可能多地拓展这些资源，使确立的目标更有血有肉，更具乡土特色和个性化色彩。

（二）确立教学目标的基本原则

1. 目标的整体化（全面性原则）

所谓目标的整体化，即目标的全面性，就是把学生当做完整的人来看待，把学生的发展看做是认知、能力、情感、德行全面、协调发展的过程，目标确立要体现"三维"要求。

2. 目标的层次化（全体性原则）

所谓目标的层次化，即重视学生客观存在的差异性和多样性，要求教师在确立教学目标时设计不同水平和层次的教学目标。

第一，找准基点。教师首先要分析学生原有的认知发展水平和思想品德的发展状况，基于"最近发展区"设计具有针对性的教学目标。

第二，分化目标。教师在总体目标确立后，将目标分解成具有不同级差的分目标，以适应不同层次学生的需求，使每位学生在原有知识水平的基础上都能有所提高。

3. 目标的具体化（可操作性原则）

课堂教学目标在方向上必须和总体目标、阶段目标以及学科目标相一致，真正使目标落实到学生的发展上。课堂教学目标必须具体可行，即可操作、可评价、可反馈、可修改。如课时教学目标要使学生明确在本课结束时，应当知道和理解哪些内容，掌握或培养哪种技能，要使学生将学习与他们自己的生活相结合，重点强调一种行为模式。教学目标的具体化是提高教学质量的有效途径。

（三）目标确立中的主要问题

1. 生搬硬套形式化

生搬硬套形式化，主要是指教师照抄课程标准或教参相关内容，不考虑目标的科学性、实用性和适宜性。在三维目标的体现上，生搬硬套，不合逻辑；在教学活动顺序上倒置，先备内容，再写目标，出于应付检查之需要，根本不重视"目标引领教学"的意义和价值。

2. 目标描述空泛化

目标内容陈述大而空，缺乏可操作性和可实现性。知识目标仅是教材标题或子目的翻抄，或是缺乏理性分析的广而泛的内容；而能力目标几乎通用于所有学习内容，不具有针对性，如"培养学生的归纳分析能力、培养学生的合作能力"等；情感教育目标则贴标签，甚至有的教师自己都不理解"情感态度价值观"的概念和内涵。

3. 目标内容片面化

目标内容片面化，主要表现在两个方面：一是三维目标不能统筹兼顾，重"知识与能力"，轻"过程与方法"，弃"情感态度价值观"；二是只关注预设目标，忽视生成目标的达成。

三、历史教学目标的撰写

（一）陈述教学目标的主体

教学目标是对学习者通过教学后应该表现出来的可见行为能够进行具体明确的表述，它是学习结果的行为描述，而非学习内容的具体规定。教学目标所检验的是学生有没有达到学习结果，而不是评价教师有没有完成某项工作。因此，教学目标的陈述必须从学习的主体——学生的角度出发，陈述行为结果的典型特征。

设计教学目标时，教师要注意使用以学生为主体的第一人称方式，从人文关怀的角度，多运用富于情感、激励性的语言，激发学生的自信心，调动学生学习的积极性。如使用"通过学习，我们能列出……""通过学习，我们能说明……""通过学习，我们能概括……""通过学习，我们应该树立……""通过学习，我们将形成……"，等等。

（二）陈述教学目标的维度

教学目标主要包括结果性目标和体验性目标（或表现性目标）。结果性目标主要在"知识与技能"和部分的"过程与方法"中有较好的体现，是学习者在很大程度上能够达到的并且是可测量（量化评价）的结果。体验性目标则主要在"情感态度价值观"部分，是学习者的表现机会和心理体验，它难以量化评价，但可进行质性评价。

1. 结果性目标

它要求说明学生的学习结果是什么，所采用的行为动词要求明确、可检测，可量化。结果化的教学目标，主要应用于"知识与技能"领域。

（1）知识。历史课程标准提出了了解、理解和应用三个层次的要求。

"了解"属于第一层次，是学习初中历史课程最基本的目标。它要求学生能正确地说出或写出这类历史内容的基本史实。如知道秦始皇统一中国，了解秦代的中央集权制度。

"理解"属于第二层次，要求学生在达到第一层次要求的基础上，能对所学的历史内容进行归纳和整理，形成对历史问题的初步认识。如理解中国古代经济重心的南移。

"应用"属于第三层次，要求学生能运用已有的知识和技能，初步分析所学历史问题的因果关系、利弊得失和影响意义，并能作出自己的解释和判断。如探讨抗日战争胜利的原因及历史意义。

（2）技能。一是模仿水平，包括在原型示范和具体指导下完成操作，对所提供的对象进行模拟、修改等。如模拟制作泥活字，了解活字印刷的过程。

二是独立操作水平，包括独立完成操作、进行调整与改进、尝试与已有技能建立联系等。如制作表格，分类整理《南京条约》《马关条约》《辛丑条约》的有关内容，了解中国逐步沦为半殖民地半封建社会的基本线索。

三是迁移水平，包括在新情境下运用技能、理解同一技能在不同情境中的适用性等。如利用有关资料在地图上标出中国工农红军长征的路线。

2. 体验性或表现性目标

描述学生心理的感受、体验或明确安排学生表现的机会，所采用的行为动词往往是体验性的、过程性的。这种方式指向无需结果化的或难以结果化的教学目标，主要应用于"过程与方法"和"情感态度价值观"领域。

体验性目标或表现性目标主要包括经历、反应、领悟三个由低到高逐渐发展的水平层次。

经历（感受）水平，包括独立从事或合作参与相关活动，建立感性认识等。如考察抗日战争的历史遗址、遗迹，访问亲历抗战的老人，采访日军侵华罪行的受害者或见证人等。

反应（认同）水平，包括在经历基础上表达感受、态度和价值判断，作出相应的反应等。如观看《大决战》等影片，感受人民解放战争波澜壮阔的历史场景。

领悟（内化）水平，包括具有相对稳定的态度，表现出持续的行为，具有个性化的价值观念等。如举办"我最崇拜的科学家"主题故事会，树立为科学献身的理想和抱负等。

（三）陈述教学目标的基本方式

陈述教学目标时，应采用心理描述和行为目标相结合的方式，使教学目标的完备性与操作性都得以体现。

行为教学目标的叙写，一般包含四个要素：行为主体（Audience）、行为动词（Behavior）、行为条件（Condition）和表现程度（Degree）。简称 ABCD 型式。

1. 行为主体

教学目标也称为行为目标，是针对学生的学习行为而制定的，其描述主体是学生，而非教师。

2. 行为动词

行为是学习目标中必不可少的要素，它表明学生经过学习以后能做什么和应该达到的能力水平，这样教师才能从学生的行为变化中了解学习目标是否已经实现了。一般情况下，常使用一个动宾结构的短语来描述行为，其中动词是一个行为动词，它表明了学习的类型，可观察、可测量，而宾语则说明具体的学习内容。

针对不同的学习领域及不同层次的学习目标，有一些可供教师参考选用的动词。

"了解"层次所使用的行为动词，主要包括说出、写出、背诵、辨认、选出、举例、列举、复述、描述、识别等。

"理解"层次所使用的行为动词，主要包括解释、说明、阐明、分类、归纳、概述、概括、判断、收集、整理等。

"应用"层次所使用的行为动词，主要包括分析、比较、探讨、讨论、质疑、总结、评价等。

"经历"层次所使用的行为动词，主要包括经历、感受、参加、参与、尝试、讨论、交流、合作、分享、参观、访问、考查、体验等。

"反映"层次所使用的行为动词，主要包括认同、接受、同意、反对、欣赏、称赞、喜欢、讨厌、感兴趣、关心、关注、支持、尊重、爱护、珍惜、怀疑、抵制、克服、帮助、拥护等。

"领悟"层次所使用的行为动词，主要包括形成、养成、具有、热爱、树立、建立、坚持、保持、确立、追求等。

3. 行为条件

行为条件是指产生目标指向的结果行为的条件，是影响学生产生学习结果的特定的限制或范围。一般包括环境、设备、时间、信息以及同学或教师等有关人的因素，其有四种表述方式：第一种是使用辅助手段，如以"如何看待拿破仑的历史作用"为题展开讨论，尝试与同学交流并敢于发表自己的意见，学习客观评价历史人物的方法，逐渐形成从多角度分析历史问题的思维习惯。第二种是提供信息或提示，如在地图上能找出我国 5 个经济特区和 1984 年开放的 14 个沿海港口城市的地理位置。第三种是时间上的限制，如思考 3 分钟归纳或概括抗日战争胜利的主要原因。第四种是完成行为的情境，如在课堂讨论时能叙述"……要点"等。

4. 表现程度

表现程度即行为标准，也称为"标准"。该要素表明了行为合格的最低要求，教师可以用它来衡量学生的行为是否合格，学生也能够以此来检查自己的行为与学习目标之间是否还有差距。标准可使用数字或百分比来表示，也可采用定性的方法，或定性与定量相结合的方法来表示。

当我们把以上四个要素综合在一起的时候，就完成了一个完整教学目标的制定。当然，并不是所有目标的呈现方式都要包括这四个要素，有时为了陈述简便，省略了行为主体或行为条件，前提是以不会引起误解或多种解释为标准。

如：

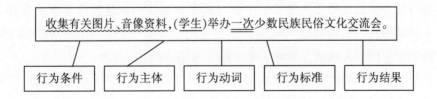

案例分析

案例1

传统教学目标的描述

课题：第10课　秦王扫六合

教学目标

基础知识目标

秦灭六国及其意义。秦始皇巩固统一的主要措施：建立封建专制主义的中央集权制度和统一文字、货币和度量衡，焚书坑儒，攻打匈奴，修筑万里长城，开凿灵渠。秦的疆域。

能力培养目标

①通过讨论"郡县制与分封制的差别"、评价"焚书坑儒"，培养学生分析问题和陈述历史问题的能力。

②通过引导学生分析秦始皇的功与过，使学生初步了解一定的归纳、分析和判断的逻辑方法；学习客观地认识和评价历史人物，初步形成知识迁移的能力。

③通过"荆轲刺秦王"和"秦王扫六合"之间的比较分析，使学生找到历史发展的规律，明确必然性与偶然性之间的关系，从中体会到唯物主义的观点和方法，以此来观察、分析、判断当今社会的一些重大问题。

思想教育目标

①秦始皇统一六国，开创了中国古代历史的新局面。秦国的统一以及秦始皇巩固统一的措施对中国历史产生了深远的影响，对中国古代多民族国家的形成以及中华民族的发展作出了积极的贡献。

②长城和灵渠是我国古代的伟大工程，也是我国古代劳动人民辛勤劳动与智慧的结晶。

分析：本案例从传统教学观念而言，应属教学设计精品。从知识目标到能力目标，再到思想教育目标，目标描述维度齐全、层次清晰，各方面目标表述也基本正确，重视方法和能力的培养，渗透思想教育。然而，从新课程理念角度分析，也存在一些问题：

一是行为主体是教师，忽视了学生学习的主体地位。多是教师要学生怎样，学生完全处于被动参与、被动接受的状态。该表述把学生置于非自主性的被动客体地位，不利于激发学生的学习热情，影响了学生的学习积极性。

二是行为指向不明确，不同层次目标达成要求模糊。如"基础知识目标"掌握的程度不确定，"思想教育目标"只有进行思想教育的因素，没有指出其结果，对于学生在情感、态度方面期待产生的变化没有作明确表述。

三是行为标准不全面，要求过高或过于笼统。过程与方法目标表述缺失；知识与

初
中
历
史
教
师
专
业
能
力
必
修

Chu Zhong Li Shi Jiao Shi Zhuan Ye Neng Li Bi Xiu

能力目标分离，无法有效检测；部分目标要求过高，超越了学生的实际水平，缺乏基本内容，实施比较困难。如"使学生找到历史发展的规律，明确必然性与偶然性之间的关系，从中体会到唯物主义的观点和方法，以此来观察、分析、判断当今社会的一些重大问题"，历史发展的规律靠一节课是无论如何也找不到的，因此对初一学生而言，"体会到唯物主义的观点和方法，以此来观察、分析、判断当今社会的一些重大问题"的要求也显得大而空。

我们不妨对本课目标作如下调整：

（1）知道秦始皇建立中央集权统治和修筑长城、开发南疆的有关史实；列举秦始皇统一文字、货币、度量衡等巩固统一的具体措施。

（2）以"如何看待秦始皇的历史作用"为题展开讨论，尝试与同学交流并敢于发表自己的意见，学习客观评价历史人物的方法，培养从多角度分析历史问题的思维习惯。

（3）以"秦朝在中国历史上起了什么重要作用"为题，探讨秦国的统一以及秦始皇巩固统一的措施对我国历史产生的深远影响，体会国家统一的重要性。

案例2

"三维目标"格式化的描述

课题：春秋战国时期的百家争鸣

教学目标

1. 知识与能力

知道儒家、道家、墨家、法家等诸子百家的代表人物及主要观点；了解孔子、孟子、荀子对儒家思想形成和发展的重要贡献；认识百家争鸣形成的原因及对当时和后世产生的重要影响；提高学生阅读材料和分析历史问题的能力。

2. 过程与方法

观看孔子教授学生的动画片，了解孔子的基本思想和人生观点。通过相关的寓言和成语故事来了解道家、法家和墨家的主要观点，增强感性认识。采用比较和启发式教学等方法来理解四家学说的特色和观点，让学生运用诸子百家的观点来解决现实问题，使学生积极参与整个思考过程，用争鸣来理解"争鸣"。

3. 情感态度价值观

感受诸子百家为人类思想文化所作出的卓越贡献，体会人类优秀思想对后世的影响；感受先哲们在做人、处世和立国等方面的智慧。

分析：本案例教学目标的撰写体现了"三维"，表述全面，可操作性强，但同样也有值得商榷的地方。首先，三维目标的主体是学生，"过程与方法"目标中的"让学生、使学生"等词可以删掉。其次，课程标准将课程目标阐述为"三维目标"，它是从宏观角度来论述历史学科的课程目标的，它并没有结合具体的、特定的历史教学内容，所以有一定的合理性。如果我们在设计一节历史课的教学目标时，还从这三个角度来阐释是否合理，就值得商榷了。何成刚先生在《历史课堂教学目标：分列不如综合》

一文中提出，目标的阐述"分列不如综合，将'三维'的思想隐性地，而非显性地渗透进教学目标的整体阐释之中"，可以避免对历史认识的不同层次和角度的阐释的割裂，防止历史认识的混乱，在论述上"一气呵成"，保证整体感，更利于教学操作。

那么，《春秋战国时期的百家争鸣》的课堂教学目标是否可以这样设计：

（1）知道儒家、道家、墨家、法家等诸子百家的代表人物及主要观点，尤其是通过观看孔子教授学生的动画片，了解孔子的基本思想和人生观，进而了解孔子、孟子和荀子对儒家思想的形成和发展的重要贡献。

（2）通过相关寓言和成语故事来了解道家、法家和墨家的主要观点，然后通过比较、讨论、探究等方法加深对四家学说的特色和观点的理解。

（3）在此基础上认识百家争鸣形成的原因及对当时和后世产生的重要影响；在多元的思想中，感受诸子百家为人类思想文化所作出的卓越贡献，体会人类优秀思想对后世的影响；感受先哲们在做人、处世和立国等方面的智慧，同时能够从诸子百家的观点中获取有助于解决现实问题的有益启发。

修炼建议

教学目标在教学活动中有着十分重要的作用，是教学活动的第一要素和基本前提。教学目标对教学的重要性，犹如标杆对跳高运动员的重要性。没有了标杆，世界跳高冠军恐怕连一米五的高度都跳不过；同样，没有了明确、科学的教学目标，我们的教学过程就会出现盲目性，教学评价也无从着手。苏联教育家巴班斯基认为，实现教学最优化的第一个办法或第一工作，就是制定恰当的教学目标。这是很有道理的。只有教学目标真正成为学生实现学习目标的依据、教师教学过程的支撑、教学行为评价的标准时，才能真正体现出新课改"以学生为本、以学生的发展为本"的教学理念，才能提高教学的有效性，才能真正让新课程改革开花结果。如何正确理解和科学确定"三维目标"是教师教学最重要的基本功，需要每一位教师不断学习与探索、总结与完善。

在此提出以下几点建议：

（1）教师要加强对历史课程目标的学习，把握历史课程目标的实质与内涵，并在此基础上探索适宜、具体、可操作的教学目标，充分发挥目标在教学过程中的导向、激励和评价作用。

（2）结合理论学习和教学实践，教师要多做自我反思、调整和完善自己所确立的教学目标。结合备课组活动、校本教研、校际交流等活动及各种教研活动，互相学习、交流、探讨有关教学目标的确立与撰写等问题。

（3）教师要加强对不同年级、不同课型教学目标确立的研究，分别撰写新授课、复习课、常规课、活动课的教学目标，并进行自我评析。

（4）教师要经常关注历史教学杂志上刊登的优秀教学设计或教学案例汇编上的有关教学目标的内容，汲取成功做法，并养成批判性鉴赏的习惯。

专题二 历史教学中的几个基本问题

基本理论与学习要点

一、教学中的师生关系

良好的师生关系是现代课堂教学的重要组成部分，它能化为强大的力量，激励学生不断自我完善，为教师运用各种教育教学手段提供条件。建立新型的师生关系是实施素质教育的需要，是提高教学效率和质量的重要保证，也是现代课堂教学的必然要求。

（一）师生关系的内涵

从现有的各种研究和论述来看，对师生关系的内涵大都没有作出明确的界定。较为完整又较为通行的定义有这样几个：

师生关系，是指教师和学生在教育教学过程中结成的相互关系，包括彼此所处的地位、作用和相互对待的态度等。

"师生关系是教师与学生在教育过程中为完成一定的教育任务，以'教'和'学'为中介而形成的一种特殊的社会关系，是学校最基本的人际关系。"[1]

"师生关系，是指教师和学生在教育教学过程中，通过相互影响和作用而形成和建立起来的一种特殊的人际关系。"[2]

陈桂生认为，师生关系存在着社会关系、教与学的工作关系以及自然的人际关系三重关系。他指出从师生关系的这三重性质中，历史地形成了师生关系的三原则。一是作为教育工作关系的师生关系的原则——教学相长；二是作为一定历史时期社会关系缩影的师生关系原则——民主、平等；三是作为一般人际自然关系的师生关系原则——尊师爱生。

在学校教学中，"教"与"学"构成了相辅相成、不可分割的整体。"学"以"教"为前提，"教"以"学"为目的。教师，就是学校中承担教育教学任务，以"教书育人"为主要职责的教育专业人员。而在学校教育中，学生是以"受教育者"或"学习者"的身份出现的。因此，师生关系主要体现在教学活动的过程中。

---

[1] 许高厚. 现代教育学［M］. 北京：北京师范大学出版社，1995.

[2] 李瑾瑜. 论师生关系及其对教学活动的影响［J］. 西北师范大学学报，1996，(3).

由此得出，师生关系主要是指教师和学生在教育过程中为了共同的发展目标，以"教"与"学"为中介而结成的一种特殊的相互关系。师生关系主要是以"教"与"学"的关系为主的师生之间的交往关系。

（二）历史教学中教师与学生的基本定位

在传统的历史教学中，由于教材内容多，课时紧，教材里充斥着许多与学生生活和认知水平相隔较远的思想，需要教师煞费苦心地引导学生分析；受考试指挥棒的影响，师生疲于应付各种考试，历史课堂基本上是以教师的"满堂灌"的形式呈现出来，课堂教学沉闷，教师讲得口干舌燥，学生学得兴趣索然。这样的课堂，教师是主体，侧重的是历史知识的讲授，关心的是学生考试分数的高低，使得历史教学沦为枯燥无味的记忆教学、知识教学，乃至蜕变为一种应试训练。而学生只能是服从者、被动的学习者，他们得不到应有的人文关怀，他们的创新精神、实践能力的培养不被重视，他们的灵气和学习历史的兴趣被日益磨灭。原本应该生机盎然的历史教学失去了生命与活力，以至于相当一部分学生"喜欢历史，却不喜欢历史课"，使得历史教学陷入尴尬的境地。

新一轮课程改革对历史教学中的师生关系作了重新定位。《基础教育课程改革纲要（试行）》中明确指出："教师在教学过程中应与学生积极互动、共同发展，要处理好传授知识与培养能力的关系，注重培养学生的独立性和自主性，引导学生质疑、调查、探究，促进学生在教师指导下主动地、富有个性地学习。教师应尊重学生的人格，关注个体差异，满足不同学生的学习需要，创设能引导学生主动参与的教育环境，激发学生的学习积极性，培养学生掌握和运用知识的态度和能力，使每个学生都能得到充分的发展。"[1]

在《课程标准》中，对历史教学中的师生关系作了如下规定：充分体现育人为本的教育理念，发挥历史学科的教育功能，以培养和提高学生的历史素养为宗旨，引导学生正确地考察人类历史的发展进程，逐步学会全面、客观地认识历史问题……以普及历史常识为基础，使学生掌握中外历史的基本知识，初步具备学习历史的基本方法和基本技能，促进学生的全面发展……将正确的价值判断融入对历史的叙述和评判中，使学生通过历史学习，增强对祖国和人类的责任感，逐步确立为中国特色社会主义事业、人类的和平与发展作贡献的人生理想……鼓励自主、合作、探究式学习，倡导教师教学方式和教学评价方式的创新，使全体学生都得到发展。[2]

这些规定都突出了以人为本、以学生的发展为本、师生平等等重要的教育理念。在历史教学中，学生是"学"的主体，教师是"教"的主体，更应是"学"的主导。历史教师在教学中应当成为这些理念的忠实实践者，努力在师生关系中扮演好导师、

① 钟启泉，崔允漷，张华．为了中华民族的复兴，为了每位学生的发展——《基础教育课程改革纲要（试行）》解读［M］．上海：华东师范大学出版社，2001.

② 中华人民共和国教育部．义务教育历史课程标准（2011版）［S］．北京：北京师范大学出版社，2012.

助手和朋友的角色。

（1）导师。教师应以人为本，以学生发展为本，让学生成为学习的主体，通过改变单纯地灌输历史知识的教学方法，逐步让学生由被动接受变为主动参与。此外，教师还是学生自我发展的引导者，通过引导、指导的方式带领学生走向历史现象，发掘历史规律，激发学生创造的潜能。

（2）助手。教师应放下架子，淡化权威的角色，与学生共同探究、教学相长。历史教师应当成为学生学习的合作者、支持者和帮助者，帮助学生战胜学习历史知识中的种种困难，要相信学生、鼓励学生、支持学生在自主学习和问题探究中增长才干。

（3）朋友。教师不仅要能教书，而且还要成为师德高尚、热爱生活、才华横溢、乐于并善于与学生打交道的朋友，不仅要做学生决策的参谋者、苦恼的倾听者，而且还要做学生的良师益友。用爱心架起师生之间的友谊之桥，对于增进师生情感交流，提高教学效果有着强有力的推动作用。

（三）在历史教学中师生"双主体"地位的实现

在历史教学过程中，学生是"学"的主体，教师是"教"的主体。然而，"学生是'学'的主体"不是"完全的学生活动，教师旁观"；"教师是'教'的主体"也不是"教师牵着学生的鼻子走"。历史教学中必须充分发挥师生各自的主体作用。

1. 历史教师要在教学中发挥学生的主体作用

首先，历史教师必须树立尊重、理解、信任学生的基本观念。教师只有尊重、理解学生作为个体的人的丰富性、微妙性、多样性，才能相信学生的创造性，相信学生具有极大的发展潜力。教师对学生的理解、信任是一种巨大的教育力量。心理学上的罗森塔尔效应表明，教师积极的期待会促进学生的发展，消极的期待会阻碍学生的成长。教师尊重、理解、信任学生的情感能在学生身上发挥很大的心理效应，能有效地调动学生的学习积极性，激发学生的创造意识。学生喜欢一位教师，通常也会喜欢这位教师所教的课程；反之，学生害怕、讨厌一位教师，通常也会害怕、讨厌这位教师所教的课程。此类现象在我们的日常教学中其实是极为常见的。

其次，历史教师要努力创设平等、和谐的课堂学习氛围。赞可夫曾经说过："我们要努力使学习充满无拘无束的气氛，使学生和教师在课堂上都能够自由呼吸，如果不能创造这样的教学气氛，那么任何一种教学方法都不能发挥作用。"对教学而言，它不仅是一种认识活动，更是一种人与人之间平等的精神交流。只有在平等和谐的课堂氛围中，学生才能积极思维、大胆想象，才能不断产生新观念，才能不断创新，从而培养自身的独立性、主动性、积极性和创造性；反之，则容易造成学生对教师单方面的服从和模仿，使学生形成循规蹈矩的思维模式和自卑、依赖、焦虑等不良的心理特征，对学习产生阻碍作用。平等和谐的课堂氛围，还能很好地实现师生之间的相互促进，产生教学相长的效果。

再次，历史教师要善于激发和调动学生的学习兴趣，培养他们主动参与、合作探究、勇于创新的学习意识和能力。历史新课程积极倡导学生学习方式的转变，把学习过程中的发现、探究、研究等认识活动凸显出来，使学习过程更多地成为学生发现问题、提出问题、分析问题、解决问题的过程。在此背景下，学生对历史知识的学习不再是单纯地接受与获得，而是通过自己的参与，在与同学的合作探究中体验历史的真实，发现历史规律，提出新的问题。为此，历史教师必须创造性地探索新的教学途径，改进教学方法和教学手段，要鼓励学生开展合作探究，要善于为学生的探究学习、合作学习提供条件、创设情境，以做好学生学习的支持者、协助者和引导者，关注学习进程，解决学习难点，发现学生潜能，鼓励学生创新。

2. 历史教师要在教学中体现自己的主导作用

历史教师作为历史教学的主要实施者，是完成历史教学任务最活跃、最积极的因素之一，他始终是"教"的主体，掌握着历史教学的主动权，因此必须承担起"主导"的角色和任务。在师生平等关系中，历史教师不仅是平等者，更是"平等的首席"，是学生学习的促进者。

历史教师的主导作用，首先体现在"激"上。在课堂教学中，教师应从学生的实际出发，借助自身的专业知识、教学技巧和语言行为等，把历史教材中较为深奥、复杂的书面文字通过巧妙的教学环节和设疑情景呈现出来，以激发学生积极思考问题、勇于提出问题的热情，引导学生自觉地进入教学境界，让学生成为学习和实践的主人。其次，历史教师的主导作用还应体现在"导"上。在课堂教学中，教师应当积极营造和维护学生学习过程中的良好心理氛围，引导学生学习心理的良好发展；帮助学生制订科学、合理的学习目标，并确认和协调达到目标的最佳途径，指导学生形成良好的学习习惯并掌握一定的学习策略，形成正确的人生观、价值观。为此，历史教师必须更加重视历史教学技巧的组合运用，要将教学方式的灵活多样、课堂管理的张弛有度、教学语言的准确生动、板书设计的层次分明、多媒体课件的形象有序、探究活动的丰富多彩等有机地结合起来，充分调动学生学习的主体意识。

3. 历史教学中的师生关系重在实现师生的和谐互生

教师是学生存在和发展的依据，同样学生也是教师存在和发展的依据，教学过程应当成为师生双方共同成长的过程。新课程强调，教学是教师与学生之间的交往，师生相互交流、相互沟通、相互启发、相互补充，在这个过程中教师与学生分享彼此的思考、经验和知识，交流彼此的情感、体验与观念，可以丰富教学内容，求得新的发现，从而达成共识、共享、共进。这就是真正的"教学相长"。

在课堂教学活动中，教师是一种资源，学生也是一种资源，他们共同处于课堂的双向互动的流变状态中。现代社会，学生获取信息的渠道越来越多，学生有更多的机会占有新的知识，加之学生接受新信息的能力较强，在某些方面学生的知识可能要多于教师，在一定程度上成为教师的知识资源，成为教师的"先生"。因此，历史教师在课堂教学中应当把提出问题的权利交给学生，做好诱导学生思维的工作，引导学生质疑问难，让学生有充分的机会去发现、去研究、去创造。学生的思维好比火花，一旦点燃就会呈现出五彩缤纷的景象。正是在学生的发现探究中，教师也不断深化了自身已有但还不是很清晰的历史规律、历史评价。师生思想的碰撞可以产生新的历史认知，甚至让教师获得更多新的历史知识。师生在对话、沟通、理解与合作中相互学习、共同成长，彼此将形成一个真正的"学习共同体"。

二、学习方式与教学方式

在学习过程中，教师、课程资源与学生之间关系的不同排列组合会给学生带来不同的学习方式，而不同的学习方式是决定学习结果和质量的重要因素。新课程力图逐步改变传统的以教师、课堂、书本为中心的局面，改变原有的学生单纯接受的学习方式，建立能充分调动与发挥学生主体性的多元化的学习方式。这些学习方式的转变，必然要求教师的教学方式也有相应的转变。

（一）教学方式与学习方式的内涵及关系

教学方式是在教学过程中，教师和学生为实现教学目的、完成教学任务而采取的教与学相互作用的活动方式的总称。它包括教师教的方法和学生学的方法，是教师引导学生掌握知识技能、获得身心发展而共同活动的方法。

学习方式是指学生在完成学习任务过程中基本的行为和认知取向。它不是指具体的学习策略和方法，而是高于策略和方法层面，以弘扬人的主体性精神和促进学生可持续发展为目标，影响并指导学生对具体策略和方法作出选择的有关学习行为的基本特征。

具体到历史学习中来看，历史学习方式是指在一定的历史学习观指导下，在长期的历史学习过程中逐渐形成并稳定化的历史学习的程序、形式、方法、兴趣和习惯等的有机集合体，是人们学习历史的思维方式和行为方式。

教学方式决定了学生可能获得的学习方式，同时学生学习方式的转变又要求教师的教学方式要作相应的调整。新课程的学习方式强调学生自主地思考问题、发现问题，是一种创造性的学习。这种创造性的学习方式，要求教师的教学方式也必须具有创造性。教师教学方式的转变是对教师角色、师生关系的重新定位，是对教师创造性的挖掘和呼唤。

（二）新课程历史学习方式的基本特征

自主、合作、探究是新课程倡导的学习方式。自主学习是就学习的内在品质而言的，改变的是学生被动的学习动机和态度。合作学习是针对教学条件下学习的组织形式而言的，改变的是学生"孤军奋战"的学习环境。探究学习是就教学方式而言的，改变的是学生单一的接受性的学习方式。在具体教学活动中，这三种方式实际上是相互依存、相互渗透、相互促进的。

（1）自主性。自主学习方式是从学生发展的实际需要出发的一种学习方式。新课程历史学习方式强调以学习者的主动参与为先决条件，从而有别于传统历史学习方式的被动性。具有自主意识的学生应变传统的"要我学"为"我要学"，要根据自己的认知水平选择和采用自己喜欢并有效的方式方法去学习和探究历史。自主性还表现为学生在学习中表现出的趋异、求新、自信、进取等思维品质，学生要敢于认识和研究自己所不知道的问题，要善于将新的学习内容灵活变通地纳入已有的认知结构，从而改变自己已有的知识经验和认知发展水平，实现对自身的超越。因此，让学生真正成为历史学习的主人，可以使他们拥有较高的思维活动的质和量。

（2）探究性。探究性学习是学生对所学内容、学科怀有浓厚兴趣并积极主动地去自我探究的一种学习方式。学生的学习总是以自己现有的需要、价值取向以及原有的认知结构和认知方式为基础，能动地对所要学习的内容进行筛选、加工和改造，最终以自己的方式将知识吸纳到自己的认知结构中去。在历史学习中，面对丰富多彩的历史现象，一个问题往往可以从不同的角度、层次去分析，从而得出不同的结论和看法。历史事件在其发展过程中必然体现着规律，这些都可以促使学生进行积极的自主探究。能够走进历史，发现问题，并运用有效信息进行分析、比较、辨别、论证而得到答案，这表明学生学习不是被动地接受和认同，而是依托于个人经验的独立分析、判断与创造的活动。

（3）合作性。合作学习是学生将自身的学习行为有机地融入小组或团队的集体学习活动中，在完成共同的学习任务时，展开有明确责任分工的互助性学习。新课程学习方式在强调学习个体独立钻研、独立思考并鼓励独立发表见解的同时，也十分关注学生能否组织和联合起来进行合作学习，相互交流、彼此切磋、论争辩答。合作学习要求教师在教学中要根据学生需要、教材内容，科学组织、合理安排使所有学生都能时时处于"合作"之中。学生个体的学习能融入集体的学习，使学生之间的交流机会和时间都大为增加。合作学习不仅可以提高学生历史学习的效益，而且有助于培养他们的团队精神和合作意识。

（4）实践性。实践学习方式是指在各类实践中强化学生与知识、能力的联系，突出学习与体验的辩证统一，体现出强化"实践取向"的学习方式。历史不能重现，具有过去性、不可逆性，但历史知识总与现实存在着这样那样的联系，需要学生通过合理的想象发展自己的体验和感悟能力。学习历史的过程就是体验历史的过程，"为古人担忧"，在历史学习中不仅是正常的，而且是必需的。实践性学习不仅表现为社会调查、查阅资料、开展社会实践，更表现为学生以一定的直接经验和感性认识为基础，把历史知识转化为易于理解和能够运用的"活知识"，进而应用于实践，培养学生应用知识、解决问题的能力。

（三）历史教师必须转变教学方式

教学方式的转变是学生学习方式转变的重要前提。要让学生成为教学活动的全面参与者，教师必须把学习的"主动权"交给学生，使学生在课堂中找到学习的乐趣，在学习的过程中不断实践"我想学——我能学——我会学"的良性发展轨迹。

1. 创设教学情境，激发学生学习兴趣，帮助学生树立"我想学"的学习态度

历史不能重演，这是历史学科独有的特点，也是导致历史学习困难的一个重要原因。对于生活在 21 世纪的学生来说，许多过去发生的事情由于时间太过久远，所以难以理解和认识。历史课堂教学应当创设有效的历史"情境"，让历史"重演"，拉近历史与学生的心理距离，帮助学生树立"我想学"的学习态度。在历史教学中创设情境的方法有很多，如联系生活展现情境、运用实物演示情境、借助图画再现情境、播放音乐渲染情境、扮演角色体会情境、锤炼语言描绘情境、结合实际优化情境等，通过调用学生所熟悉的生活情景或创设富有历史意味的场景和氛围，激发学生的学习兴趣和动机。

2. 营造融洽氛围，促进学生自主参与，帮助学生形成"我能学"的学习意识

学生都有独立的要求，都有表现自己独立学习能力的欲望。这就要求教师要充分尊重学生的人格与独立性，积极鼓励并创造各种机会让学生自主学习，在历史学习过程中发展自主学习意识，形成自主学习的能力。学生自主学习、自主发展能力的形成必须在教师的指导下，通过自主学习、自主发展的实践循序渐进地进行。在此过程中，教师应努力营造融洽的课堂氛围，让学生开展自主思考，鼓励学生大胆发言，重视学生的不同见解，创新求异，使学生积极主动地参与课堂教学；教师应多给学生创造自主学习的机会，使他们有更多的自由支配时间，用来读书、思考、做练习、动手操作，努力做到历史资料自己收集，课文自主理解，问题自己提出，在动脑、动口、动手的协同过程中，逐渐提高他们自主学习的能力。

3. 培养创新思维，鼓励探究研讨，帮助学生掌握"我会学"的学习方法

在教学实践中努力培养学生的创新思维品质，是历史课堂教学活动的重中之重。历史学习中的创新，主要是学生依据有关史料，通过独立思考对历史人物、历史事件及历史现象作出富有个性的判断与认识。这种创新思维活动通常是由疑问而产生的。在具体的历史教学中，教师应根据中学历史学科的特点，把学生要学习的内容巧妙地转化为新颖的问题情境，或者指导学生学会提出问题，从而激发学生思维的活跃性。历史教学中的设疑主要有：在新旧知识比较中设疑、和现实生活联系处设疑、课本没有充分论述的地方设疑、学生学习难点上设疑等。与此同时，教师还要指导学生主动寻求问题的答案，形成分析问题、解决问题的能力；引导学生将已掌握的历史知识进行迁移，对其他历史现象和现实问题进行正确的观察、分析，使学生在具体的历史学习实践中提高探究历史问题的能力。

三、课堂教学中的认知与情感

教学既是一种认知的过程，也是一种情感的过程。认知与情感的关系问题是教学

中的一个重要问题。

现代课堂教学很重要的一个观点认为，课堂教学是两条主线在互相交流，一条是知识的交流，另一条是情感的交流，课堂教学正是在这两条主线的相互作用下完成的。教学过程中认知的发展始终伴随着情感的变化与发展，让一个个学习主体在认知和情感方面协调发展是素质教育的重要特征。

传统的历史课堂教学中较普遍地存在着情知脱节的现象，尤其是过于强调"认知"而忽略"情感"的现象曾经长期占据统治地位。《全日制义务教育历史课程标准（实验稿）》提出了知识与能力、过程与方法、情感态度价值观三维课程目标，其中"知识与能力"和"过程与方法"属于认知目标，"情感态度价值观"属于情感目标。这些目标对历史教师在课堂教学中如何处理好认知与情感的关系问题提出了比较高的要求。

（一）教学中的认知与情感的含义

关于认知的含义，迄今还没有统一的说法。我国心理学界一般认为，"广义上的认知即认识，指认识事物的整个心路历程，包括感知、记忆、想象、思维等一系列的具体过程。"[①] 从课堂教学的角度来看，认知因素主要是指学生本身所具有的观察力、注意力、想象力和思维能力等学力因素，它是学生学习和掌握知识技能的前提条件。

情感是一个广泛而模糊的概念，在我国心理学界一般认为，"一切态度体验包括情绪体验都属于情感的范围。它的核心意义是作为一种心理过程，这种过程与反映客观事物本身的认知不同，它是反映客观事物与人自己的需要之间的关系。同时，个体通过反映客观事物与自己的需要关系，通过一系列的态度体验，形成各种性格特征，如态度、价值观、意志品质等，这些主要是情感过程的结果，也属于情感的范围。情感是与认知相对的。"[②] 从课堂教学的角度来看，情感因素主要是指人的兴趣、情感、动机、意志、需要等对学生的学习和成长起着重要作用的非智力因素。

（二）影响历史课堂教学的认知因素与情感因素

1. 影响历史课堂教学的认知因素

影响历史课堂教学的认知因素，主要包括教师的认知因素和学生个体的认知因素。

在教师方面，教师自身对历史学科知识体系的把握程度、对所教课文的整体定位、对课程目标和教学目标的定位、对学生地位的认知程度等都对历史课堂教学的效果有着不同程度的影响。

在学生方面，教学是以学生已有的知识、认知能力的发展水平和个性化的认知特征为基础的。学生自身的认知方式、认知结构和认知准备状态都对教学效果有着影响。

（1）认知方式是学生对知识经验和信息进行组织加工时所表现出的一种持久的独特风格。学生在认知方式上是存在明显差异的，有的学生较易形成正确的历史学科情

---

① 崔允漷. 有效教学：理念与策略 [J]. 人民教育，2001，(6).
② 崔允漷. 有效教学：理念与策略 [J]. 人民教育，2001，(6).

景，对材料或问题的具体细节理解、记忆较深，但往往把握不住总的主题；而有的学生则善于掌握材料或问题总的框架结构或基本思想，但对其中的具体细节却分析得不够清晰。有的学生反应快，但精确性差；而有的学生反应慢，但精确性高。这些不同认知风格没有优劣之分，但对教学过程和教学成效的影响是不可忽视的。

（2）认知结构是学生头脑中拥有的学科知识结构，是学生对学科已有的观念的全部内容及其组织。奥苏贝尔说："假如让我把全部教育心理学仅仅归结为一条原理的话，那就是'影响学习的唯一最重要的因素，就是学习者已经知道了什么。要探明这一点，并据此进行教学'。"认知结构对教学策略和教学成效起着重要的作用。在历史教学中，学生的认知结构主要包括历史知识储备量、历史知识组织程度、历史知识表征能力，以及对历史课学习的兴趣和能力、历史学科的学习任务和学习策略的认识等方面的内容。

（3）认知发展准备，指学生在从事某种学习时，已经具备的认知功能和一般认知发展水平。任何学习都是在已有的认知发展水平的前提下进行的，已有的认知发展水平的高低直接制约着新的学习水平。根据皮亚杰的认知发展理论，初中生的思维尚处于由具体运算阶段向形式运算阶段过渡的时期，经验性思维、形象性思维仍起着很重要的作用。这就要求教师的教学策略必须与学生所处的认知发展阶段和水平相适应。

2. 影响历史课堂教学的情感因素

影响历史课堂教学的情感因素主要有两类：一是学生个体自身的情感因素，即他的价值判断、需要和动机；二是教学环境中的情感因素，即师生双方情感的投入与交融、对教学效果的体验以及贯穿于教学活动的情绪和气氛。

从教学环境的角度来看，教师的情感投入对教学成效发挥着重要的影响。教师作为一个活生生的、有血有肉的人，也是有丰富情感的。教师对自己所从事的教育教学工作本身的情感态度是热爱还是消极无奈；对自己所执教的历史学科教学内容的情感态度是热情投入还是敷衍了事，这些都在课堂教学中发酵，影响着课堂教学的整体氛围。

从学生个体来看，学生是构成教学活动的又一个源点。他们是教育的对象，又处在身心快速发展的时期，他们在教学活动中更多的是接受外界的情感刺激，进而促使其内部情感的形成和发展。学生的情感因素，从外部来看包括对历史学习活动的情感、对历史教材的情感、对历史教师的情感；从内部来看包括自主探究的需要、获得新的体验的需要、获得认可与欣赏的需要，以及要求关注和尊重的需要等。

（三）历史课堂教学中认知与情感的关系

《课程标准》明确设定了三维课程目标，尤其突出了历史学科在情感态度价值观目标方面独有的具体要求。"认识中国的具体国情，认同中华民族的优秀文化传统，尊重和热爱祖国的历史和文化；增强民族自信心和自豪感。""认识到国家统一、民族团结和社会稳定是中国强盛的重要保证，初步形成对国家、民族的认同感，增强历史责任感。""吸取前人的经验和智慧，初步理解个人与群体、个人与社会的关系，提高对是与非、善与恶、美与丑的识别判断力，逐步确立积极进取的人生态度，形成健全的人格和健康的个性品质。""逐步形成尊重科学、崇尚科学的意识，树立求真、求实和创新的科学态度。""不断发展社会主义民主与加强社会主义法制意识。""逐步形成面向世界的视野和意识。"[①] 可见，历史教育在培养学生文化素质、人文素养和科学精神方面肩负着重大的社会责任，具有不可替代的教育功能。但是，仅仅进行历史知识的传授和一般的教学活动是无法实现上述教育功能的。要完成这一教育任务和目标，教师需要进一步挖掘蕴藏在历史知识中的巨大的精神财富，并采取一切有效的手段，使其变成有效的教育资源。在情感态度价值观的教育上，教师要特别注意学生的心理体验、情感震撼、内心选择、精神升华和外人无法观察与干预的特殊性，要充分尊重学生亲自体验与感受的权利，正视学生这种心理与情感体验的差异性，适时、适度地发挥教师示范、引导、提示、升华与启发的作用，尽量使学生在教师的引导下独立地感受人类历史文化中的精神力量，不断塑造具有个性的、崇高的、独立的精神家园。

这些论述都在时时提醒历史教师，必须在课堂教学中把认知与情感结合起来，依托认知发展情感，借助情感深化认知。

（1）认知与情感构成一个整体。每个人的行为既有认知的成分，又有情感的成分。认知与情感是密不可分的，它们构成一个整体。教学过程是以人的整体的心理活动为基础的认知活动和情感活动相统一的过程。认知因素和情感因素在教学过程中，总是相互伴随、相互渗透，从不同角度对教学活动施予重大影响。学生在获取知识的过程中既有认知因素的参与，又有情感因素的影响。认知因素主要解决能不能、懂不懂、会不会的问题，情感因素则解决愿意不愿意、喜欢不喜欢、相信不相信的问题。认知活动和情感活动都是随学习过程同时发生和发展的。情感是促进认知水平提高的动力，认知水平的提高也促使情感向积极的方向发展，它们互为目的和手段。如果没有认知因素的参与，教学任务不可能完成；同样，如果没有情感因素的参与，教学活动既不能发生也不能维持。

（2）认知是引起和促进情感的一个重要因素。情感是人对事物与自己的需要之间的关系的反映，而这种反映是以认知为基础的，人只有在通过认知反映客观事物的属性、揭示客观事物对人的意义的基础上，才能产生相应的情感。人的情绪的产生是受到认知影响的，在一定程度上也可以说是以认知为基础的。各种较稳定的、主要与人的社会性需要相联系的情感的形成，也是以认知为基础的。在历史教学中，只有对历史现象有了基本的认知，才能从历史人物、历史事件中激发学生的爱国主义、集体主义、审美意识、科学态度、国际意识等情感。与此同时，认知也是影响情感发展的最重要的因素。历史认知的深化发展，往往会改变人们对一些历史人物、历史事件的判

① 中华人民共和国教育部. 义务教育历史课程标准（2011 版）[S]. 北京：北京师范大学出版社，2012.

断与评价，受到不同时代限制的历史认知会产生截然不同的历史判断和评价，与这些判断、评价相伴随的情感也就随着认知的深化而发展变迁，在课堂教学中学生的表现为学生的情感体验由低级向高级、由肤浅向深刻发展。

（3）情感是学生学习过程中认知活动顺利开展的保证，情感对认知活动起着推动和组织作用。情感既可以激发学生的学习热情、好奇心、惊异感、美感、认知偏好，推动学生趋向学习目标，也可以抑制学生的积极性，使学生稍遇困难便浅尝辄止。情感还可以激发学生的想象力，使学生的创造力能得到很好的发挥。当学生对某些知识现象产生强烈的欲望与情感时，就很容易产生与此相关的想象，其情感体验越丰富，想象就越活跃，思维的创造性也就越能得到充分发挥。积极的情感有利于学生自我调节学习，消极的情感则激发学生依靠外部条件来调节学习。缺乏情感的作用，即使有良好的学习潜力，学习的积极性也不会被调动起来；相反，当学生处于积极的情感状态时，他们就会变得乐于学习、善于学习，就会对学习产生浓厚的兴趣。

案例分析

案例1

在《夏商西周的社会与国家》一课中，商周时期的社会等级制度和阶级关系是本课的教学重点和难点。下面是教学实录片段：

师：现在我们把全班同学分成三组，三组的地位分别是贵族、平民和奴隶（随意分组）。

生（"奴隶组"学生抗议）：为什么把我们分为"奴隶"？

师：其实在那个社会，每个人一生下来，他的身份就已经确定了，通常是很难改变的。请同学们用2分钟的时间，把各自所在阶层的生活状况和地位仔细阅读一下，我们一会儿来交流。

师：我们先请"贵族"代表来说一下你们贵族阶层由哪些人构成？你们在社会中的地位如何？你们是怎么对待奴隶的？

生：贵族由周王、诸侯、卿大夫和士组成。我们享有特权，担任官职，是统治阶级，不把奴隶当人看。

师：那请"奴隶们"来讲一下你们的悲惨生活。

生：奴隶们属于贵族，来源于战俘和囚徒，无人身自由，强迫服苦役，还经常被杀害用来祭祀祖先或殉葬。

师：贵族与奴隶之间的平民有什么要说的吗？

生：我们平民隶属于贵族，被驱使进行大规模集体劳动，但也有一些生产工具和家庭副业。

师（面向"奴隶组"）：贵族的生活很腐化，不把你当人看，你们应该怎么办？

生：我们要起义！我们要造反！……

师（面向"贵族组"）：奴隶们要起义了，他们不满你们的生活，你们该怎么办？

生：镇压，派兵攻打他们……

分析：在这个教学片断中，教师给每个学生都设定了不同阶层的身份角色，学生在阅读课文时能够有针对性。学生能站在角色的立场上，用自己的语言阐释课文的内容。在讲解奴隶与贵族的阶级矛盾时，双方学生甚至到了群情激奋的地步，说明学生已经完全投入到角色中去了。这种体验式教学方式，不仅发挥了学生在教学过程中的主动性，而且促使学生自主建构历史认知，甚至有助于学生体验真实历史人物的情感。

案例 2

《伟大的开端》教学设计片段：

五四青年节是为了纪念 1919 年发生的五四爱国运动而设立的。1919 年 5 月 4 日发生了什么事？请同学们认真阅读课文，在书上划出五四爱国运动这个事件的历史要素（时间、地点、人物）。

这是 1919 年 5 月 4 日当天北京学生在游行中发表的宣言，就让我们从这段宣言中探求五四爱国运动的真相。学生齐读材料：

《北京学界全体宣言》

现在日本在万国和会（巴黎和会）上要求并吞青岛，管理山东一切权利，就要成功了！他们的外交大胜利了！我们的外交大失败了！山东大势已去，就是破坏中国的领土！中国的领土破坏，中国就亡了！所以我们学界今天排队游行，到各公使馆去，要求各国出来维护公理。务望全国工商各界一律起来，设法开国民大会，外争国权，内惩国贼。中国存亡，就在此举了！

中国的土地可以征服不可以断送！

中国的人民可以杀戮不可以低头！

（1）北京的学生为什么要发动这样一场抗议活动？（中国在巴黎和会上的外交失败）

简单讲述日本在一战期间占领山东青岛，一战后中国期望收回主权，却不料巴黎和会决定由日本继承德国在山东的权益，北洋军阀政府软弱无力，外交失败。

（2）学生们要到各国公使馆去请求主持正义，能达到目的吗？（不可能，正是各个帝国主义国家在巴黎和会上决定由日本继承德国在山东的权益）

没能达到目的的学生们采取了什么行动？（火烧赵家楼）

（3）材料表明，五四爱国运动的主要口号是什么？这个口号表明了五四爱国运动的斗争对象有哪两个？（引入运动的性质：反帝反封建的爱国运动）

除了这个口号以外，你觉得当时的学生还可能呼喊什么口号？

（4）全国工商各界有没有响应号召起来斗争？（有，出现了学生罢课、商人罢市、工人罢工的局面）

看课文，运动在全国范围得到响应后，运动的主力和重心发生了怎样的变化？

（5）这场斗争的结果怎样？（罢免卖国贼，拒签和约）

初中历史教师专业能力必修

Chu Zhong Li Shi Jiao Shi Zhuan Ye Neng Li Bi Xiu

（6）最后两句口号展现了五四爱国运动的什么精神？（彻底的、毫不妥协的爱国主义精神）

我们基本了解了五四爱国运动的过程，从这个重大历史事件的过程来看，你觉得"五四青年节"这个名词能不能准确反映这场运动的全貌呢？为什么？（运动的主力发生了变化，运动后期工人成为运动的主力，中国的工人阶级第一次登上了政治舞台）

分析：单看教学设计，人们或许会赞叹这位教师的理论水平和教学功底。这个教学设计对基础知识、基本能力可谓关照得十分仔细。但仔细"品尝"，该教学设计更值得深思：新课程标准提出了课堂教学应关注学生的生活世界和生命价值，而这节课所溢出的恰恰是学术理性主义课程观，课堂上没有科学世界通往现实世界的桥梁，没有现实世界为书本知识运用所提供的诱人境界和"无限风光"；课堂上提出的一个个远离学生生活世界和社会现实的问题，迫使学生沉浸在各种枯燥、符号化的学理分析、逻辑推理之中；学生既没有真实生活的愉悦体验，也没有生活的激情；学生不是为自己而活着，不是为现实而活着，而是为知识而活着，学生的现实生活世界完全被忽视了。这是需要我们历史教师深刻反思的问题。

修炼建议

（1）提高理论修养。利用多种途径，如阅读教育教学理论书籍、阅读教育教学专业刊物、上网浏览教育教学最新理论动态等，经常了解教育教学最新理论，努力学习与新课程改革有关的教育教学基础理论，如建构主义、认知主义、行为主义等学习理论和多元智能理论等，对一些重要的教育教学理论概念做到比较熟悉。

（2）开展实践教学。通过在教育教学工作中开展实践操作，按照有关理论的指引，处理好教与学的关系，从而体验和验证理论，进而将理论转化为自己可以实际把握的具体的教育教学方法。

（3）进行个案反思。教师要善于撰写教育教学日志和教育教学故事，目的在于通过这些日常记载，记录自己的教育教学行为和方式的发展进程，进而结合有关教育教学理论反思自身行为是否合理、如何改进，从而让理论进一步内化。

（4）研究微型课题。以自身在教学中遇到的师生关系、教学关系方面的困惑或难题为突破口，进行有目的而不盲目、有主题而不随意的富有个性的微型课题研究，寻找理论依据和解决办法，进而提升自己的研究能力、理论素养和实践水平。

（5）推进同伴互助。每个教师在教学中遇到的难题不尽相同，各自解决难题的方式也不尽相同。在教师群体中推动教学理论研讨和教学难题的交流，以同伴互助的形式来聚焦观点，提高认识，提升专业水平。

专题三　历史课程资源观

一、教科书的价值

"历史教科书是开展历史教学活动的重要依据，是历史教育资源的核心部分。"[①]依据课程标准编制的历史教科书，是学校历史教学中的主要课程资源，是历史教学有序进行的重要保证，是师生课堂交流的主要载体，是学生获得系统历史知识的主要工具，历史教科书即通常意义上的历史课本，它是学校历史教学中最主要、最基本和最常用的一种历史教材。传统教材观认为，教材就是指教科书。很明显，这种教材观已经不适应日新月异的时代发展了。教科书是最主要的历史教材，但不是唯一的历史教材。现代大教材观认为，教材不仅仅指一本教科书，它是一个系统工程，包括文字印刷教材、实物教材、电子音像教材等一系列供学生和教师使用的教学材料。当然教科书也不是唯一的课程资源，课程资源还包括其他文字资料、影视资料、历史遗址遗迹、博物馆、信息网络技术等。

随着基础教育课程改革的进行，初中历史教科书也有了很大的改进。

（1）单元以学习主题呈现。新课程标准打破了以往历史教材以年代为顺序、以朝代为基准的编排形式，构建了主题式的课程体系。它把初中历史分为六大学习领域，每个学习领域又分为若干主题。主题的确立，使初中历史课程体系与以往相比有了明显的不同。

（2）"每课一得"和"活动课"是新教材的亮点。它既有利于学生理解、分析、概括、想象、创新等思维能力的培养，又有利于学生表达、动手、组织、协作、访问调查等实践能力的提高。

（3）增加了大量的图表、插图、文献资料，从而增强了教科书的生动性和直观性，能有效地激发学生的学习兴趣。

（4）注重吸收史学界最新研究成果。

（5）增加了经济史、文化史、社会史等内容，大量的经济、文化、社会等方面的内容使教材更贴近社会生活。

---

① 中华人民共和国教育部．义务教育历史课程标准（2011年版）［S］．北京：北京师范大学出版社，2012.

（6）注重教材的启发性。新教材立足于思维教学，具有很强的启发性。在导入、习题的设计方面尤为突出。

虽然新教科书比以前的教科书有了很大的进步，但仍只是一种课程资源。传统的教材观，教师把教科书神圣化，恪守教科书不敢越雷池半步。教师认为教科书的观点就是真理，当学生与教材的观点不一致时，教师以教材的观点为标准，甚至对某个开放性问题的表述都要以教科书或教参的表述与理解为依据。很明显，这样做是"活人"教"死书"，不是把书教"活"，而是把书教"死"。

课改的基本理念是教育要以人为本，促进人的发展，要关注学生、关注过程、关注发展。而要体现这个基本理念，教师需要创造性地使用教材。要想创造性地使用教材，首先要求教师要充分了解和吃透课程标准，了解课程标准的实质内容，明白哪些知识是要重点讲述的，哪些能力是要着重培养的，哪些问题是必须要讲到的，哪些问题是只需一带而过的。然后根据课程标准、学科特点、教学目标、学生特点，以教材为载体，灵活有效地组织教学，拓展课堂教学空间，然而对教材内容进行合理的"调""改""增""删""组"。

1. 调整教学内容的顺序

根据学生的认知特点、心理特点和教学的实际情况，教师可对教材内容的顺序进行适当的调整，使其更符合学生的兴趣和能力需要，有利于加深学生对内容的理解，以引导学生更有效地学习。

例如，课与课之间的调整。北师大版九年级（上）第3课讲的是《美国独立战争》，我们可以先上第22课《引领时代的思考》，"启蒙运动"学完以后，学生对启蒙思想有了较多的理解，这样学生就更容易理解美国独立战争的背景和独立宣言的内容以及后面第4课法国大革命的背景和人权宣言的内容。这样的调整更符合学生的认知特点。

2. 拓展教学内容

在不偏离主题的前提下，历史教师要为教学内容添枝加叶，让历史课生动有趣，贴近学生的生活。

（1）充分利用乡土教材资源。乡土教材是中学历史教学中不可或缺的教学资源。在教学中适当加入乡土教材的内容，可拉近历史与学生之间、历史与现实之间的距离，从而激发学生学习历史的积极性，并使学生从中了解家乡、热爱家乡。

如教师在执教七年级下的《江南经济的发展》一课时，首先从"兰陵"名称来历导入：在东晋时期由于大量的北方人南迁，常州建立了兰陵郡来安排山东兰陵县的移民，所以常州地区有200多年的兰陵历史，因此被称之为"兰陵"。教师从导入点出了北方人南迁的史实；讲到隋朝大运河时联系常州大运河；讲到科举制时联系常州的9位状元，讲到苏东坡时联系苏东坡与常州。这种教学方式既增加了历史的趣味性和亲切性，又有利于学生对历史知识的理解。

（2）讲述细节。如中医是中华传统文化的重要组成部分，在讲到明朝李时珍时，可联系成语"心想事成"，为什么是"心想事成"，而不是"脑想事成"呢？这是因为明朝以前的中医都认为人是靠心想问题的，直到西方传教士进入中国，宣传介绍人是靠脑想问题的，中国人才逐步接受"脑想问题"这一结论。李时珍在《本草纲目》中才改变以往的"心想"为"脑想"。

（3）适当结合当今国际形势、新闻热点。在教学中将历史与现实相联系，有利于充分调动学生学习的积极性。如讲到南京大屠杀时，教师可以补充日本政府对这一历史的态度，分析日本政府这种态度产生的原因，从而激发学生的爱国热情和历史责任感；在讲到中东问题时，教师可以联系每天新闻中播报的热点，如伊拉克的历史变迁。这样使学生不仅有知识上的收获，而且还能使学生认识到学习历史对现实生活的意义，从而达到以史为鉴的目的。

（4）适当介绍一些史学新观点。如讲到戊戌政变时，可以补充对于"袁世凯告密"的史学新观点。现在史学界有专家认为，不存在"袁世凯告密"这一说法，因为袁世凯没有告密的时间，更认为不存在"袁世凯告密而导致戊戌政变。"

3. 删减教学内容

在教学中，教师对教材内容的讲解不要面面俱到。与课程标准联系不密切或没有涉及的知识，还有学生熟悉的知识，教师都可以进行删减。如《秦汉开拓西域和丝绸之路》，内容有三目，后两目"张骞出使西域""丝绸之路"是课标要求，为了更充分地学习这两目，第一目"秦汉与匈奴的和战"可以删减不讲。再如对教材中的阅读材料、每课一得、活动探究等，教师也可根据教学的具体条件决定讲还是删。另外，在教学中一些通俗易懂的小字内容可以完全不讲，给学生留有一定的空间，让学生自己去阅读。

4. 重组教学内容

新教材明显的变化是确立了大学科体系观，其显著特点是主题明确、重点突出，倘若教师把握不住教材，学生获得的知识可能会很零碎，从而割裂历史知识之间的联系。所以，在教学中需要适当地进行课与课之间的整合。如世界现代史中增加《苏联的改革》一课，让学生总结苏联有哪些改革，使学生完整地看到苏联的"新经济政策""斯大林模式""赫鲁晓夫的改革""戈尔巴乔夫的改革"，从而把苏联的改革发展脉络通过跨单元的总结联系起来。这样既锻炼了学生归纳总结的能力，同时又提高了学生学习的积极性。

二、教师和学生的自身资源

（一）教师是最重要的课程资源

多年来，我们只是将教师看做教学资源的利用者，而忽略了教师也可作为教学资源的地位。教学事实证明，教师不仅是最重要的教学资源的利用者，更是最重要的教学资源之一。在教学中，教师是教学活动的组织者以及学生学习的指导者、帮助者和促进者。教师不仅要育人，还要育己，不断自我完善与提高，实现自身的发展。教师不但要关注行动，还要不断地进行教学反思。教师不仅是教学工作的实践者，同时也是研究者。教师一直以来进行着教学资源的鉴别、利用、积累和开发，是教学资源的重要载体，其本身就是教学过程中最重要的课程资源。教师的素质高低决定了课程资源的识别范围、开发和利用的程度以及发挥效益的水平。比如我们常常会有这样的体会，同样的教学内容，同样的学生，不同的教师上课的感觉和效果会大相径庭，这其中很重要的原因就是不同的教师对课程资源开发和利用所持的观念不同。许多教师在教学资源十分缺乏的情况下往往能够"化腐朽为神奇"，实现教学资源的超水平发挥。

历史学科是一门综合性较高的人文学科，它需要历史教师拥有丰富的专业知识和系统的教育理论知识，拥有通晓古今中外、博识天文地理的人格魅力。教师的知识水平、社会阅历、人生观、价值观、敬业精神和师德修养等都是宝贵的教学资源。教师可以利用自己的知识对教材进行补充和拓展，教师自身的成长经历，反映了时代的变迁，教师本人就是历史的见证人。教学中教师如果能够给学生以身说法，且利用得当，会对学生的历史学习产生潜移默化的影响，历史教师的世界观、人生观、敬业精神和师德修养伴随历史课堂教学也会对学生产生各种影响。如果教师素质良莠不齐，那么可能会对学生的成长产生不利影响。因此，在课程资源的建设中，学校应始终把历史教师队伍建设放在首位，"没有一流的教师就没有一流的教育"。要通过这一最重要的课程资源的突破带动其他课程资源的优化发展。因此，要加强对历史教师的培训，各级部门也要为教师的培训交流创造条件。同时，教师自己也要树立终身学习的理念，加强自我反思、自我进步意识，通过各种途径提高自身的素质和能力。历史教师提高自身素质和能力的途径主要有以下几个方面：

（1）参加各种教研活动和参观考察学习，更新观念，开阔视野。在教学观念上，教师要将单纯的知识传授转变为引导学生学习。在教学过程中，传统的严格意义上的教师教、学生学，将不断转变为师生交往、积极互动、共同发展；教学从关注学科到关注人，关注人是新课程的核心理念；课程的评价从过分关注结果逐步转向对过程的关注，使终结性评价和形成性评价相结合。当然仅有理论上的新观念是不够的，还要在实践中落实。

（2）在职自学，学历进修，阅读专业知识及相关知识、教育教学的理论、关注历史教育改革发展动态和史学研究最新成果等。历史学科是一门综合性较高的人文学科，它要求历史教师要具备丰富的历史知识，能够在学生面前展现一种通晓古今中外、博识天文地理的人格魅力，这对教学效果的影响是潜移默化的。因此，教师要有专业发展和自我进步的意识。

（3）发挥自身特长，凝聚教师集体的教育合力。在课程资源的开发与利用中，教师首先要挖掘自身的潜能，形成自身的教学风格，另外，要注意学习其他教师好的教学经验。要多听课，不仅要听历史学科的，还要听其他学科的。此外还要坚持集体备课，分享他人的教学成果，可能的话要多上观摩课，虚心接受别人的意见，取长补短，促进自己更快地成长。

（4）重视总结和反思教学活动。教学工作本身就是很复杂的，因而需要不断地学习，不断地总结和思考。教学反思被认为是"教师专业发展和自我成长的核心因素"。总结和反思教学实践经验有很多方法，如教学日志、教学案例、录像带以及个人教学心得集锦夹等。这样教师不仅可以给自己的教学实况留下记录，而且还能促使教师对自己的教学发展路径作长期的跟踪，还可以对自己的进步作长期的分析，进而找出有待于进一步学习和改进的地方。

（二）学生是重要的课程资源

《课程标准》在课程资源开发与利用建议中提出：教师应重视学生资源的开发与利用，积极利用学生已有的社会阅历、知识经验及认知基础，调动学生积极参与历史教学活动，在师生的共同努力下，完成历史教学的任务。[1]

学生是课程资源，其根本原因是学生是教学的主体之一。学生的自身素质与学习兴趣直接关系着教师教学目标的实现。学生作为课堂最有潜在价值的主体性因素，具有内在性、生成性和鲜活性，是特殊的课程资源。没有学生这一课程资源的广泛支持，再美的教学设计也难以成为现实。比如同样一个教学设计，同一个教师在不同的班级会有不同的感觉和效果，不同的教师和学生也会产生不同的教学过程。学生不是完全按照成人的意图和对成人生活方式的复制来成长的，他们在与课程接触时，一直都在用自己独特的视角去理解、去体验课程，并根据自身情况创造出属于自己的经验，而这些鲜活的经验又会给课程带来新鲜血液，成为课程重要的组成部分。因此，从这个意义上说，学生是课程的创造者和开发者，而不应该把学生看做是课程和教材毫无保留的接收对象，而应该积极地发挥学生对课程的建构能力和鉴别能力，使学生成为课程开发的主要力量和教学过程的主角。

学生的学习必须要有动力，学习动力的产生主要源于学习兴趣。"兴趣是最好的老师"，学生的学习兴趣是重要的课程资源。学生学习兴趣的培养可以通过教师的引导、家庭的引导以及学生的自我需求这三个途径来实现。

1. 教师的引导

教师作为教育的实施者，对学生的影响非常大，在教学实践中教师要注意方式方法，不能将学生当做学习的机器，填鸭式的教学、简单粗暴的批评、冷嘲热讽的挖苦都会扼杀学生的学习兴趣。教师要激发学生的学习兴趣，引导学生主动参与学习，此外还要创造机会充分发挥学生的主观能动性。

---

① 中华人民共和国教育部. 义务教育历史课程标准（2011年版）［S］. 北京：北京师范大学出版社，2012.

2. 家庭的引导

家庭是学生的第一个学习场所，家长的行为往往会对孩子产生潜移默化的影响。家长若能以身作则，热爱学习，肯定更有利于孩子的成长。

3. 学生的自我需求

外在的影响力最终取决于自身的因素和努力，学生的自我需求、自我实现是提高学生学习兴趣和素质的最直接的途径。一个学生如果有明确的学习目标和努力的方向，那么，他一定会有很强的学习动力。随着时代的发展，社会的进步，学生接触的事物越来越多，感兴趣的东西也越来越多，若能结合教师、家庭和学生的自身力量，学生是很有可能在更多课程中取得好成绩的。

三、动态生成的历史教学资源的处理

教师和学生虽然可以相对独立地成为重要的课程资源，但在真实的课堂教学中，教师的课程资源和学生的课程资源只有通过师生互动或生生互动，才能更充分地体现出来。在新课程背景下，教师需要树立这样的课堂理念，那就是课堂是动的、活的、情景化的，不存在一模一样的课堂。课堂是受多种因素影响的。动态生成的历史教学资源，指的是历史课上教师与学生、学生与学生在一定的情境中，围绕多元目标，在开展合作、对话、交流中及时生出的、超出教师预设方案之外的新问题、新情境。这里的"新问题、新情境"是动态生成的历史教学资源。这种资源具有瞬时性、不可预料性和不可重复性，是教学的契机。而教师作为课堂的组织者，就要利用教学机智随机应变，因势利导，使课堂教学焕发出生命活力。

案例分析

案例1

丝绸之路在中外交流中的作用

（背景）课程标准要求"认识丝绸之路在中外交流中的作用"，能力要求比较高。但教材上寥寥数语不过百字，怎样让学生更好地"认识丝绸之路在中外交流中的作用"呢？执教者设计了几个问题较好地完成了这个任务。

（描述）

师：古老的"丝绸之路"把我们的思绪拉到了两千多年前的西汉，我们似乎看到了丝路上人来人往，似乎看到了悠悠的驼队、茫茫的沙漠，你能想象出当年的"丝绸之路"主要是什么人在往来奔波吗？

生：商人。

师：假如你是一位大秦的商人，你准备沿"丝绸之路"从大秦出发到长安，回答以下问题，（投影显示）小组讨论5分钟：

（1）你想带哪些货物去长安，又准备带些什么货物回去呢？

（2）你知道来往一次大概需要多少时间吗？（8000公里）

（3）你知道像你这样在"丝绸之路"上来往奔波会给东西方文明带来怎样的影响吗？

生：准备带西域的特产来，如石榴、葡萄、胡麻、胡桃、胡豆、胡萝卜，带汉朝的特产回去，如丝绸、铁器。

师：不错，这里提到的西域特产胡麻、胡桃、胡豆、胡萝卜，这里的"胡"你认为是什么意思？生活中还有带"胡"的东西吗？

生：胡琴、胡椒粉。

生：我带西域的皮毛、汗血马、瓜果来。

师：那瓜果能带过来吗？

生：应该带果实，否则早就烂掉了。

生：我准备带一些艺术家来，如魔术师、舞蹈家、雕塑家等到中原来传授技艺，当然收钱。同时我再高薪聘请中原的能工巧匠，请掌握凿井、冶铁、造纸、丝织技术的人跟我一起回去传播技术。

生：恐怕中原有些人会有顾虑。

生：那就带些有技术的书籍，回去卖肯定很值钱。

……

师：美丽的"丝绸之路"，它曾经的辉煌是中国历史的骄傲，也是世界历史上人类文明进步过程中最光亮的一环。经过漫长岁月的洗礼，古老的"丝绸之路"已被深深地埋没在历史的尘沙中。取而代之的是另一条横贯亚欧大陆的现代化交通——亚欧大陆桥，它东起连云港，西至荷兰鹿特丹，全长10900公里。（投影显示）请同学们比较一下"亚欧大陆桥"和"丝绸之路"在哪些地方比较接近？为什么亚欧大陆桥有"现代丝绸之路"之称？

生：与"丝绸之路"的北线非常接近。

师：那么，我们古老的"丝绸之路"在今天日益发达的交通运输下还能发挥作用吗？

生：旅游价值。

生：考古价值。

分析： 上述案例中的授课老师在认真研读课程标准、理解教材、了解学情的基础上，通过教活教材、活教教材、创造性地使用教材，让历史课取得了较好的教学效果。

分析这个案例，我们可以得出"创造性地使用教材"要注意的几个问题：

首先，要读懂课程标准，读懂教材。课程标准指出，教师要仔细研究新课标。课程标准是处理教材的依据，这里的"处理"，是指教师对教材内容根据自己教学对象的实际情况进行增减和重新组织、调整。对课程标准的理解不同，处理教材的思路也就会不同。课标要求"认识丝绸之路在中外交流中的作用"，"教教材"显然是不行的，这就要求教师要挖掘多种资源，创造性地使用教材。案例中的教师显然是对课标和教材有了比较深的理解和把握，因此对教材进行了大胆的取舍，并做了大胆的扩展、延伸，如亚欧大陆桥、丝绸之路在今天的作用等。

其次，要了解学情，结合学生的实际。教师必须关注学生的内在需求，根据学生的特点创设适合学生的情景开展教学。这有利于学生掌握教材的内容，提高学生运用知识解决实际问题的能力，还体现了新课程的理念"以学生的发展为本"。案例中教师创设了"一个大秦商人到长安"这样的情景，学生兴趣盎然，讨论热烈，而在讨论中自然而然地涉及了一些教材内容，如西域的物产、中原的物产，同时对教材的内容做了许多拓展，与学生的生活经验相结合。

总之，教师要真正创造性地使用教材，就必须依据课程标准、教材的基本素材，结合学生的学习特点，并在此基础上对教学内容进行重组、整合和深加工，从而设计出活生生的、丰富多彩的课来。

案例2

秦朝是封建国家吗？

（背景）秦朝是中国封建社会的开始，这以前是写在旧教材上的，可是新编教材却没有了这种说法。一般教学中，教师都不再引入这个概念，一是教材没有，二是学生也不太理解，三是这个观点有争议，已被许多专家、学者否定了。

在上《秦帝国兴亡》这一课时，学生的答案涉及了这个问题，该怎么办呢？

（描述）

师：秦国顺应了历史发展的潮流，从公元前230年到公元前221年，短短十年，七雄变一雄，秦国先后兼并东方六国，秦国由此也变成了秦朝，那秦朝是一个怎样的国家呢？

生：我国历史上第一个统一的多民族的中央集权的国家。

师：不错，在这个国家前面加了三个形容词，同学们要注意理解，"统一的""多民族的""中央集权的"，至于秦朝怎样加强"中央集权"，我们下节课来学习。

（一学生举手，教师示意他发言）

生：秦朝是一个封建国家，所以我觉得应该再加一个形容词"封建的"。

（到这里教师可以用一两句话收住，如这是以前的说法，我们现在不用了。然后继续上新课）

师：这位同学很了不起，10年前的教材上是有"封建的"，那你是怎么知道的？

生：课外书上写的。

（下面也有几个学生点头示意）

师：那现在的教材上为什么没有了"封建国家"这样的表述，你们觉得可能的原因是什么？

（学生开始七嘴八舌）

生：怕我们不懂回避了。

生：大概过时淘汰了。

生：可能说法不正确。

生：可能有争议。

（到这里教师也能把原因收住，比如说有争议。）

师：到底是什么原因，老师也说不准，怎么办呢？这个问题该怎么解决？

生：上网查。

师：好的，那同学们课后就去完成这个任务，秦朝是不是封建国家？无论你同意哪个观点都要说出理由，我们下节课继续交流。（接着教师继续上新课）

……

再次上课许多学生带来了打印的资料。

师：我看到许多同学作了充分的准备，下面大家来交流讨论。

生：秦朝是封建国家，这是郭沫若先生说的。

生：秦朝不是封建国家，李慎之老先生在很早以前就提出了这种看法。他认为，所谓的两千多年的封建社会（秦朝——清朝）是一个伪命题，两千多年的封建社会的历史也是一个错误的说法。易中天教授在《帝国的终结》一书中也持相同的看法。

生：有学者认为中国的封建社会应该在西周，当时分封制盛行。张传玺编的《简明中国古代史》，就采用了"西周封建论"。

生：还有学者认为中国根本就没有封建社会。

……

师：同学们都说得很好，今天我们讨论的结果并不重要，重要的是我们学会了收集资料论证观点，我们也知道了并非所有的史学观点都是正确的。有些史学观点可能还存在很大的分歧，有待学者和专家进一步研究。随着时代的发展、考古人员的陆续发现，有些史学观点会有很大的变化，说不定将来你也会成为研究的一员。当然，历史学习中有一点是肯定不会发生变化的，那就是史实。

分析：上述案例中授课老师在新课程理念的指导下，运用比较丰富的教学智慧和敏锐的洞察力，充分捕捉了学生思维的轨迹，利用课堂动态生成了新的教学资源，并通过师生、生生互动，把新的史学观点带进课堂，最终促进了学生的发展，取得了较好的教学效果。

通过分析这个案例，我们可以归纳出课堂动态生成资源的一般模式：

首先是"资源的生成"。这种资源是隐性的，只有通过教师的敏锐捕捉才能使之成为显性的形态。案例中，教师通过学生发现了"秦朝是不是封建国家"这一资源。师生、生生多向互动的活动过程是引发动态资源生成的前提。因此，教学中教师要善于组织各种形式的互动活动。

其次是"目标的生成"。这需要教师有良好的教学机智，能迅速判断出这一教学资源的价值，并将其转换成生成性的教育目标。案例中，教师认为了解秦朝是不是封建国家不仅能够培养学生分析比较的能力，运用资料论证观点的能力，而且还能培养学生对待史学观点的态度。所以，教师及时将这一资源转化成教学目标。

最后是"活动的生成"。根据生成性的教育目标，及时调整教学活动过程，及时生成新的教育活动，让学生在互动中获取发展。案例中，教师让学生课后上网收集资料并用资料论证观点。由于问题是在学生学习过程中发现的，因此学生对这些生成性的问题特别有兴趣，后续的学习已成为一种挑战和一种愉悦的享受。

修炼建议

课程资源是一个内涵非常丰富的重要概念，没有课程资源的广泛支持，再美好的课程改革设想也很难转换成实际的教育效果。凡是有助于实现课程目标的一切因素都可以叫做课程资源。历史学科所具有的独特性质，是使其拥有丰富的课程资源。除了我们前面提到的教师、学生以及动态生成的历史资源外，还有大量的资源。这些资源包括其他文字图片资料、影视资料、历史文物、历史遗址遗迹、网络资源、乡土教材和社区资源。对于课程资源，历史教师还要有以下几点认识：

1. 要强化课程资源开发的意识

教师应该看到，课程资源的利用和开发对于转变课程的功能和学生学习的方式有着重要的意义。当前有些教师课程资源开发意识淡薄，甚至还有教师把教材当做唯一的课程资源。所谓"课程资源开发意识"，是指面对各种资源时考虑它对课程教学有什么价值和意义，怎样才能把它挖掘出来，使它为课程教学服务的意识。具有课程资源意识、课程资源开发意识是进行课程资源开发与利用的基本前提，缺乏这些意识即使身边存在大量的课程资源，教师也会"视而不见""听而不闻"。课程资源校内有，校外也有；课程资源城市有，农村也有；课程资源重点学校有，普通学校、薄弱学校也有。实际上，所有地区、学校的课程资源都是丰富多彩的，只是教师缺乏对课程资源的识别、开发和运用的意识与能力。所以，当务之急教师要强化课程资源的意识，不断提高自己对课程资源的认识水平，从而因地制宜地开发和利用课程资源。

2. 课程资源要为教学目标服务

面对丰富多彩的课程资源，教师应该如何开发和利用课程资源，其把握的基本原则是依据教学目标为教学目标服务。具体操作如下：

（1）解读课程教学目标。课程教学目标决定了课程教学内容、课程教学方式方法及课程教学评价等多个方面的内容，同样也决定了课程资源的选择与利用。课程教学目标的实现，总需要一定课程资源的支持，课程资源总是服务于某一特定的课程教学目标。所以，教师开发与利用课程资源，首先要从对课程教学目标的解读开始，对课程教学目标的解读应该是多维度的，每一维度的目标所需要的课程资源是不同的。新课程标准颁布后，可以考虑从知识与能力、过程与方法、情感态度价值观这三个维度进行解读，通过解读会分解出许多具体目标；在此基础上需要考虑以下问题：为了实现具体的和整体的课程教学目标，需要什么样的课程资源？需要多少课程资源？怎样开发这些课程资源？这些课程资源怎样进入课程教学过程？通过什么方式利用这些课程资源最有效？教师对这些问题的思考会为课程资源的开发与利用提供指导与定位。

（2）根据目标寻找资源线索。课程教学目标规定了基本的课程资源，即课程资源的开发与利用必须针对课程教学目标进行。围绕课程目标的实现，教师应多方面寻找课程资源的线索。课程资源线索是开发课程资源的基本前提，教师应该知道从何处可以找到课程资源。课程资源线索具有多样性、差异性的特征。不同类型的课程资源、不同的教学需要、教师素养的不同等多重因素，决定了课程资源线索的多样性与差异性。因此，寻找课程资源线索的途径与方法因人因事而异。一般而言，从学生的需要出发，从教学内容出发，从教学方式方法、教学策略等角度出发寻找课程资源线索都是可以的。

（3）实现课程资源与课程内容的结合。开发出课程资源只是课程资源开发与利用的一个步骤，课程资源毕竟还不是课程教学内容，从课程资源到课程教学内容还有一个转化过程。因此，教师在面对开发出的课程资源时，必须实现课程资源与课程教学内容的结合。这一工作至少存在两种情况。第一种情况，教师把开发出的课程资源直接转化为课程内容。如教师选择教科书以外的期刊或书籍上的文章进行某一课程教学目标的教学。教师对课文替代文章的选择过程，即课程资源的开发过程。这一课程资源直接进入课程教学实施过程就实现了课程资源到课程内容的转变。第二种情况，教师对课程资源进行加工后，把它变成课程内容，即把课程资源与现有课程内容进行结合，将课程资源作为对现有课程内容的补充、替换和渗透。如教师以课文为课程教学内容，同时又吸纳其他课程资源与课文内容共同构成课程教学内容。课程资源与课程教学内容的结合是以实现课程教学目标为根本目的的。

（4）创造性地、多方式地利用资源。课程资源的利用千人千法、万人万样，其贵在创新。所以，教师除了掌握多种课程资源利用的基本方法外，还要开动脑筋，充分发挥自己的聪明才智，创造性地利用各种课程资源。教师只有灵活多变地采取各种策略和措施，创造性地进行课程资源的开发与利用，教师课程资源开发与利用的能力才能不断得到提升，课程教学才能具有持久的生命力，才能走向一次又一次的成功。

3. 树立课程资源共享的观念

任何一个人所了解的信息都是有限的。资源只有实现共享，才能发挥其最大价值。课程资源共享不仅可以缓解资源短缺的矛盾，提高资源的利用率，节约时间，还可以培养教师、学生资源共享的意识，感受互帮互助的快乐。为此，教师一方面要充分利用各种资源为教育教学工作服务，另一方面还要积极参与网络资源的建设，运用网络技术贡献自己的教育教学经验和成果，使之成为网络资源的一部分，与广大同行交流和分享；此外，教师还要鼓励学生学会合理选择和有效利用网络资源，从而增加和丰富自己的学习生活经验。

专题四 历史主干教学内容的理解与把握

基本理论与学习要点

一、中国古代史教学内容分析

（一）中国古代史基本线索

中国古代史是从原始社会开始到 1840 年鸦片战争结束。时间跨度比较长，历经先秦、秦汉、三国两晋南北朝、隋唐、宋元、明清时期，内容十分丰富。

先秦时期（公元前 221 年以前）：中国境内至少在 170 万年前就出现了人类活动。经过漫长的岁月，原始人类完成了从氏族、部落到国家的发展。公元前 2070 年，夏朝的建立标志着早期国家的产生。在经历了夏、商、西周，到春秋战国时期，由于铁器和牛耕的出现，生产效率大大提高，社会发生了剧烈变革，各诸侯国大力发展生产，掀起竞相改革的风潮。另一方面人们的思想也大为解放，在思想领域形成了百家争鸣的繁荣局面。

秦汉时期（公元前 221～220 年）：公元前 221 年秦始皇建立了我国历史上第一个统一的多民族的中央集权国家。秦朝由于实行暴政成为历史上有名的短命王朝，但秦朝的一些制度对以后历代王朝产生了深远影响。继起的西汉王朝在汉武帝时国力达到鼎盛，但接下来的东汉政局较为动荡。总的来说，秦汉时期统一的多民族国家得到初步巩固；文化高度繁荣，造纸术等许多科技成就处于世界领先地位；丝绸之路的开辟加强了各民族之间的联系，中国与西方的贸易交往和文化往来日趋频繁。

三国两晋南北朝时期（220～589 年）：这一时期出现了汉族与少数民族政权长期分立的局面，随着北方少数民族大量内迁，推动了民族之间的交往、交流、交融，民族融合的趋势不断加强。

隋唐时期（581～907 年）：中国历史进入蓬勃兴旺的隆盛时代，出现了社会经济文化繁荣、政治开明的局面，"贞观之治"和"开元盛世"是中国历史上少有的繁荣昌盛时期。隋唐时期的三省六部制，大大完善了中央集权制度；科举制是影响深远的选官制度。这一时期统一的多民族中央集权国家进一步发展，国内各民族友好交往和中外交流得到进一步发展；农业产量提高，手工业有了新的发展，商业和城市繁荣；隋唐文化也成为中国古代文化的高峰；科学技术走在世界前列，诗歌创作进入黄金时代，书法、绘画成果卓著。此后爆发的"安史之乱"结束了这种盛世景象，历史进入五代十国时期。

宋元时期（960～1368年）：经济重心由黄河流域转移到长江流域，北宋结束了五代十国的分裂局面，加强了中央集权，但没有完成全国性的统一。契丹、女真、蒙古等少数民族崛起，农耕文化和游牧文化在碰撞中逐渐融合。南宋时，南方经济超过北方，我国经济重心完成南移。两宋时科技有突出的发展，古代四大发明中有三项完成于此时。元朝的统一结束了中国境内长期割裂的局面，实行行省制度，对西藏进行了有效的管辖，巩固了统一的多民族国家。宋词、话本、元曲、史学是宋元时期文化领域的突出成就。

明清（鸦片战争以前）时期（1368～1840年）：明朝大力加强君主专制，一度出现强盛局面。郑和下西洋成为中国乃至世界航海史上的壮举。但明朝政治腐败，清朝入关后，经过100多年的励精图治，建立的庞大的多民族统一国家奠定了今天中国疆域的基础，各民族经济文化大大加强，统一的多民族国家得到发展和巩固。明朝中后期，资本主义生产关系出现萌芽，在清初有所发展，但由于封建势力的束缚和阻碍，成长十分缓慢。明清时期专制统治不断强化，镇压人民、钳制思想、遏制近代化因素成长，对外推行"闭关锁国"的政策，社会危机日益加深，中国逐步落后于世界历史潮流。

（二）中国古代史的重点突破

1."传说"与"史实"的区别与联系

"传说"与"史实"不是截然分立的，而是有一定联系的。一方面，喜欢夸大事物是人类的天性，后人在叙述先世之事时，总是不自觉地加以增饰与夸大，传说经过人民耳闻口传，时间越久就越容易失真。另一方面，神话传说中所含有的真实的历史和考古成果为这些传说的真实性提供了证据。

"传说"和"史实"的最大区别在于有没有地下发现的文字证据。若有，即属于"历史"范畴，可能成为"史实"；若没有，不管有什么理由，也不能说是"史实"。如在某些原始文化的"考古资料"与炎黄部落的"传说资料"中有一些内容可以让人做相似的推测，但在这些原始文化的各个遗址中却没有发现炎黄部落的文字。因此，我们就不能说某某原始文化就是炎黄部落的文化，也不能说炎黄部落的事迹就是"史实"，而只能说它是"传说"。因此，没有文字证实的夏朝和夏文化不是严格意义上的"史实"。

2."奴隶社会取代原始社会是历史的进步"的理解

原始社会虽然没有贫富贵贱的差别，但那是建立在生产力发展水平极端低下的基础上的，所以人们的生活水平很低，生活质量很差，文化的发展也极为缓慢。而在奴隶制国家中，奴隶主役使众多奴隶从事生产，才使农业和手工业之间的更大规模的分工成为可能，从而为生产力水平的提高、为文化的繁荣发展创造了必要的条件。制度是否进步，关键看它是否能促进生产力的发展。

初
中历史教师专业能力必修
Chu Zhong Li Shi Jiao Shi Zhuan Ye Neng Li Bi Xiu

3. "经济重心南移"的理解

经济重心南移是我国古代历史上重大的历史现象，它反映了我国古代南北经济发展的巨大变化。黄河流域是中华民族的发祥地之一，是中国开发最早的地区，人口集中，经济发达，是最早的经济重心。但随着南方经济的持续、快速发展，全国的经济重心不断南移，最终稳居南方。

从三国时期开始，南方经济就有了快速发展；唐代中后期到五代十国时期，北方战乱连绵，南方经济得到稳步发展；到了宋代，南方成为我国经济文化发展的先进地区，超过北方已成定局。这个趋势一直延续到现在。

4. "历史人物""历史事件"和"历史现象"之间的区别和联系

我们应准确把握"历史人物""历史事件"和"历史现象"之间的区别和联系。历史人物指的是历史上出现过的、有一定影响力的人物，历史事件指的是历史上发生过的，被当时的人及后来的历史学家看做具有一定历史作用的事件。而历史现象，它是历史上在较广泛的地域和较长时期内发生的、带有普遍性的社会现象。它们三者是不同的，但又是相互联系的，可以说是三位一体。我们要了解历史人物，就必须了解相关的历史事件，因为历史人物的活动一定要由历史事件来表现，历史事件也必定是历史人物做出的。要了解一种历史现象，也一定要了解与之有关的历史事件和历史人物，因为历史现象不是抽象的，它表现为若干历史事件或众多历史人物的活动。比如我们要了解唐太宗和唐玄宗，就必须要了解与之相关的"贞观之治"和"开元盛世"，只有了解了这些历史人物和历史事件，我们才能深刻地认识"唐朝兴盛的原因"这个历史现象。

二、中国近现代史教学内容分析

（一）中国近现代史基本线索

1. 中国近代史

中国近代史始自 1840 年中英鸦片战争爆发，止于 1949 年中华人民共和国成立，历经清王朝晚期和中华民国时期。中国近代史是中国半殖民地半封建社会逐渐形成到瓦解的历史，也是中华民族对外反抗帝国主义侵略，对内反对封建专制统治，为求得民族独立和人民解放的历史。

19 世纪中期，英、法等西方列强接连发动了侵略中国的战争，中国的主权独立和领土完整不断遭到严重破坏，民族危机日益深重，西方列强与中华民族的矛盾日趋激化。中国人民为反抗列强侵略，争取民族独立，进行着英勇的斗争，开始了救亡图存的探索。太平天国运动沉重打击了清王朝的统治和外国的侵略势力。洋务派进行的洋务运动，从客观上刺激了中国资本主义的产生和发展。资产阶级维新派为了挽救民族危亡，进行了维新变法运动。义和团运动是中国人民郁积多年反抗列强侵略义愤的总爆发，其英勇斗争从客观上粉碎了列强企图瓜分中国的步骤。辛亥革命推翻了清王朝的统治，建立了中华民国，开创了完全意义上的近代民族民主革命。新文化运动冲击了旧的思想、道德和文化，开启了思想解放的闸门。中国的近代化艰难起步。

1919年爆发的五四爱国运动，标志着资产阶级领导的旧民主主义革命的结束和无产阶级领导的新民主主义革命的开始。马克思主义在中国先进分子中广泛传播，1921年中国共产党成立，中国革命的面貌从此焕然一新。第一次国共合作推动了国民革命运动的高涨。国共合作破裂后，中国共产党为反抗国民党的反动统治，进行了工农武装革命，开始了中国革命道路的艰难探索。

1931年日本帝国主义发动"九一八事变"，中华民族面临严重的民族危机，全国进入艰难的局部抗战时期。1937年日本帝国主义发动"七七事变"，以国共两党第二次合作为基础的中华民族全面抗战从此开始。经过八年浴血奋战，1945年中华民族终于第一次取得了近代以来反抗外敌入侵的完全胜利。

抗日战争胜利后，中国面临着两种命运、两个前途的决战。中国共产党为争取和平与民主作出了很大努力，但是国民党政府在美帝国主义支持下悍然发动内战。中国共产党领导人民进行了三年多的解放战争，推翻了国民党在中国大陆的统治，取得了新民主主义革命的伟大胜利。

2. 中国现代史

中国现代史是中国共产党领导全国各族人民进行社会主义革命和建设的历史，1949年中华人民共和国的成立是中国现代史的开端。

新中国成立初期，中国共产党领导人民开展土地改革运动、镇压反革命运动和进行抗美援朝战争，巩固了新生的人民政权，恢复了国民经济。到1956年，完成了对农业、手工业与资本主义工商业的社会主义改造，基本确立了社会主义制度，我国进入了社会主义初级阶段。

1956～1976年，我国开始了社会主义道路的探索，由于对社会主义建设的艰巨性、复杂性和长期性估计不足，出现了"大跃进"和人民公社化运动等急躁冒进的错误，甚至出现了"文化大革命"那样全局性的、长时间的严重错误。

1978年中国共产党十一届三中全会后，我国实现了历史性的伟大转折，进入了改革开放和社会主义现代化建设的新时期。中国共产党在实践中逐步找到了建设有中国特色社会主义的道路，创立了把马克思主义同当代中国实践和时代特征相结合的中国特色社会主义理论体系。

新中国成立以来，我国在经济建设、民主法制、科学技术、国防建设、民族团结、文化教育、对外交往等方面取得了显著成果。我国综合国力不断提升，国家日益繁荣富强，人民生活水平逐步提高。港澳回归使"一国两制"的构想变为现实，祖国和平统一大业取得历史性进展。

（二）中国近现代史的重点突破

1. "新民主主义革命"

新民主主义革命是无产阶级领导的反帝反封建的革命，属于资产阶级民主革命。新、旧民主主义革命的根本区别是领导阶级不同，旧民主主义革命是资产阶级领导的反帝反封建的革命。五四爱国运动之前，中国资产阶级民主革命的领导者是中国资产阶级、小资产阶级及知识分子，这时，中国的无产阶级是作为资产阶级的追随者参加革命的。而在五四爱国运动中，中国无产阶级显示出巨大的力量，登上了历史舞台，五四爱国运动成为中国新民主主义革命的开端。新民主主义革命的指导思想是马克思主义，新民主主义革命的前途是经过新民主主义逐步过渡到社会主义社会。

2. 中国近现代史上社会性质的三次变化

（1）第一次：1840年鸦片战争后，中国由封建社会进入半殖民地半封建社会。西方资本主义国家入侵，中国战败，国家主权和领土完整遭到破坏，社会主要矛盾发生了变化，社会性质也发生了变化。

（2）第二次：1949年中华人民共和国成立，中国由半殖民地半封建社会进入新民主主义社会。1949年中华人民共和国成立，中国人民推翻三座大山，实现了国家独立、主权完整，中国共产党领导人民进行中国资产阶级未能完成的新民主主义革命。

（3）第三次：1956年三大改造完成，中国由新民主主义社会进入社会主义初级阶段。1956年，中国完成对农业、手工业、资本主义工商业的社会主义改造，基本实现了由生产资料私有制变为社会主义公有制，中国进入社会主义社会。

3. 20世纪中国三次历史性的巨变

（1）辛亥革命的胜利和中华民国的成立。孙中山领导的辛亥革命，推翻了中国2000多年的封建君主专制制度，开创了完全意义上的近代民族民主革命。

（2）中华人民共和国的成立和社会主义制度的建立。以毛泽东领导的中国共产党领导新民主主义革命，建立了新中国。1956年基本完成了对农业、手工业、资本主义工商业的社会主义改造，社会主义制度建立，实现了人民当家做主的权利。

（3）改革开放和建设有中国特色的社会主义。以邓小平为核心的中国共产党人打倒了四人帮反革命集团，结束了十年"文革"，拨乱反正，并在党的十一届三中全会上作出了实行改革开放的基本国策，建设有中国特色的社会主义。

三、世界史教学内容分析

（一）世界史基本线索

1. 世界古代史

世界古代史从早期人类的出现，直到15世纪末期，其间大体上经历了原始社会、奴隶社会和封建社会。

人类的历史虽然已有三四百万年，但人类的文明史却只有五六千年。大约从公元前4000年起，北非的尼罗河流域、西亚的两河流域、南亚的印度河流域、中国的黄河流域和长江流域，诞生了四大文明古国。随后欧洲地中海区域出现了古希腊和罗马文明，希腊罗马古典文明对后来的西方文明有很大的影响。东西方国家相继进入了奴隶社会。在奴隶制度衰落和崩溃的过程中，封建制度得以发展和确立，社会经济和文化缓慢地向前发展。

在世界古代史时期，各地区各民族创造的古代文明为近代文明的产生与发展奠定了基础。佛教、基督教和伊斯兰教三大宗教的形成对世界历史的发展产生了深远影响。从人类文明出现到15世纪，亚洲、非洲和欧洲之间的接触和交流逐渐加强，而美洲和大洋洲则与亚洲、非洲和欧洲处于基本隔绝的状态。

2. 世界近代史

世界近代史是16世纪初至19世纪末资本主义社会形态酝酿、产生和发展的历史。在这一历史阶段中，世界各地区前资本主义文明的相对孤立和相互隔绝状态，被日益发展的资本主义世界市场和血腥的殖民扩张所打破，人类逐渐步入相互联系、相互依赖的阶段，进而产生了真正意义上的世界历史。

从14世纪至17世纪，地中海和大西洋沿岸地区出现了资本主义手工工场和租地农场，而文艺复兴运动、新航路的开辟和早期的殖民扩张孕育了资本主义社会形态的基本要素，促进了资本主义经济的发展。

从17世纪至19世纪，资产阶级通过革命或改革，相继在欧美主要国家和亚洲的日本取代了封建势力（或殖民势力），获得了政治统治权，资本主义制度得以确立。这些国家先后开始或完成了第一次工业革命，生产力获得迅猛发展，社会面貌发生了翻天覆地的变化，为资本主义制度战胜封建制度奠定了雄厚的物质基础，初步形成了西方先进、东方落后的世界格局。另外，工业化在带来经济大发展的同时，对人类生存环境的破坏问题已经显现。

由于资本主义的残酷剥削和列强疯狂的殖民扩张，使资产阶级和无产阶级的阶级矛盾、资本主义列强与殖民地、半殖民地国家的民族矛盾空前激化，工人运动、社会主义运动和民族解放运动蓬勃发展，19世纪中叶诞生的马克思主义为国际共产主义运动指明了方向。

从19世纪下半叶至20世纪初，欧美主要国家先后发生了以电力取代蒸汽机的第二次工业革命，使生产力获得迅猛发展，科学技术在推动人类社会发展中的作用日益明显，文学艺术空前繁荣。

3. 世界现代史

世界现代史主要反映的是20世纪初以来世界历史发展的基本进程。

20世纪上半期，爆发了两次世界大战。在第一次世界大战期间爆发的俄国十月革命，在世界上建立了第一个社会主义国家，将社会主义的理想变成了现实，为世界上落后国家的发展树立了榜样。虽然一战后确立的"凡尔赛—华盛顿体系"暂时调整了帝国主义国家之间的矛盾，但也为第二次世界大战埋下了祸根。资本主义在经历了短暂的和平与繁荣之后，于 1929 年爆发了空前的经济大危机。为摆脱经济危机，美国实行以国家干预经济为主要内容的罗斯福新政，德、意、日等国家则力图以对外扩张寻求出路，并最终发动了第二次世界大战，战争以法西斯国家的彻底失败而告终。

第二次世界大战后，和平与发展逐渐成为时代的主题。在科技革命的推动下，发达资本主义国家通过一系列的自我调节和改良，在经济上有了较大的发展。而社会主义由一国发展到了多国，苏联和社会主义国家的建设也在改革中曲折前进。东欧剧变和苏联解体，只是社会主义一种已经僵化的模式的失败，并非整个社会主义运动的失败。世界殖民体系在民族民主运动的冲击下最终全面崩溃，这是人类历史上的巨大进步。独立后的民族国家在振兴民族经济、促进社会发展、维护国家主权和改变不合理的国际政治经济秩序方面进行着不懈的努力。

二次大战后，世界形成了美苏对峙的两极格局，苏联解体后两极格局崩溃，当今世界正处在大变革大调整之中。世界多极化和经济全球化的趋势在曲折中发展。[①] 而20 世纪科学技术的迅猛发展，特别是第三次科技革命的兴起，对人类社会产生了深远的影响。当人类在享受着高科技带来的多元文化的现代社会生活的同时，也面临着各种日益严重的全球性问题。这些问题是任何一个国家都无法单独解决的，必须依靠国际社会的合作和共同努力。因此，联合国将在国际事务中发挥重要作用。

49

(二) 世界史的重点突破

1. 资产阶级革命

资产阶级革命一般是指资产阶级推翻封建专制统治（或其他落后的统治），建立资产阶级专政，为本国发展资本主义扫除障碍的革命。它发生的原因是落后的生产关系严重阻碍了资本主义的发展。如英国资产阶级革命的原因是斯图亚特王朝的封建专制统治阻碍了其资本主义的发展，美国独立战争是英国的殖民统治严重阻碍了北美资本主义的发展，法国大革命是波旁王朝的封建专制统治阻碍了其资本主义的发展。要理解这一概念，应牢牢抓住三个要点：一是革命的原因是由一对矛盾构成，即落后的生产关系严重阻碍了资本主义的发展；二是革命对象具有唯一性，即封建专制制度或殖民统治；三是革命目的性很明确，要确立资产阶级专政，建立资本主义制度。

2. 欧洲文艺复兴的实质

文艺复兴是 14～17 世纪在欧洲发生的思想解放运动。从表面上看，文艺复兴是欧洲思想文化界人士复兴古代希腊、罗马古典文化的运动。但实际上，文艺复兴不是对古典文化的简单模仿，而是在很大程度上的一种创新。它的产生是以资本主义经济萌芽为前提，以反封建、反教会斗争为主要内容，主要反映了新兴资产阶级的要求。所以说，文艺复兴的实质是新兴资产阶级反对封建主义的思想解放运动，是资产阶级性

① 中华人民共和国教育部. 义务教育历史课程标准（2011 年版）[S]. 北京：北京师范大学出版社，2012.

质的文化，而不是古希腊罗马文化的复兴。

3. 美国内战是第二次资产阶级革命

1775～1783年的美国独立战争推翻了英国的殖民统治，赢得了国家和民族的独立，扫清了资本主义发展的外部障碍，具有资产阶级革命性质。独立后的美国建立了北方资产阶级和南方种植园主的联合专政。随着资本主义的发展，北方的资本主义工商业经济和南方的种植园经济的矛盾日益激化，南方的黑人奴隶制严重阻碍了资本主义经济的发展，最终导致了美国内战的爆发。美国内战使黑人奴隶成为自由劳动力，为资本主义的发展提供了劳动力来源，同时也实现了国内市场的真正统一，扫清了资本主义发展的内部障碍。所以说美国内战是第二次资产阶级革命。

4. "凡尔赛—华盛顿体系"

帝国主义发动第一次世界大战，就是为了争夺殖民地和世界霸权，通过巴黎和会和华盛顿会议，建立了凡尔赛—华盛顿体系。凡尔赛—华盛顿体系的建立使国际关系暂时得到缓和，但体系内部仍然存在着无法克服的矛盾，如战败国与战胜国之间的矛盾、战胜国之间的矛盾等，因此它无法长期维持世界和平。正如法国元帅福煦所言："这不是和平，这是二十年的休战。"由此可见，凡尔赛—华盛顿体系是大国争夺和妥协的产物，它只是暂时缓和与掩盖了诸多矛盾，使整个国际关系实现了表面上的和平，但风平浪静之下却是暗流汹涌。1939年9月，德国进攻波兰，英法对德宣战，第二次世界大战全面爆发，凡尔赛—华盛顿体系瓦解。

5. 世界近代史和世界现代史的开端

对于世界近代史，在高等学校和科研机构中，绝大多数科研人员认为，世界近代史的上限应该向前推至1500年前后，而不应以1640年英国资产阶级革命作为世界近代史的开端。世界近代史就是一部资本主义在西方上升、发展、向全世界扩张并由之在全世界产生巨大影响和反响的历史。而导致资本主义在西方上升、发展的一系列变化、一系列事件，几乎都与"文艺复兴"和"地理大发现"有关，特别是"地理大发现"直接诱发了商业革命和西欧诸国的海外殖民扩张，这对于西欧资本主义工业化起到了强有力的推动作用。没有地理大发现，就没有资本主义的发展，更没有随之而来的世界历史向整体发展的根本转折。"文艺复兴"和"地理大发现"均发生在1500年前后，因此以1500年作为世界近代史的开端，是合乎历史发展的客观实际的。

在世界现代史部分，自新中国成立以来，我国的世界史教材通常以1917年俄国十月革命作为世界现代史的开端。随着我国学术界对世界现代史研究的拓展和深入，出现了以第一次世界大战和十月革命为起点的见解。90年代以来，越来越多的学者持以20世纪初作为世界现代史的开端的见解。20世纪初，资本主义发展到帝国主义阶段，两大帝国主义军事集团为重新瓜分殖民地、势力范围和争夺世界霸权而展开激烈的斗争，最后导致了第一次世界大战的爆发。在大战过程中，俄国无产阶级进行社会主义革命，建立了人类历史上第一个社会主义国家。由于帝国主义力量在战争中的削弱和俄国十月社会主义革命的影响，战后出现了殖民地、半殖民地民族解放运动空前高涨。大战也使国际格局发生了重大变化。19世纪欧洲资本主义列强支配世界的局面告终。美、日两个新兴的帝国主义国家在北美和东亚崛起，社会主义国家苏联在地跨欧、亚两大洲的俄罗斯帝国废墟上巍然屹立。这一系列的重大事件和历史剧变都发生在20世纪初期，所以把20世纪初作为世界现代史的上限是比较合适的。而新的历史课程标准也印证了这一点，"世界现代史主要叙述的是20世纪初以来世界历史发展的基本进程。"①

案例分析

案例1

"落后就要挨打吗？"以《鸦片战争》为例，介绍介绍两种教学情况：

第一种

师：鸦片战争的失败给我们怎样的启示？

生：落后就要挨打。

师：说得很好，鸦片战争的失败告诉我们：落后就要挨打！这是一个深刻的历史教训。因此，我们要不挨打，就必须以经济建设为中心，大力发展生产力，增强国家的综合实力，推进军事现代化，实行对外开放。

第二种

师：想一想清政府在鸦片战争中为什么会失败？

生：清政府实行"闭关锁国"的政策，经济落后。

生：许多官员贪生怕死，清政府政治腐败。

生：军队腐朽，素质低下，缺乏实战经验和训练。

生：清政府武器太落后，许多人还拿着大刀、长矛。

生：落后就要挨打。

师：落后一定要挨打吗？落后与挨打之间有必然的联系吗？先进和落后之间又有怎样的关系？能用所了解的史实来证明你的观点吗？大家可以先讨论一下。

生：落后会挨打，鸦片战争就是典型的例子。

生：落后不一定挨打，如当代绝大多数发展中国家都没有挨打，再如隋唐与日本的关系。

生：落后也能打先进，如辽、夏、金打北宋，金、元打南宋。再如二战时日本偷袭美国珍珠港，美国相对日本应该是一个很强大的国家。

生：落后能抗击先进，最终打败先进，如中国的抗日战争。

生：落后能与先进和平共处。如唐朝同吐蕃、南昭、回纥、渤海等少数民族政权

① 中华人民共和国教育部．义务教育历史课程标准（2011年版）［S］．北京：北京师范大学出版社，2012.

的交往。

生：先进还会援助落后，如现在许多国家都援助非洲。

生：落后就要挨打，这话不是真理，这话要是真理，那我们国家就强大了，相对而言其他国家就落后了，那么我们也可以去打别人。

分析：长期以来我们接触到中国近现代史，一直被灌输"落后就要挨打"的思想。案例中两位教师明显对此有不同观念。

案例1的第一种，教师备课时把"汲取鸦片战争'落后就要挨打'的历史教训、培养学生的忧患意识和振兴中华的历史使命感"作为教学目标之一，通过特定的课堂教学让学生广为接受，并形成思维定式。甚至有个别学生会将之演变为"挨打有理""挨打活该"，这就阻碍了学生思维的拓展和对历史问题的深入研究。

从不同的角度进行分析，用已知的知识来论证观点，可以得出新结论。由此学生也对"落后就要挨打"有不同的观点。

可见，教师的史学观念在教学中有着非常重要的作用。教师要明确传统的史学观点只是众多学术观点之一，不是绝对的真理，它与数理化课本上的定理、定律是有所不同的。所以，教师要与时俱进，不断关注史学研究的动态。

案例2

某老师在教学《英国资产阶级革命》时，事先经过了充分准备，花了大量时间查阅了许多资料。上课时又花了很长的时间来讲英国资产阶级革命的背景、过程，并补充了大量的知识。如《大宪章》的来龙去脉、克伦威尔的生平故事、查理一世被处死的细节、白金汉宫护卫队的介绍等，教师娓娓道来，学生也听得津津有味。当然在整个教学过程中也有情景设置，师生讨论互动的环节，学生对革命的背景、过程掌握得也非常到位，由于这一部分内容花去了大量时间，所以接下来教师在讲英国资产阶级革命的结果——《权利法案》和革命的影响时，只剩下五六分钟的时间，教师只好快速讲解《权利法案》的相关内容，影响部分还没来得及讲就下课了，最后教师一句话带过，草草收场。

分析：这节课该肯定的是教师认真收集了与教学相关的素材，这些素材的使用在教学中起到了一定的渲染气氛的效果。一些学生也表示这几个故事给他们留下了深刻的印象。但是，我们认为这是一节不成功的课，甚至是一节失败的课。因为一节课材料的使用要紧扣课程标准，围绕课程标准展开，而这节课的课程标准要求是简述《权利法案》的基本内容，初步了解英国资产阶级革命的影响。但是，教师在讲授这节课时的绝大部分时间都没有涉及课程标准的内容，教学是否妥当就显而易见了。

在这个有点普遍的现象中，我们应该分析和注意的是，教师为什么会这样处理教材？

我们认为造成这种现象的主要原因是教师忽视了历史课程标准。备课时没有去备课程标准，没有根据课程标准来确定教学目标、设计教学过程，所以造成了一种教学上的随意性。离开了课程标准的设计和教学肯定是失败的设计和教学。教师认为课程标准、教学目标要求的内容教材上都有，不必再补充。所以就找了很多资料来演绎精彩纷呈的历史，这是对教学内容处理上的一种偏颇。历史课上讲故事是应该的，但是要加以选择，不能一味地迎合学生的兴趣而不加选择，从而不能完成教学任务。事后评课时，这位老师说他备课时确实没有看课程标准，学生喜欢听他讲故事，所以他每节课都会补充一些故事，学生上他的课兴致也很高。通过评课，当他意识到课程标准问题的重要性时，该教师表示以后一定会重视课程标准，备课时做到"心中有课标"。

修炼建议

作为一名初中历史教师，要胜任初中历史教学，必须要理解和把握初中历史主干教学内容。如何才能更好地理解和把握初中历史主干教学内容呢？笔者认为：

首先，要熟读教材、《课程标准》、《课程标准解读》。

教材包括教师教授行为中所利用的一切素材和手段，而教科书是最具代表性的教材。对于自己所执教版本的教材，教师要做到熟练掌握，而对其他版本的教材甚至是高中教材如果有条件也可以广泛阅读，阅读高中教材肯定有助于理解初中教学内容。教师只有对教学内容熟练掌握后才能在教学设计中融会贯通。

《课程标准》是教材编写、教学评估和考试命题的依据，是国家管理和评价课程的基础。教材是根据《课程标准》编写的给师生教学用的教学资源。教师在备课中首先要吃透《课程标准》，只有吃透了《课程标准》才能吃透教材，所以在处理教科书与《课程标准》的关系时，教师必须树立《课程标准》第一位的观念。不过《课程标准》"只提出了教学内容的框架，而不是知识点，更没有像教学大纲那样对教学内容概述线索、陈述结论。"其基本要求是"下保底，上不封顶"，这就为编写教科书和教师教学提供了较高的自由度。

《课程标准解读》是对《课程标准》内容的进一步阐述，通常课程标准的阐述少而精，而课程标准解读的内容比较详细。尤其是内容标准分析板块，按照学习主题对课程标准的许多内容作了具体阐述，并进行了拓展，有利于一线教师深入理解《课程标准》的要求。

其次，教师广泛阅读历史专业的书籍。

教师要了解历史主干教学内容，必然要具备专业的历史知识。教师要想给学生"一杯水"，自己首先要有"一桶水"，更要不断充实和更新自己的"一桶水"。只有教师的历史专业知识深厚时，才能在教学中游刃有余，深入浅出。由于历史学科的专业知识包罗万象，很难在短短的时间里完全掌握，那么这就要求历史教师要不断丰富充实自己的历史知识，而广泛阅读则是最重要的途径。

最后，更新史学观念，了解史学研究的最新动态。

新课程改革以来，我们注重新的教学理念和教学实践的结合，关注了课程观念和教学理念的转变，但忽视了对新的史学观念的吸纳。受传统"苏联体系"教材的影响，许多教师史学观念陈旧，对学术界的史学动态反应漠然，对新教科书中新的史学观点了解不到位，致使教学内容与学术研究成果严重脱节。如尽管新教科书已经淡化了社会形态理论，但是不少教师仍用传统的五种社会形态理论来把握中外历史的线索和阶段特征，还花费大量时间来补充、分析，仍然把英国资产阶级革命看做世界近代史的开端，把俄国十月革命作为世界现代史开始的标志等，对全球史观、文明史观、现代化史观等知之甚少，所以教师更新观念迫在眉睫。

另外，中学历史教科书的使用有一定的周期，不可能每年都有更新，也不可能同历史研究的进展完全同步。因而，史学研究的最新成果也就不能立即纳入中学教科书之中。为弥补教科书内容相对滞后的不足，教师在课堂教学中应倚重教材但又不拘泥于教材，应该注意随时介绍最新的研究成果，充实和丰富教科书的知识框架。

读书是教师专业成长的必由之路，大量专业书籍的阅读能帮助教师打下坚实的专业功底，只有这样教师才能吃透课标，领悟不同版本教材的差异，从而更好地把握初中历史主干教学内容，便于在教学中从容应对，游刃有余。

专题五 历史研究领域的新进展

基本理论与学习要点

历史研究和历史教学是史学巨车赖以前进的两个轮子。它们相互驱动，历史教学呼唤着历史研究尽快展示新成果，历史研究期待着历史教学尽快普及新成果。因此，历史教师要让阅读成为职业习惯，积极关注历史研究领域的新进展，吸收史学研究的新成果，不断更新自我知识结构，提升自我专业素养，从而促进历史教学的可持续发展。

一、教师历史知识更新的重要性

1. 渊博的知识是中学历史教师的基本素质之一

教师要有深厚的文化底蕴，这是教师专业化发展中最重要的方面。历史贯穿于古今中外人类社会发展的整个过程和人类活动的各个领域，历史课程是基础教育阶段的基础课程，是人文教育的核心课程。历史学科的特点和价值取向决定了历史教师必须具备系统的、渊博的、扎实的历史知识，由于历史学科又是一门综合性较强的人文学科，所以它要求历史教师能够通晓学科知识、拓展相关学科知识面、发掘知识渊薮、厚积薄发、游刃有余，能够在学生面前展现一种通晓古今中外史实、上知天文下知地理的人格魅力，真正成为让学生佩服的教师。

2. 教学创新要求教师不断更新知识

课程改革的深入推进，史学研究的不断拓展，要求教师的知识不断更新。作为历史教育主要内容的历史知识，伴随着史学研究的发展而不断深化和更新。假如历史教师的专业知识得不到及时补充与更新，就会造成知识的陈旧与"滞后"，学生很难从其身上体会到教师应有的文化底蕴，而教师也难以以识服人。

倘若教师不加强自身的学习，其教学思想、教学行为和教学方法就得不到全面的提升，教学水平仍停滞在原有水平，最终制约教学的创新。

3. 网络时代要求教师"与时俱进"

互联网技术的发展，导致了信息传递更加迅猛，更加便捷。教师以前所学知识已无法回应时代的挑战，也不能满足由于学生知识的不断更新而提出的新要求。再者，教师所具备的知识与历史学科浩如烟海的知识内容及历史教育需要的理论知识相比，是相当有限的。"给学生一杯水，教师要有一桶水"的观念已不能满足时代的需求，教师不仅要成为奔涌不息的河流，还应成为善于寻找"水源"的"专家型"教师。

二、当前历史研究的几种范式

史学范式是史学家研究历史的范型和模式，是历史观和方法论的统一，也是史学观点、史学范畴和史学方法的有机集合体。伴随着史学研究的不断深入，史学范式已经从单一走向多元，教材编排与命题也逐步体现这一趋势。因此，关注史学范式变化，有助于教师改变旧的教学模式、旧的教学方法，指导学生运用科学的理论和方法认识历史和现实的问题，把以培养学生创新精神和实践能力为核心的素质教育落到实处。基于不同史观、建构不同视角的知识结构，加强对教学内容的多角度分析，已成为历史教学研究与探索的新领域和新任务。

1. 当代史学研究发展的新趋势

（1）研究领域的扩展与学科交叉。研究领域的扩展主要表现在：①研究的时段前移，如对人类史前史的研究，伴随着考古学的长足进步，从以往的两三百万年前延伸到四五百万年前；②研究领域的扩展，如以人类整体或世界整体为基本单位的结构研究（社会制度、经济制度、政治制度、人类种群研究），以自然史（地球、太阳系、宇宙史、气候史、生物物种演化史）、人口史、科技史、生态环境演化史等为主要内容的专史研究，以心理、心态、思想文化史为主要内容的精神和思想史研究（侧重于对人的激情、冲动和心理特点对历史发展的影响的研究），以人的行为方式和特点为主要内容的行为研究等。这种研究领域的扩展必将产生新的史学理论与方法。

学科领域将发生广泛交叉，自然科学（地理学、气候学、环境学、生态学）、社会学（行为方法、结构方法、统计方法、假说论）、心理学、语言学、人类学等学科在理论和方法上对历史学科形成广泛渗透。上述学科的研究成果迅速转移到历史学科，如系统论、信息论、控制论、发展社会学中的现代化理论对历史学都有广泛影响，这些现象以后还会大量出现。

（2）历史研究与教学手段将不断更新。这主要包括在历史研究中先进仪器、科学手段的大量使用（考古中的发掘、探测；文物、遗址的鉴定、修复、判读、复原——如计算机对人头骨和面容的复原）、多媒体教学手段的广泛运用、远程教育的普及（电视、广播、计算机网络）等。它将在很大程度上解决历史研究中的信息平等、信息民主和在更广泛的空间内进行思想交流的问题。

（3）历史研究将向两极化发展。历史学研究向两极化方向发展，主要包括四个方面：一是历史知识在社会中的广泛传播与历史研究的进一步专门化同步发展；二是宏观史学与微观史学的同步发展与深化；三是个人研究与集体研究（国家组织与指导、国际合作）并行发展；四是学术研究与应用研究的双向发展。

2. 较为流行的几种史学研究范式

当代史学受相邻各门社会科学和自然科学发展势头的影响，研究方法不断出新。

历史研究的新成果往往依靠新方法去获得。但是，通过冷静的观察，我们不难发现，尽管当代史学方法呈现出多样化的发展趋势，却没有哪一种方法具有普适性。因为这些方法都有特定的功用，同时又都有自身的局限，而这种局限时常又为其他方法所补救。当代史学方法的多样化掩盖不住它们内在的统一性。确切地说，这些史学新方法的合理因素都不过是从这个侧面或那个侧面对辩证唯物主义和历史唯物主义的科学方法论的发展和补充。

如今的史学研究范式已经从传统单一的阶级斗争史观（或称革命史观），发展为阶级斗争史观、文明史观、整体史观（亦称全球史观）和现代化（近代化）史观四种史学范式。这些新的史学范式提高了历史研究的框架性认识，也直接影响了中学历史课程设置及中学历史教学。

（1）唯物主义范式。唯物主义范式，即唯物史观。该历史理论为马克思和恩格斯所创立，它的研究对象是社会发展的一般规律，和以社会生活某一局部领域、某一个别方面为对象的各门具体社会科学不同，它着眼于从总体上、全局上研究社会的一般结构和一般发展规律。

唯物史观的基本观点包括：社会存在决定社会意识，社会意识的内容只能是社会存在的反映；生产力决定生产关系，生产关系对生产力具有反作用；经济基础决定上层建筑，上层建筑对经济基础具有反作用；阶级社会的阶级斗争是历史发展的直接动力；矛盾具有同一性、斗争性、普遍性和特殊性，主要矛盾和次要矛盾、矛盾的主要方面和矛盾的次要方面在一定的社会条件下可以相互转化；事物发展是前进性和曲折性的统一，新事物是不可战胜的；人类社会形态是按照原始社会、奴隶社会、封建社会、资本主义社会、社会主义社会以及共产主义社会等社会形态交替发展的，等等。

（2）革命史范式。革命史范式也称为社会形态史观或阶级斗争史观，侧重于以社会制度和意识形态为依据，把人类社会划分为依次递进的五种社会发展阶段。

革命史范式作为中国近代史学界从 20 世纪 50 年代至 80 年代占绝对主导地位的理论范式，其理论基础源于马克思主义关于社会基本矛盾的学说。根据这一学说，在阶级社会里，两大对立阶级之间的矛盾，最集中地反映了该社会发展阶段的基本矛盾，考察和研究阶级矛盾、社会基本矛盾的运动发展，便能把握住历史发展中最本质的内涵，从而揭示历史发展的内在规律。

（3）全球史范式（整体史观）。全球史范式，即全球史观。它是建立在人们的意识对全球化现实反映的基础上的，所形成的一种超地区、超民族的史学观念，他们把人类社会历史发展视为一个有机整体，注重不同民族与国家之间的联系和互动，把生产力的发展和世界各地区交往的发展作为人类历史发展的两条主线，是一种从全球的视野和宏观历史学的角度考察和研究世界史的方法。因此，也被称为整体史观。

最先提出"全球史观"的是英国历史学家 G·巴勒克拉夫。1955 年巴勒克拉夫发表了《处于变动世界中的历史学》一书，在该书中他首次提出全球史观的思想。而在

1976年问世的《当代史学主要趋势》一书中，他进一步阐述了全球史观。而贯穿巴勒克拉夫的全球史观理论与方法的经典之作，则是他的《当代史导论》一书，这是他众多著述中最成功的一部。在该部著作中，他明确反对以西欧为中心的"古代——中古——近代"和"地中海时代——欧洲时代——大西洋时代"的历史诠释体系。"今天历史学著作的本质特征就在于他的全球性"，历史学家的重要任务之一是"建立全球的历史观，即超越民族和地区的界限，理解整个世界的历史观"。只有这样，才能"公正地评价各个时代和世界各地区一切民族的建树"。这些著作不仅反映了以巴勒克拉夫为代表的西方世界史研究所发生的重大变化，而且提供了一种合乎当代世界的新的历史观——全球史观。他认为，史学家应该"从欧洲和西方跳出，将视线投射到所有的地区和时代"。他特别强调在考察历史进程时，应该有"全球性眼光"，因为世界史不仅仅是世界各地区史的总和，它本身也是一个整体，若将其分割再分割，就会改变其性质，正如水一旦分解成它的化学成分，就不再成为水，而成了氢和氧。

美国的历史学家斯塔夫里阿诺斯的《全球通史》，就是从"全球历史观"出发，对建立一种新的世界历史体系进行了有益的尝试。"本书的观点，就如一位栖身月球的观察者从整体上对我们所在的球体进行考察时所形成的观点。因而，与居住在伦敦或巴黎、北京或德里的观察者的观点截然不同"。美国的历史学家 I·沃勒斯坦认为"世界体系是一个社会体系，它具有范围、结构、成员集团、合理规则和凝聚力，世界体系的生命力由冲突的各种力量构成。这些冲突的力量，由于压力的作用把世界体系结合在一起。"

全球史观从20世纪50年代在英国萌生以来，得到了迅速发展。2000年8月，在挪威奥斯陆举行的第19届国际历史科学大会上，"全球史的前景：概念和方法论"被列为会议的三大主题之一。

其实我国史学界用整体化或全球化的视野来认识世界在20世纪40年代就已经开始了，1949年周谷城先生撰写的《世界通史》强调："世界通史并非国别史之总和……本人不认同国别史之总和为世界通史，故叙述时，力避分国叙述的倾向，而特别着重世界各地之相互之关联"。周谷城先生的思想对我国世界史学的建设具有开拓性的意义。20世纪80年代，吴于廑先生指出要加强对世界各地之间的横向联系，他说："世界历史是历史学的一门重要分支学科，内容对人类历史自原始、孤立、分散的人群发展为全世界成一密切联系整体的过程进行系统探讨和阐述。"吴于廑先生倡导的"整体化史观"在我国得到发展，并为越来越多的史学家所认同。

全球历史观是当代史学家研究历史、认识历史的一种新的视角和思维倾向，主要包括三点认识：一是历史的整体性，即强调对历史考察、分析的着眼点应当是全球的而非区域的、是整体的而非局部的；二是历史的联系性。全球历史观是联系观，它强调世界地区之间、地区内部之间是一个彼此联系的有机体；三是历史的公正性。全球史观强调客观、公正地记述历史，平等对待各个地区和各个民族的历史和文明。

初 中历史教师专业能力必修 Chu Zhong Li Shi Jiao Shi Zhuan Ye Neng Li Bi Xiu

（4）近（现）代化范式。"近（现）代化史观"就是运用"近（现）代化"的总观点来看待中外历史，特别是自工业革命以来的世界历史以及鸦片战争以来的中国历史。现代化史观侧重于考察人类历史以生产力为根本推动力，从农业社会向工业社会的转变（二战后是从工业社会向信息社会的转变）以及由此带来的全面的社会变迁。

"现代化就是'西化'或'欧化'；现代化就是工业化；现代化就是富强化；现代化就是创新与效率化。"[①] "广义的现代化，主要是指自工业革命以来现代生产力导致社会生产方式的大变革，引起世界经济加速发展和社会适应性变化的大趋势；具体来说，这是以现代工业、科学和技术革命为推动力，实现传统的农业社会向现代工业社会的大转变，使工业主义渗透到经济、政治、文化、思想各个领域并引起社会组织与社会行为深刻变革的过程。狭义的现代化，主要是指第三世界经济落后国家采取适合自己的高效率途径，通过有计划的经济技术改造和学习世界先进技术，从而带动广泛的社会改革，以迅速赶上先进工业国和适应世界环境的发展过程；也就是说，现代化进程的客观内容，是欠发达和不发达国家在现代国际体系的影响下，向现代工业社会转变、加速社会发展和缩小与发达国家差距的过程。"因此，现代化是以商品经济为特征的工业文明取代以自然经济为特征的农业文明的结果，它主要表现为经济领域的工业化和市场化、政治领域的民主化和法制化、思想领域的理性化和科学化。

（5）文明史范式。文明史范式是以文明为研究的基本单位，以考察人类文明演进和探索人类文明发展规律为基本任务的历史观，亦称为文明史观。文明史观最早起源于西方史学界。开文明史研究之先河的是伏尔泰，其代表作是《风俗论》；20世纪初的代表性著作有德国史学家施本格勒的《西方的没落》、英国史学大师汤因比的《历史研究》，《历史研究》还被认为是"一部真正意义上的文明史"，它从全球文明的宏观角度研究世界史，在二战前风靡全世界；美国历史学家斯塔夫里阿诺斯的《全球通史》则是20世纪七八十年代以来，用全球观点并囊括全球文明而编写的世界文明史名作；法国史学大师布罗代尔完成于1963年的《文明史纲》，也是一部自成理论体系的文明史经典之作。

文明史观在我国大约兴起于20世纪90年代中期。20世纪末以来，包括刘宗绪、黄安年在内的我国不少学者也开始从人类文明演进的角度来研究历史并逐渐成为主流思潮，2004年出版的由北京大学马克垚教授主编的《世界文明史》就是这种研究的重要成果之一。

文明史范式认为，人类历史从本质上来说是人类文明发展的历史，人类文明的发展及人类自身的文明化是人类历史发展的基本线索。人类创造、积累文明的过程及其所获得的成果是历史的基本内容。人类文明史纵向可以分为野蛮蒙昧时代、农业文明（新石器时代、青铜器时代、铁器时代）、工业文明（手工工场时代、蒸汽时代、电气

① 罗荣渠. 现代化新论世界与中国的现代化进程［M］. 北京：商务印书馆，2004.

时代）、后工业文明（信息时代）等阶段；横向有多种分类，按照人类文明的性质可分为政治文明、物质文明、精神文明三大领域；按地域分可分为中华文明和西方文明；按宗教特色可分为基督教文明、伊斯兰文明、佛教文明、道教文明。

文明史范式强调文明是长时间的历史变迁，物质文明、精神文明和政治文明三者在相互作用、协调互补中交替促进、共同发展；强调历史与个人的相互影响；强调文明是人类宝贵的精神遗产。

文明史观认为，文明经历了由分散到整体（由区域到全球）的历程，还经历了由低向高发展（农业文明——工业文明——信息时代文明）的历程。因此，文明史观涵盖了现代化史观和整体史观。在文明史观下，"现代化是主线，整体世界史观是新视角，生产力是根本的衡量标准"。

文明史观下的世界近现代史

历史时期	转折性事件	表 现		文明特征
		西方	东方	
16 世纪前	/	海洋文明	农业文明	文明的差异
16～18 世纪	新航路开辟 早起殖民扩张	海洋文明	农业文明	文明的链接
19 世纪以来	两次工业革命 第三次科技革命	工业文明	农业文明 ↓ 工业文明	文明的冲突
				文明的融合与创新

（6）社会史范式（年鉴派史观）。西方社会史学的重要代表是法国的年鉴学派，雅克·勒高夫是年鉴派的代表人物，其代表作为《历史研究》和《新史学》。因此，社会史观也被称为年鉴派史观。年鉴派反对过于注重事件尤其是政治事件的传统史学，谋求创立一种与叙述具体政治事件的"事件史"相对立的全面的历史。自 20 世纪 80 年代中期以来，社会史在中国方兴未艾。

年鉴派史观具有"三新"的特点。一是新认识，其明确提出历史研究是经过史学家的主观意志和认识水平来完成的，这是史学认识论上的一次重大转变。二是新角度，即认为史学在研究方法上要与各种社会科学相互借鉴，其中最重要的是史学的定量分析法。三是新对象，即长期为传统史学忽视的领域也成为被关注的对象，如气候、民俗、人体、心态、神话、饮食、文学、艺术等。

3. 教科书对当代史学方法的吸纳

教科书是教与学的重要依据，它是课程目标的具体呈现，也是学生学习的"范例"。"用教材教"不是简单地与文本对话，而是要引发学生的思维与思想，让学生初步掌握史学分析的方法。因此，教科书在呈现知识的同时，必须体现史学方法，渗透史学理论。新课改的教科书在这方面进行了有益的探索，如人教版义务教育课程标准实验历史教科书坚持以辩证唯物主义和历史唯物主义理论为指导，同时注意吸纳当代史学方法，并把它们融为一体。这是人教版历史教科书发扬优良传统、锐意改革创新、追求与时俱进的体现。具体表现在以下几个方面：

（1）对历史比较方法的吸纳。所谓"历史比较方法"，就是在一定关系上根据一定的标准，确定比较对象之间的差异点和共同点的方法。这种方法，古已有之。但20世纪初，它在西方有所发展，第二次世界大战以后出现了比较研究的热潮。西德史学家彼得斯·阿尔诺和安内利塞于1952年在法兰克福出版了《比较世界史》，其后20年中几次再版，成为风靡多年的畅销书。随后，比较史学的影响遍及全球。20世纪80年代末，人教版九年义务教育初级中学历史教科书，就有意识地把历史比较方法渗透进去。

历史比较方法依照其作用可以划分为纵向比较法、横向比较法、观点与史实比较法三种，这三种历史比较法在人教版历史教科书中都有所吸纳。如《中国历史》七年级上册第1课《祖国境内的远古居民》讲北京人的体质形态特征，文字表述极为简单——"还保留了猿的某些特征，但手脚分工明显，能够制造和使用工具。"北京人究竟保留了猿的哪些特征？北京人和现代人又有哪些区别？这两个问题是通过古猿头像、北京人头部复原像和现代人头像三幅图画将其各自的特征凸现出来，供学生进行纵向比较，自己寻求答案。在百家争鸣的问题上，则加强横向比较。如在战争观上，儒家代表孟轲提出"春秋无义战"，笼统地反对一切战争；兵家代表孙膑则提出"战胜而强立，故天下服矣"，显然孙膑是"战争决定论者"，他不反对战争，与孟轲是对立的；墨家创始人墨翟主张兼爱、非攻，他也反对战争，跟孟轲有相同点，但他只反对侵略战争，却支持正义战争，跟孟轲又有不同点。运用横向比较的方法叙述百家争鸣的史实，有利于启发学生的思维，有利于教学双方把握百家争鸣的实质。《中国历史》八年级上册第5课《八国联军侵华战争》"活动与探究"栏目中第一题："《辛丑条约》签订以后，有人指出清政府已成为'洋人朝廷'。这种说法是否有道理？为什么？"这就是在引导学生运用史实与观点进行横向比较，验证观点是否正确。

（2）对心态史学方法的吸纳。"历史是人的作品"。心态史学就是从心理学角度研究历史上人们的心理状态，从而解释历史现象的方法。义务教育课程标准实验教科书适当地吸纳一些心态史学方法，收到了良好的效果。如在编写《洋务运动》这一课时，特意选了甲午战争失败以后，洋务派代表人物李鸿章的一段话："我办了一辈子事，练兵也，海军也，都是纸糊的老虎……不过勉强涂饰，虚有其表。"这是李鸿章自敞心扉，把他办洋务装腔作势的心态和色厉内荏的本质暴露无遗。配合这段资料，"动脑筋"栏目提出的思考题："有人说，洋务运动是一次失败的封建统治者的自救运动。想一想，这种说法对不对？为什么？"通过教学实践，不少教师表示这段资料用得好，非常有说服力。

（3）对计量史学方法的吸纳。所谓"计量史学方法"，就是计量分析方法在历史研究中的应用。其主要功用是促进历史研究突破单纯的定性分析的局限，逐渐形成定性分析与定量分析结合互补的新的研究方式。它使历史研究变得更精确、更全面，因而结论就更具有说服力。人教版教科书吸纳计量史学方法是有传统的。在编写义务教育课程标准实验教科书时，都采用了计量史学方法。如《中国历史》八年级下册第17课《科学技术的成就（一）》介绍袁隆平培育的籼型杂交水稻，其中提到："这项领先世界的科技成果，不仅给中国带来巨大的经济效益和社会效益，而且惠及世界。"这个说法是否正确呢？编者接着援引联合国粮农组织的统计数据，"1990年全世界水稻种植面积为22.5亿亩，其中袁隆平的杂交水稻2.2亿亩，约占总面积的10％，但产量却占了总产量的20％。如果将常规稻全部换种杂交稻，全世界水稻总产量可翻一番，能多养活10亿人口。"数据是精确、可靠的，在此基础上作出的判断自然不容置疑。

（4）对口述史学方法的吸纳。口述史学方法，也称为口碑史学方法。它是收集和运用口述史料保存和研究历史的一种方法。真正学术意义上的口述史学是美国现代史学家艾伦·芮文斯在1848年提出的。当时，他在美国哥伦比亚大学任教，他通过访谈笔录方式收集了美国普通民众的大量口述回忆资料，建立了一个口述史档案馆，推动了口述史学的发展。从20世纪50年代起，新中国史学工作者大量采取调查访问、记录整理的方式收集了许多有关中国近代史的口述史料。

义务教育课程标准实验教科书编写时，很注意吸纳一些口述史学方法。如《中国历史》七年级上册第17课《昌盛的秦汉文化（二）》介绍司马迁和《史记》，专门有一段阅读课文讲司马迁到浙江探禹穴；在汨罗江边吊屈原；游曲阜，向孔子后人请教，得到不少有关孔子的历史资料……为了突出这个问题，编者还特意配上一幅《司马迁采访史迹》的插图。

三、让阅读成为教师的职业习惯

《汉书·李寻传》云："马不伏枥，不可以趋道；士不素养，不可以重国。"可见，素养对人的事业成功具有极为重要的意义。教师的素养是新课程精彩实施的关键所在。"学习他人，莫随波逐流；自成一家，宜取人之长；百家之言，应滋养我身；天天进步，遂师道乃长。"身为21世纪的历史教师，应大量阅读历史学科专业书籍和教育教学方面的书籍，不断更新、充实、优化自己的专业知识结构；应积极关注史学研究刊物的最新史学研究动态和成果，在"抬头看路"的前提下，保证"埋头推车"的效度。

1. 历史教师要加强历史学科基础性知识的阅读

扎实的专业知识是进行学科教学的基础。历史教师要加强通史类知识的学习，以形成宏观知识的建构；要加强专门史学习，以深化知识体系；要加强中外经典史学著作的学习，以厚实专业底蕴。

作　者	书　名	出　版　社
袁行霈、严文明、张传玺、楼宇烈	《中华文明史》共四册	北京大学出版社
王家范	《中国历史通论》	华东师范大学出版社
钱　穆	《国史大纲》	商务印书馆
〔美〕斯塔夫里阿诺斯	《全球通史》	上海社会科学学院出版社
王斯德	《世界通史》	华东师范大学出版社
〔美〕费正清，〔英〕崔瑞德	《剑桥中国史》	中国社会科学出版社
蒋廷黻	《中国近代史》	上海古籍出版社
陈旭麓	《近代中国社会的新陈代谢》	上海人民出版社
唐德刚	《晚清七十年》	岳麓书店
钱乘旦、徐洁明	《英国通史》	上海社会科学院出版社
吕一民	《法国通史》	上海社会科学院出版社
丁建弘	《德国通史》	上海社会科学院出版社
杨生茂	《美国史新编》	人民大学出版社
吴廷璆	《日本史》	南开大学出版社
〔美〕杰里·本特利、赫伯特·齐格勒著，魏凤莲等译	《新全球史》（上下卷）	北京大学出版社
〔美〕苏里文、谢尔曼、哈里森著，赵宇峰、赵伯炜译	《西方文明史》	海南出版社
齐世荣	《人类文明的演进》	中国青年出版社
刘宗绪、黄安年	《世界近代现代历史专题30讲》	西北大学出版社

2. 历史教师要加强史学理论知识的阅读

恩格斯说："一个民族要站在科学的最高峰，就一刻也不能没有理论思维。"历史教师要站在时代的前沿，就必须用科学的史学理论来武装自己。在很大程度上，教师的史学理论水平决定了其对历史的理解能力和科研能力。

首先，历史教师要加强历史的本体论、认识论和方法论的学习，较为全面地掌握史学理论的基本知识，掌握历史唯物主义和辩证唯物主义的基本观点，从而更好地掌握历史人物评价、历史事件分析、历史运动规律、发展趋势解析等问题的基本学科方法。

其次，历史教师要关注史学研究的最新进展，提高教学的理论认知水平，以全球史观、文明史观、现代化史观和社会史观的视野统整教材，指导认识。

再次，历史教师要尽量阅读《历史研究》《历史档案》《近代史研究》《世界历史》《中国史研究》《中国史研究动态》等史学理论研究刊物，了解史学研究的前沿动态信息，积累更多的史学理论知识。

史学理论经典著作推荐阅读书目

作　　者	书　　名	出　版　社
〔美〕斯塔夫里阿诺斯	《全球通史——1500 年以后的世界》	上海社会科学出版社
〔英〕汤因比	《历史研究》	上海人民出版社
马克垚	《世界文明史》	北京大学出版社
〔法〕雅克·勒高夫	《新史学》	上海译文出版社
周积明、宋德金	《中国社会史论》	湖北教育出版社
〔英〕G·巴勒克拉夫	《当代史学主要趋势》	上海译文出版社
罗荣渠	《现代化新论》	北京大学出版社
钱乘旦、王宇博	《换个角度看历史——现代化与世界近现代史学科体系研究》	四川人民出版社
周春生	《文明史概论》	上海教育出版社
〔法〕马克·布洛赫	《历史学家的技艺》	上海社会科学院出版社
〔波〕托波尔斯基	《历史学方法论》	华夏出版社
田汝康、金重远	《现代西方史学流派文选》	上海人民出版社
葛懋春	《历史科学概论》	山东教育出版社

3. 历史教师要加强教育学、心理学、教学论等条件性知识的阅读

只具有历史专业知识而不懂教育教学理论，不了解学生心理特征进行的教学，不一定能收到较好的教学效果。为此，历史教师加强教育学、心理学、教学论等条件性知识的阅读就显得非常重要。

加强教育学著作的阅读，能让我们了解和掌握教育的目的、教育的原则、教育的方法与规律等教育学基本理论与实施策略，使我们在教学实践中能自觉运用教育规律，寓育于教，实施有效教学。

加强心理学著作的阅读，能让我们了解学生心理活动的基本规律、个性差异与特征，最大限度地发挥非智力因素在教学中的积极作用，从而进行针对而有效的教育，避免教学工作的盲目性和低效性。

教学论是研究教学规律及其应用的科学，加强教学论方面的学习，可以帮助教师进一步内化历史教学基本理论、完善教学组织形式、优化教学方法、提升教学技能和教学评价，能帮助教师更好地完成教学任务。

教育学、心理学、教学论经典著作推荐阅读书目

作 者	书 名	出 版 社
〔捷克〕夸美纽斯	《大教学论》	人民教育出版社
赵荣昌	《外国教育论著选》	江苏教育出版社
刘世民	《西方的教育》	甘肃文化出版社
顾明远	《教育大辞典》	上海教育出版社
于友西	《历史学科教育学》	首都师范大学出版社
赵亚夫	《中学历史教育学》	中国建材工业出版社
郭景扬、林丙义	《历史教育心理学研究》	杭州大学出版社
林崇德	《历史教学心理学》	北京教育出版社
黄煜峰	《初中生心理学》	浙江教育出版社
皮连生	《教与学的心理学》	华东师范大学出版社
聂幼犁	《历史课程与教学论》	浙江教育出版社
朱汉国、郑林	《新编历史教学论》	华东师范大学出版社
〔美〕乔伊斯著，赵中建等译	《当代西方教学模式》	山西教育出版社
林崇德	《学习策略》	湖北教育出版社
朴雪涛	《教育科学研究方法基础》	当代世界出版社

4. 历史教师要加强历史学科相关学科知识的阅读

"教然后知困"，历史老师必须具有广阔的知识背景，才能胜任综合性较强的历史学科教学。历史包罗万象，涉及政治、经济、军事、文化、科技等各个领域，因此，历史教师只有广泛涉猎各方面、各领域的知识，才能在师生交流互动中游刃有余。如果没有一定的地理知识，就很难说清《中俄尼布楚条约》以格尔必齐河、额尔古纳河为界的重要意义；如果没有一定的艺术知识，就很难解读吴道子绘画的风格；同样，如果没有一定的物理、化学等知识，就很难分析科技成就及其历史地位。因此，历史教师的知识积累尤为重要，包括哲学、宗教、地理、艺术等方面都必须要有所了解，从而完善自己的知识结构。

5. 历史教师要加强对时事政治的关注

历史特有的社会功能，要求教师要积极关注现实，关注时事政治，从历史中总结经验教训为现实服务。关注时事，也可以把时事作为课堂的良好导入和材料背景，激发学生兴趣，并有利于培养学生的基本学科思维方式，形成良好的思维习惯，为学生的学科素养及可持续发展打下扎实的基础。

案例

很多历史老师在分析近代思想解放潮流的特点时，归纳为"器物——制度——思想"由浅入深、由表及里的发展特点。

分析：该案例分析虽然很经典，但仍有进一步探究、反思的必要，有思维定式之嫌疑。首先，近代历史范围不仅指近代前期，马克思主义中国化的毛泽东思想也属于该范畴；其次，"师夷"无论是"制夷"还是"自强"，"制度"无论是"君主立宪"还是"民主共和"首先都属于思想层面；再次，"器物——制度——思想"并不就是简单的"由浅入深、由表及里"的过程。事实上，中国近代思想解放潮流都是世界历史潮流的反映，也是中国历史特定阶段的适切选择。该潮流的客观历史评价，可从"体"和"用"的关系上分析。"用"服务于"体"，取决于"体"的阶段，就必然反映在林则徐、魏源和洋务派的追求上。当旧"体"被历史淘汰时，就会有反映资产阶级新"体"的君主立宪和民主共和思潮的流行，结合新史观来分析就更有说服力。从文明史观的角度看，不同文明在碰撞交流中，先进文明必然引导或影响落后文明的转向，先进性越凸显，其影响力越彻底，资本主义文明越发展，其吸引力越强。从近代化史观来看，近代化是历史发展的必然，无论主动进入还是被动纳入，也必然体现在各层面近代化的探索与发展上。从全球化史观来看，世界任何地区都不可能跳出世界整体发展的总框架，中国作为世界的一分子，同样也不能不按历史发展规律发展。综上所述，中国的近代化也好，西学也罢，其发展程度一方面取决于自身发展的阶段，另一方面也是世界近代化进程的区域反映，如果思维定式化地将它概括为与西方进程的倒置或由浅入深的趋势，不一定就是历史的真实。

（1）如果运用不同的史观评价新航路的开辟，请用线将史观和对应的评价连接起来。

①革命史观　　　　是世界市场联系之路，世界逐渐连成整体

②社会史观　　　　是人类文明交流融合之路，促进了人类文明的发展

③全球史观　　　　是西欧资本主义发展之路和资产阶级壮大之路

④现代化史观　　　是殖民掠夺之路

⑤文明史观　　　　增加了人类的食品种类，改变了人的饮食结构和生活习惯

（2）请尝试运用新史观，帮助学生从不同角度建构新的知识体系或整合学习内容及专题。

建议：

①全球史观角度：近代列强侵华与中华民族的历史命运；近代列强侵略与亚洲民族解放运动；全球化进程中国际关系的演变；全球化进程中经济结构的演变；全球视野下的中外关系；世界潮流中的中国近代化；全球视野下的科技进步等。

②文明史观角度：古今不同政治文明及其贡献；农业文明时代的经济发展；工业文明时代的经济飞跃；农业文明、工业文明时代的精神文明；西方文明冲击下的近代东方（包括中国）；20世纪的世界战争与人类文明；当代文明发展的机遇和挑战，等等。

③年鉴派史观角度：中国古代文明中的思想、科技、文学和艺术；中国近代化过程中生活习俗的变迁；三次工业革命对工业动力、交通工具、生活观念、环境保护的影响，等等。

（3）推荐阅读材料。

北京师范大学教授杨宁一先生在《文明史观与中学历史教育》一文中谈到，文明史观至少有以下六个特点：①从现实人类文明所达到的高度去追溯历史，说明现代文明是如何传承演变而来的，把历史与现实紧密结合在一起，省略那些与现代文明关系不太密切的历史事物。②从长时段重点考察历史当中比较稳定、长期发挥作用的因素。如政治经济制度、民族文化、社会心理等，这其中也包括重大历史事件、重要历史人物。③以生产力为标准，把人类文明的历程划分为农业文明和工业文明两个阶段，而从农业社会向工业社会的转变就是我们经常所说的现代化。④把人类社会作为一个整体进行观察，勾勒出人类文明总体演进的脉络，总结人类文明的成果，在充分肯定人类社会取得的进步的同时，揭示存在的问题。⑤承认文明的多元性，承认历史发展的多样性和统一性，既看到人类社会发展有共同的规律和趋势，也看到不同文明有自己独特的具体发展道路。同时文明史观还关注不同类型文明之间的相互关系，特别是工业社会以来的相互关系，考察国际社会中和全球化过程中人类文明的演进。⑥把中华文明纳入到世界文明当中进行综合全面地考察研究，由此确定中华文明在世界文明中的地位；在和其他文明的比较中探讨中华文明的特点，同时丰富世界文明的内涵。

下 篇

技能修炼

如何做好一名历史教师，除了具备相关的专业知识外，还需要教师不断提升自身的教育教学技能。在课程开发、教学设计、课堂智慧、教学策略、教学评析等方面不断突破自我，形成个人独具特色的教育教学技能。

专题一　历史校本课程的开发

基本理论与学习要点

一、历史校本课程开发的原因

多年来，我国中小学国家课程都是由国家教育行政管理机构组织专家决策和编制的，它注重的是教育的基础性和统一性。它的开发周期比较长，且缺少灵活性，不能及时反映科技进步的成果，也不能很好地适应地方社会生活和社会发展需求的实际变化，更重要的是不能充分考虑到各地方、各学校的实际，照顾不到众多学习者的学习背景及特点。新世纪十年课改（2001～2010 年）将过去这种由国家统一管理的模式变为"国家、地方、学校"三级管理的模式，将一部分课程的开发和设置权下放给地方和学校，并且在推进改革的过程中取得了良好的效果。

1. 历史校本课程开发是学生发展的需要

学校课程是学校教育的核心载体，是学生获得发展的宝贵资源。历史学科校本课程开发的目的就是为学生发展提供强有力的支撑，从真正意义上实现学校教育的培养目标。历史学科校本课程的开发和实践，必须自始至终以具体学校、具体学生的独特性、差异性为出发点和归宿，从学校实际情况出发，结合学校所在社区的实际情况，充分利用当地历史文化资源，突出地方特色，让学生们感受到历史的亲切与真实，让学生们懂得学习历史的重要性，从而调动他们学习历史的积极性和主动性。历史校本课程不仅要向学生传授历史学知识，培养他们的历史思维能力，使学生掌握观察、思考、分析问题和解决问题的能力，而且还要引导和塑造学生正确的人生观、世界观和价值观。通过历史学科校本课程的开发和实践，帮助学生认识人类社会、中国社会和中华民族的发展线索，特别是学校所在地区的历史文化传统，培养学生的创新精神和实践能力，以促进他们的全面发展和终生发展，同时适应不同学生的学习需求，促进他们的个性发展。

2. 历史课程开发是教师专业品质提升的需要

在课程改革的背景下，课程开发和建设的过程成为教师专业发展的快车道，为丰富教师的课程意识、开阔教师的课程视野、发展教师的课程实施水平提供了可能。课程开发的过程，也是教师在执行各类课程政策和课程实验方案时的个性化创造，也是教师教育智慧增长的重要途径。教师的专业水平是决定课程改革、课程开发成败的关键因素。为确保课程开发的顺利实施，教师将经历示范讲演、问题探究、参与分享、案例分析、自主学习等多种培训，通过专家引领、自我反思和同伴互助的共同作用促进自身的专业发展。历史学科的校本课程开发同样需要历史学科的理论素养。历史学发展的新动态、历史学发展的新争论以及历史学研究的新方法等，都是历史学科校本课程开发过程中必须把握的重要内容。因此，通过课程开发历史教师必将夯实专业基础知识，提高专业水平。

3. 历史课程开发是学校特色发展的需要

学校是为学生提供教育服务的特殊机构，是真正发生教育和影响学生的地方。这种教育服务应该属于社会服务机构中的智慧性服务范畴。教育服务的核心和主体部分应该是学校为学生提供多样的、合适的、有一定选择性的课程。校本课程建设的长远目标就是根据学校的培养目标，打造完善的学校课程体系，加大课程设置的开放性和灵活性，增强课程与教学的选择性，提高学校主动发展的能力。历史课程不仅是为了使学生掌握历史知识，更重要的是使学生透过对人类过去的了解，生成自己的历史意识，形成自己对历史的解释，掌握认识历史和认识社会的方法。同时由于学科特点，它更能充分融入学校自己的教育哲学思想，有助于学校办学传统特色的创建和发展。

二、历史校本课程的开发与实施

1. 学校层面历史课程结构的重建

校本的课程开发，即以学校为单位，对国家课程、地方课程和校本课程进行校本化重组。其主要特征是实现国家课程、地方课程、校本课程在学校层面上的一体化和整体性，从而形成学校课程的合力，更为积极地实现课程的育人功能和教育价值。历史校本的课程开发是以国家历史课程标准为依托，是结合学校发展需求和学生发展需求而对三级课程作出的整合。例如下表：

初中历史课程结构

类别	维度	具 体 课 程					
		七年级		八年级		九年级	
		上学期	下学期	上学期	下学期	上学期	下学期
必修课程	A类课程	中国古代史	中国古代史	中国近代史	中国现代史、世界古代史	世界近代史	世界现代史
	B类课程	历史探究活动课课程、历史研究性学习课程（寻访常州历史文化）					
	C类课程	校史教育、学前教育					

选修课程	B 类课程	学生社团（校史讲解团、历史人物研究会）		
	C 类课程	人文之旅		

说明：A 类课程遵循普通全日制义务教育课程标准，为学生参加中考和毕业水平考试奠定了基础；B 类课程是学校根据学生的学习需要、学校的资源状况和学校的办学方向为学生提供的课程，此类课程基于学校学生全面发展的培育目标，对地方资源、学校资源进行了细致分析，合理开发了以发展学生综合素养为目标的课程内容。如寻访常州历史文化，通过专题研究、实践探究、总结汇报，以弘扬常州历史文化，培养学生的历史学习兴趣，转变学生的学习方式，培养学生的乡土情怀和人文精神。C 类课程是学校根据学生的高位发展需要为学生提供学习支持的体现学校办学特色的课程，此类课程在进一步明晰学生高位发展需求的基础上，为其提供适当的学习帮助和支持，其内容更具开放性，更贴近学生发展的多样需求。如人文之旅，通过参观、学习、考察和探究等活动，激发学生学习热情，提高学生的思辨力，更好地引导学生对社会现象的思考、对时代发展的关注，培养他们强烈的社会责任感和使命感。课程方案中 B 类和 C 类课程均以学校为本开发的课程即校本课程，主要是提升学生学习方式、学习能力和学习品质的课程。

该课程结构蕴涵着学校在课程的层次性、丰富性、系统性、基础性等方面的课程追求，充分体现了学校课程开发的教育思想，从学生修习和课程功能的角度对国家课程、地方课程、学校课程进行了校本化重组，其中也渗透了学校将学科课程和活动课程进行统整的思路。在推进实施过程中，学校需强调必修课程和选修课程的相互融合，充分彰显 A 类课程、B 类课程和 C 类课程的整体育人价值。

2. 国家课程中历史课程的整合

新课程标准下历史课程教学依据教材只是历史教学的资源之一，历史课程标准是历史教材编写、历史教学活动、历史教学评估和考试命题的依据，是国家管理和评价历史课程的基础。义务教育历史课程标准在内容体系上构建了学习主题式的课程体系，把课程内容分为中国古代史、中国近代史、中国现代史、世界古代史、世界近代史、世界现代史六个学习板块，每个学习板块又分为若干学习主题。课程内容主题式的构建为教师主动开发教学资源、进行课程整合提供了可能。

历史课程整合的内容主要有历史学科主题内知识、方法进行统整，形成以结构为单元的教学方式，如以"在中国近代史上列强发动的侵华战争"为主题，就可以把"鸦片战争""第二次鸦片战争""甲午中日战争""八国联军发动的侵华战争""日本发动的侵华战争"等相关的历史知识有机地归纳、组合起来；同一背景下相似历史事件的整合，如农村和城市经济体制改革。历史学科各主题之间的统整，需要打破原有主题结构，对原有主题进行合理调整和重组，形成相对系统的教学主题和教学结构，如八年级上册的"维新变法运动"与"日本明治维新"进行的整合、中国封建社会晚期与西方近代社会的整合。历史学科内国家课程和活动课程统整，活动课程、历史国家课程都是学生发展过程中不可或缺的学习课程，这两类课程相互联系、互为补充。活动课程以历史国家课程为基础，有助于充分发挥学生的主体作用，提高活动课程的组织水平和活动价值；历史学科课程以活动课程为载体，可以丰富学科课程的内涵，促进学生学习方式的转变，如将单元后面的探究活动课与本单元的相关内容进行整合。此外，还有依据学生认知规律进行的整合，如鸦片战争可先介绍林则徐虎门销烟的具体过程和重创烟贩的成果，再探讨鸦片是怎么输入中国的，积极引导学生运用已学的知识来完成对新内容的掌握。最后，根据文明史观、现代化史观对课程进行整合。由于对课标理解的差异、把握角度的不同，各个版本的侧重点也有较大差别，不同版本的教材各有特色，教师在进行教学设计时也可善加利用，以博取众家之长。总之，不同的教学目标，不同的角度会有不一样的整合。

3. 历史校本课程开发

校本课程强调的是在具体实施国家和地方课程的前提下，通过对本校学生的需求进行科学的评估，充分利用当地社区和学校的课程资源而开发的多样性的可供学校选择的课程。校本课程开发是指学校教师根据本校的教育哲学或办学宗旨，通过对本校学生需求的科学评估，以自己或与他人合作的途径，采用选择、改编、新编教学材料或设计学习活动等方式，在校内实施并建立内部评价机制的各种专业活动。

中学历史校本课程开发是在历史新课程改革理念的指导下，以历史教师为开发主体，与本校同专业或其他学科教师合作，又或者与校外机构合作，在具体实施历史国家课程的前提下，在学校统一的课程计划指导下，通过对学校学生需求的科学评估，并立足于学校的自身特色，充分利用当地社区和学校的课程资源，采用走访调查、问卷调查、实物资料收集、文献和历史图片收集、历史校本教材编写等方式，采用研究课、选修课等形式，在校内校外实施的并有学校内部评价机制的各种历史专业活动。中学历史校本课程的开发是新的课程体系的重要组成部分，它有利于学生的全面发展，有利于初中历史课程标准的实现。

课程开发包括了课程设计、课程实施和课程评价等环节，校本课程的开发要注意落实好以下每个环节。

（1）明确选题背景。每一个校本课程的形成，都有其历史和现实的原因。如是否有值得发掘的地域文化？是否有较具特色的地域自然资源？是否有特殊的地域经济结构？学校的教育传统和办学特色是什么？本校学生有什么样的兴趣和需要？国家课程和地方课程在哪些方面需要补充？本校教师有何专长？社区是否有可以借用的"能工巧匠"？等等。

（2）确立课程目标。校本课程总目标是提高学生的科学素养、人文素养或艺术素养，在这个总目标下要确定具体的教学目标。具体教学目标既要全面又要突出个性，既要准确又要具有可操作性，一般可以从知识与技能、过程与方法、情感态度价值观等方面来进行挖掘和细化。

（3）设计课程内容。设计课程内容要围绕校本课程的主题和目标来展开，是课程目标的具体化。内容的组织可以采用章节结构、主题结构、课题结构或层级结构，但不论是哪一种结构，都应使课程内容呈现出地域性、开放性和生成性的特点。

（4）关注课程实施。校本课程的实施涉及课程的管理、师资的配置、教材的编写、器材的准备、场地的选择、时间的安排等诸多具体问题。如需要哪些教学资源，应通过调查研究来联系学校内部条件、外部环境、人文地理、风俗民情、历史典故、旅游资源、特殊经济、能工巧匠等来进行资源整合。

（5）重视课程评价。课程评价就是对实践效果进行检测，包括对学生的评价、对教师的评价，还包括对课程设计本身和实施效果的评价。评价校本课程的成败主要考虑这几个方面，即学生素质是否因此而有所提升？教师素质是否因此而得到提升？建立的校本课程是否可以继续循环滚动？教师个人的经验是否可供他人学习和借鉴？

案例分析

案例1

以《南方经济的发展》的教学案例探讨课程整合的依据和方式。

南方经济的发展

本课课程目标：通过学习常州地区在三国两晋南北朝的发展来了解江南地区的开发史实。

教材分析：

三国两晋南北朝时期，北方的战乱和南方的相对安定使得北方人口大量南迁。这不仅促进了民族融合，也使南方经济得到空前发展，为国家的重新统一和繁荣昌盛以及经济重心的南移奠定了基础。

本课围绕南方经济发展这一核心内容，分析了原因及表现。但是由于这段历史在日常生活中提及较少，很难引起学生的兴趣，而常州正好处于江南，而我校的校名也与那个时期有关。所以笔者决定借助常州乡土历史配合课本进行学习。

学情分析：

这节课的教学对象是七年级的学生，他们的求知欲较强，喜欢故事，乐于合作，并且敢于发表自己的观点。但是他们的基础知识非常薄弱，对常州历史的了解也是知之甚少，所以希望在结合常州乡土历史的基础上，进一步加深学生对常州的认识，提升他们对常州的感情。通过对历史材料的阅读，培养他们把握和分析史料的能力。

知识与能力：

知道常州地区在三国两晋南北朝时期的发展，从而了解江南地区的开发史实。

过程与方法：

阅读常州地区简史和教材课文并组织活动，了解常州经济发展的具体表现；通过常州的表现，理解江南的开发。培养学生自主学习和互助合作的能力。

探究南方经济发展的原因，培养学生独立思考的能力。

情感态度价值观：

对所在城市——常州有进一步的了解，理解其发展过程中的曲折与艰辛。

认识到和平安定是人民的共同追求，是经济发展的客观条件。

了解劳动人民在开发江南经济中的作用，认识到社会的进步是由人民群众来推动的。

教学过程：

一、导入："兰陵"名称的来历。在东晋时期由于大量的北方人南迁，常州建立了兰陵郡来安排山东兰陵县的移民，所以常州地区有200多年的历史被称为"兰陵"。从导入点出了北方人南迁的史实。

二、设问：为什么山东兰陵县的人要不远千里来到南方？

关于第二个问题，老师曾经的学生有这样两种不同答案：

晓明：因为常州所属南方经济在汉朝时非常发达，被称为"鱼米之乡"。山东所属的北方遭到自然灾害，所以举县南迁。

志刚：北方当时是全国的经济中心，经济和生产都很发达，但是东汉以后，北方连年战乱；西晋时少数民族南犯，所以北方人被迫放弃家园，分批来到了南方。

通过这两个同学的回答，让学生了解了当时的江南地区和北方相继所处的状态。

（1）南方在汉朝时的经济比北方落后的现实。

（2）北方人为什么要南迁。

原因：战乱和少数民族向中原推进，南方比较安定。

三、通过研读简史了解常州发展的表现

常州发展表现 —— 农业 —— 屯田，开垦荒地
应用耦耕、粪肥等先进生产技术
粮食生产：稻麦两熟
兴修水利

文化：《昭明文选》——中国最早的文学总集

雕刻艺术：出土了青瓷碗、陶俑等

因为经济的繁荣，常州这个城市在当时也逐渐地繁荣起来。

四、让学生在研读简史了解常州发展的基础上，再浏览课本，了解当时江南地区还有哪些具体的发展，并为此描绘城市中的场景，从而点出江南地区在纺织业、冶铸业和青瓷烧制业方面的发展。

让学生总结常州和江南发展的原因：

（1）北方人口南下，补充了劳动力并带来了先进的生产工具和生产经验。

（2）南方自然条件优越，社会安定。

五、通过南方社会安定，提问引出"淝水之战"。

通过观察图片，让学生了解淝水之战的基本情况，锻炼学生的观察能力，并让学

初 中历史教师专业能力必修 Chu Zhong Li Shi Jiao Shi Zhuan Ye Neng Li Bi Xiu

生列举几个成语来记忆这个事件。

六、小结。

分析：

（1）紧扣课标，合理取舍课程资源。课标是课改赖以进行的纲领性文件，教师备课时应该认真研究课标，领会课标的意图，把握每一个主题的核心内容及每节课的学习要点。本节课的课标内容为"说出人口南迁和民族交往促进了江南开发的事实"，因此本课教学应该围绕南方经济开发这一核心内容，所选择的资源均要为这一核心内容服务。作者在选取课程资源的时候注重增加了与江南经济开发相关的简史，分析探讨了江南经济得以开发的原因及表现；同时对淝水之战相关材料进行简化处理，侧重于强调东晋淝水之战的胜利对江南经济开发的影响，即再一次阻止了游牧民族南下，使南方经济发展的进程没有被打断，以便更好地服务主题的需要。

（2）立足国家课程，注重整合地方课程。一般教材只是提及基本的历史史实，但为了让学生更好地理解并感受史实，教师可以把与学生日常生活联系紧密的内容跟课本知识联系起来。本教学案例的设计者恰好身处常州，而所任职的学校校名（兰陵中学）也与那个时期有关。因此，教师借助常州乡土历史配合课本进行教学，不仅可以激发学生的学习兴趣，而且还可以进一步帮助学生加深对常州的认识，培养他们对家乡的感情。在渗透了本土文化和信息以后，学生一方面可以更好地了解本地文化，另一方面可以对教材中的内容有更深刻的理解。

（3）尊重学生的认知规律。学生的认知规律都是由已知到未知、由具体到抽象、由易到难、由浅入深，是循序渐进的，我们的课堂教学就应该符合这一规律，积极引导学生运用已学的知识来完成对新的教学内容的掌握。如在本教学案例中，教师先安排学生学习常州发展的史实，在此基础上浏览课本，了解当时江南地区还有哪些具体的发展，并为此描绘城市中的场景，从而点出江南地区在纺织业、冶铸业和青瓷烧制业等方面的发展，做到了以点带面，从具体到抽象。在结构安排上也考虑到先呈现"是什么促进了江南经济的发展"，然后再追问"为什么"，而不是一味遵循从历史背景到历史内容的固定叙述。

案例 2

常州历史文化的追寻之旅

江苏省常州市的历史文化，是常州社会经济政治的有机组成部分和重要表现形态之一。它的积淀极为厚实丰硕；它的建树令人注目，某些方面还在全国独领风骚；其灿若星辰的文化精英，曾引来龚士珍"天下名士有部落，东南无与常匹俦"的赞叹。回顾和研究这种历史文化现象，继承和弘扬历史文化遗产及其宝贵经验，对于常州学子提高人文素质、加深对家乡的认识以及推进我校的校本课程建设都具有重要的意义。

（一）课程目标

1. 知识与技能：（1）了解常州历史文化，体会中华民族聪明、勤劳、文明之美。

（2）通过对历史史实的收集、分析、整理、综合、归纳等认识活动，培养学生的历史观念和历史思维能力。

2.过程与方法：（1）通过对常州历史文化的不同子课题的研究，了解和体验史学研究的一般过程。（2）在学习研究的过程中激发学生的历史学习兴趣，转变学生的学习方式，培养学生发现问题、提出问题、分析问题的能力，培养学生撰写历史小论文的能力以及采取多种方式来展示、交流、分享研究成果的能力。

3.情感态度价值观：（1）通过学习常州历史文化，使学生体会家庭、社区、地方、祖国的变化，产生深厚的乡土之情，弘扬常州历史文化。（2）通过对本土历史的学习，帮助学生树立正确的观念，使学生成为富有理想、勇于创新、善于合作、渴望学习、开放自信、视野宽广、能力出众的高素质人才。

（二）课程内容及活动安排

本课程的实施主要是开发和利用乡土课程资源，组织学生展开历史小课题研究，具体步骤包括以下三个阶段的实践。

第一阶段：了解常州历史，选择研究课题（1～5周）

教育家皮亚杰说："学生是具有主动性的人，所教的东西要引起学生的兴趣，符合他们的需要，才能有效地促使他们的发展。"因此，激发学生的学习兴趣，鼓励每一个学生都积极地参与其中，研究主题的确定很重要。如果学生选择了他们感兴趣并且贴近他们生活的内容，就可以吸收，以促使他们去思考、去探索、去创造。所以，为了照顾学生的个体差异、满足学生多样化的需要，由学生自由组合形成课题研究小组，就常州地区值得开发和利用的历史探究型课程资源进行选择是十分必要的。

针对常州地区和我校的具体情况，值得开发和利用的历史探究型课程资源，主要有以下几个方面的主题：常州的形成与变迁、常州的风土人情、常州的古迹胜景、常州的古代交通、常州的经济变迁、常州的文化教育、常州的历史名人及校史等。这一阶段关键是指导学生选择他们感兴趣、能深入的研究课题。

第二阶段：指导研究方法，理出研究综述（6～10周）

作为一名学生，学习是学校生活的中心环节，这其中包含两个方面的内容：一是学习文化知识；二是学习如何获得文化知识以及如何用所学到的知识去解决自己面临的各种各样的问题。在这两大任务中，后者比前者更为重要，所以说研究方法的指导是非常必要的。一般来说，对于高中学生进行历史课题的研究性学习，在最初的阶段应该让学生明确以下几种基本的研究方法。

1.资料型研究

当课题确立后，学生在教师的指导下，通过查阅书面资料、调查访问等形式获得第一手资料开展研究。资料型课题研究的基本过程可归纳为：提出问题——查阅文献——收集资料——分析、提炼资料——形成观点——完成研究报告。

资料型课题研究的特点：重视信息资料的占有和积累，注重信息资料的加工与内化，以此为基础形成学生对问题的思考。在现实情景中，许多论题的前提和结论往往分散在不同的地方；赞成和反对结论的理由、说明和没有说明的假设、相关和不相关的信息混杂在一起，学生应该学会进行正确地分析和选择。

2. 问题型研究

问题型研究课题，往往来自学生的生活和社会问题。学生应用已有的认知结构，通过调查研究、文献研究，并以调查研究为主开展研究性学习。问题型课题研究类型的基本过程可概括为：联系事实，提出问题——设计调查方案——组织实施调查——整理、提炼资料——分析重组资料——完成课题论文。

问题型课题研究的特点：为了完成研究课题，学生需做调查研究。在掌握了第一手资料后，对研究课题进行分析、研究，从而提炼出个人对这一问题的看法和观点。如何使学生学会收集全面的、真实的第一手资料是本类型的重点。在此过程中，学生通过确定调查计划、选择调查对象、确定调查内容、选择调查手段、进行实地调查、整理调查资料、分析调查结果、撰写调查报告等实践程序，对调查法这一最基本的科学实践研究有了感性认识。

3. 专题型研究

专题型课题研究，即学生确立研究方向后，在教师的指导下系统学习与之相关的理论和知识并确立课题，利用所学知识探究新知，进而找到解决问题的最佳方法。专题型课题研究的基本过程可概括为：确定课题研究的方向——学习与之相关的基本知识——确定与自己适应的研究课题——制定研究计划并实施研究——完成研究论文。

专题型课题研究的特点：学生在研究之前，首先要充实自己的认知结构，占有与课题有关的概念，从而指导自己的实践。此类型比较适用于自然科学研究，对于刚步入中学的学生来说，专题型研究为这种研究提供了可能。

在了解研究方法的同时，每一小组要设计出具体的"研究性学习"实施方案，并在实践中不断梳理和调整，最后形成研究的综述。每一个小组的综述都应该包括专题史实的简要介绍、相关课题研究的基本情况、基本探究过程及方法、研究资料方面的拓展阅读、相关参考书目等五大板块的内容。

第三阶段：实践探究，总结汇报（11～20 周）

研究性学习与一般意义上的研究是有区别的。它是一种学习，强调每一过程中的经验获得。因此，研究性学习的成果就必定和一般的研究有着很大的差别。它主要包括两大内容：一是每一阶段的成果，二是课题的最终成果。具体内容要求如下：

1. 前期的读书报告，即预研究报告（总结最初所查阅的资料，为开题报告做准备）

2. 开题报告（问题的由来、问题向课题的转化，即课题的陈述、课题的可行性、研究的内容和难点、计划进度及人员安排）

3. 小组或个人活动记录

4. 资料包（经过学生整理、归类的所有资料，读书卡片和读书心得）

5. 研究报告（课题的结题报告）

6. 答辩记录

（三）课程评价

校本课程开发使学校对师生的评价制度有所改变。过去衡量师生优劣的唯一标准是学生的考试分数，但是鉴于开发校本课程的特点，它更加注重师生参与课程的情感体验过程，即学生情感、态度、价值观的培养等，所以过于量化的评价不能"独尊"，学校对师生的评价机制将趋于多元化，形成质量相兼的评价体系。

为了激发学生进一步探究的欲望，在开展"追寻常州历史文化研究性学习"的校本课程实施中，我们采用了多元化的评价形式，其中有教师评价、学生自评、师生互评以及生生互评相结合的方式，尽可能地抓住学生在研究性学习中的闪光点。通过多元化的评价，调动学生的认识和情感因素，让学生自觉记录活动过程，并投入到对问题的讨论及对成果的分享与思考中，从而逐步完善自己的行为，拓宽自己的视野、达到自我反思、自我改进的目的，这样更有利于开展下一次的探究实践活动。

"追寻常州历史文化"强调活动过程中学生的经历和体验，关注学生的自我发现与自我塑造。因此，我们要充分利用"研究—总结—汇报"阶段，指导各小组分工合作，利用各自的特长，采取绘画摄影、办手抄报、创作展板等多种方式，把课题活动成果展现出来。同时在班级里举行阶段成果汇报会，评选出优秀小组，表彰激励优秀小组和优秀个人，让学生在师生共评、生生互评的氛围中找到各自的优缺点，从而互相取长补短。

分析：陶行知先生说过："没有生活做中心的书本是死书本，没有生活做中心的教育是死教育。""追寻常州历史文化"这一历史校本课程，更关注课程和生活的结合，更尊重学生的主体地位。它的实施克服了当前基础教育课程脱离学生自身生活和社会生活的倾向，加强了学生与生活的联系，为学生的个性发展提供了开放的空间。在课程的开发中，我们不能忽视学生知识的发展水平、身心的适应水平等因素，课程内容的组织应保持学科、学生、社会三者的动态平衡，否则课程实施会是低效重复甚至是无效的。只有坚持实事求是、有效实施，"追寻常州历史文化"这一春天里的烂漫山花才能成为秋日里累累的硕果。

修炼建议

历史校本课程的开发不仅局限在历史学科之内，也可以与其他学科相联系，如我们学习历史的时候不忘关注现实，也能很自然地与政治时事联系起来；历史中的文化史内容包括文学，学习历史的同时也涉猎了文学，历史成就文学、文学反映历史，要深入地理解一篇文章的内涵，就必须了解成文的时代背景，学习文学的同时也重温了历史，这又与语文联系起来。又如历史选修校本课程"人文之旅"，该课程要求学生走出校门，确立研究问题（景观文物、历史事件、历史人物、风土人情、民俗等）；参观、学习、考察秦始皇兵马俑坑、明代古城墙、半坡遗址、秦阿房宫、汉长安城、唐大明宫、大雁塔、黄帝陵、碑林博物馆、陕西历史博物馆、西安交大以及延安革命纪念馆、壶口瀑布、宝塔山、杨家岭、轩辕庙、王家湾革命旧址、杜公祠、瓦窑堡革命旧址、南泥湾革命旧址、陕西洛川黄土国家地质公园、吴起镇革命旧址……又可将历史、政治、地理、语文等学科密切相连，凸显活动的实践性、研究性、人文性、教育性、综合性和时代性，激发学生的学习热情，提升他们的学习思辨力，从而更好地引发学生对社会现象的思考，对时代发展的关注，从而培养学生强烈的社会责任感。

"读万卷书不如行万里路！"学校课程不应是单一的、理论化的、体系化的书本知识，而应回归学生的生活世界，向学生呈现人类群体的生活历程和经验。

专题二　历史课程的教学设计

基本理论与学习要点

教学设计是在正式教学前，在一定的教学理论和学习理论指导下，预先制定特定环境中将要展开的教学活动的进程。① 传播理论、学习理论和教学理论是教学设计的理论基础；系统科学方法是教学设计的方法论基础；优化教学效果是教学设计的目的。

一、教学设计的要素分析

教学设计的基本要素主要包括六个方面：学习任务分析、学习者分析、教学目标、教学策略、教学过程、教学评价。

（一）学习任务分析

学习任务分析是指教师对教学内容进行的预先分析。该分析首先体现的是教师对相关史实的历史专业认识，不仅包括教学内容在教材中的承上启下的关系，而且还包含教学内容在整个专题史中的地位。更为重要的是，教师要充分认识到教学内容在世界历史中的地位，即将历史放在世界整体的、全球的历史背景下去看待，不人为地将历史分割、孤立。其次，学习任务分析的一个重要内容便是学习需要分析。在对教学内容的历史专业认识的基础上，教师要预先分析教学内容的习得将会对学生个体发展产生的效果，并分析学习相关内容的必要性和需要性。

（二）学习者分析

奥苏贝尔有句名言，意思是说教学成败的关键不在于教师已经知道"学生不知道什么"，而是教师要知道"学生已经知道了什么"和了解学生有关学习的其他方面的信息。学习的主体是学生，要想让学生主动地、富有个性地学习，教师就要分析学生的特征。

学习者分析是了解有关学生对教学和学习有影响的各方面信息的过程。它涉及智力因素和非智力因素两个方面。与智力因素有关的特征主要包括：知识基础、认知能力和认知结构；与非智力因素有关的特征主要包括：兴趣、动机、情感、意志和性格。初中历史教学设计中的学习者分析，包括两个方面：一是所教初中生的心理发展规律

---

① 吴永军. 新课程新备课新思维［M］. 北京：教育科学出版社，2004.

及其与将要进行的学习活动之间的适配性，初中学生的分析能力、表达能力、判断能力、自我意识和思维发展水平的现状等都应该成为教学目标确立的重要依据；二是所教班级学生的原有认知水平、知识储备及其和新的学习活动之间的关系，学生的原有认知水平应成为教学的起点。

（三）教学目标

教学目标解决的是"教什么"的问题。克拉克认为，教学目标是"目前达不到的事物，是努力争取的、向之前进的、将要产生的事物"。教学目标表达了学习者通过学习后的一种学习结果。

《课程标准》对课程目标如此阐述："通过义务教育阶段历史课程的教学，学生能够掌握中外历史的基本知识，初步掌握学习历史的基本方法和基本技能；对人类历史的延续与发展产生认知兴趣，感悟中华文明的历史价值和现实意义，养成爱国主义情感，开拓观察世界的视野，认识世界历史发展的总体趋势；初步形成正确的世界观、人生观和价值观，为成为拥有良好综合素质的合格公民奠定基础。"[①]

在《课程标准》中，课程目标规定了学生在"知识与能力""过程与方法""情感态度价值观"三个方面应达到的总体目标。标准还规定，"历史课程的实施，必须以本标准为依据，力求体现历史课程的基本理念和设计思路，按照本标准提出的规定和要求，注重课程目标中'知识与能力''过程与方法''情感态度价值观'三方面目标的整合，并使其具体化为课时目标。"[②]

《课程标准》强调知识学习过程、能力培养过程与情感态度价值观养成过程的统一，三维目标是紧密联系、不可分割的整体。教师在进行教学设计时，不仅要正确理解三维目标的要求，而且还要明确三维目标在整个目标系统中的地位，把握三者之间内在的一致性。"知识与能力""过程与方法""情感态度价值观"这三个目标检验的是学生是否达到了预期的学习结果，而不是教师有没有完成某一教学任务或者是否达到了某一目标。三维目标以学生为主体，强调的是学生的学习结果，而不是对教学内容的具体规定，所以教学目标的表述应是具体、明确的，以便于观察和测量。

此外，教学设计中对目标的阐述，能够体现教师对课程目标和教学任务的理解，也是教师完成教学任务的归宿。

（四）教学策略

教学策略是实现教学目标的方式，解决的是"怎样教"的问题。教学策略包括教学方法、教学媒体和组织形式等教学措施。

1. 选择教学方法

常用的历史教学方法有：讲述法、讲解法、谈话法、图示法、讨论法、辩论、史

---

① 中华人民共和国教育部．义务教育历史课程标准（2011年版）[S]．北京：北京师范大学出版社，2012．
② 中华人民共和国教育部．义务教育历史课程标准（2011年版）[S]．北京：北京师范大学出版社，2012．

料研习、角色扮演等。各种教学方法都有其自身的优点，教师应结合自身条件的优势和对教学内容、教学对象的分析，通过选择并组合恰当的教学方法，从而最大限度地发挥它们的优点。

各种教学方法比较

教学方法	概念	优点	适用范围	对教师的要求
讲述法	教师运用口头语言讲述历史，包括叙述、描述和概述三种具体方法。	有利于学生了解历史的过程和内容。	适用于向学生传授新知识，也适用于复习和巩固旧知识。	1. 对教师的语言能力要求较高； 2. 教师要善于将史实口语化，联系学生实际； 3. 生动、形象是讲述法的基本要求。
讲解法	解析论证的教学方法，包括释义说明、实例论证、分析综合、比较、对比。	清晰的解析和论证，有利于学生理解和掌握历史知识。	适用于历史概念、历史规律等知识性强、情感因素少的教学内容。	要求教师以简明通俗的语言，配合图表等辅助手段。
谈话法	师生双方以谈话或问答的形式进行教学的一种方法。	有利于学生主动思考，有利于民主平等的师生关系的形成。	适用于各个教学阶段。	1. 要求教师具备较好的教学机智； 2. 教师要注意处理好预设与生成的关系； 3. 建议与其他教学方法综合使用。
图示法	用图示的方法呈现历史知识，图示中包括符号、数字、图形、词组等内容形式。	简明、形象、系统的知识结构对发展学生智力、培养学生能力有显著的效果。	适用于表达历史概念、认识复杂历史问题。	1. 教师要将学习内容化繁为简，选择既简明又实用的最佳图示； 2. 图示要与讲解法相结合。
讨论法	教师组织学生以全班或小组的形式进行讨论、发表见解的一种教学方法。	有利于学生主动参与学习，活跃课堂气氛。	适用于重点内容的展开教学和难点内容的突破。	1. 教师要具备较强的教学机智和扎实的专业知识； 2. 教师要善于捕捉动态生成的课程资源，将讨论引向深入，并适时澄清一些思想。
辩论	教师将对一个问题持相反观点的学生分为正反两方，展开辩论。一般包括双方代表阐述观点、辩论、总结性发言、评论方提问、教师总结等环节。	有利于培养学生收集资料、分析资料的能力；有利于培养学生逻辑性思维和批判性思维。	适用于有争议的、学生难以理解的历史问题。	1. 教师要了解辩论的常识，并对学生进行培训； 2. 在准备阶段，教师要全程关注、悉心指导，给学生提供尽可能多的技术支持； 3. 辩题应该是中性的，辩论结果要明确正反方的胜负。

续表

教学方法	概　念	优　点	适用范围	对教师的要求
史料研习	组织学生研究原始史料的教学方法。	有利于学生在思考中建构知识，回归历史学科的特性。	适用于教学重点内容。	1. 教师要具备较高的史料研读能力； 2. 教师要根据学情分析，恰当选择和呈现史料； 3. 史料宜短、宜精； 4. 史料研习可以与讨论法结合进行。
角色扮演	教师通过课本剧等表演形式，创设虚拟的场景呈现历史。	提供学生展示的机会，调动学生的积极性，活跃课堂气氛。	适用于重点难点内容的教学，尤其适用于对学生情感态度价值观的培养。	1. 教师具备较强的课堂驾驭能力； 2. 教师对学生的表现要及时评价、引导； 3. 角色扮演时间不宜过长； 4. 角色扮演不宜频繁使用； 5. 角色扮演要遵循历史教学"求真"的原则。

2. 选择教学媒体

教学媒体是教学设计中要涉及的物质条件，《课程标准》建议："教学时要灵活采用多样化的教学方式和方法，充分利用多种历史信息资源，突出历史教学的特点。"[1]现代教学媒体是丰富多样的，它既包括传统的教材、板书、挂图、模型、标本，也包括影像资料、电脑投影、电子白板、互联网等新生技术和设备。在教学中，教师要科学地选择教学媒体，合理组合运用媒体，让各种教学手段和教学资源都能够发挥出最大的优势，为教与学双边服务。

选择教学媒体要处理好这样两个关系：

（1）传统与创新的关系。在现代化教学媒体层出不穷的今天，教师尤其要注意处理好传统与创新的关系，不能因为使用新鲜的媒体手段，就一味排斥传统媒体。传统媒体和现代媒体同样都有着各自的优点和缺点，教师要充分挖掘各种媒体的优点为教学服务。如板书作为传统的、常规的媒体，是教学思路的体现，也是学生在课后复习的基本依据之一。因此，板书在教学中仍然有着其他媒体不可替代的作用和地位，所以教师在媒体设计时千万不要忽视了对板书的设计。此外，我们在设计板书时一定要注意板书要条理清晰、思维逻辑推理合理、简明扼要。

（2）质和量的关系。在多媒体技术的支持下，大量的史料涌入课堂，学生思考的时间变少了，师生互动的时间就更少了，学习效果可想而知。因此，在选择多媒体教学时，教师要处理好质和量的关系。不要过度使用多媒体，以免喧宾夺主，教师应该

---

① 中华人民共和国教育部. 义务教育历史课程标准（2011年版）[S]. 北京：北京师范大学出版社，2012.

立足于学生的实际和教学重难点来设计教学媒体。如对一个需要用图片来说明历史的问题，教师选一两张有代表性的图片即可。如果图片太多，就会分散学生的注意力，冲淡他们对教学重点的印象。

3. 确定教学组织形式

常见的教学组织形式一般有班级授课制、小组授课制、个别化教学。我国课堂教学以班级授课制为主要组织形式，近年来出现了以改变学生座位形式的新的组织形式。座位安排的形式有秧田型、马蹄型、圆桌型、模块型等，各种座位形式都有其优点与缺点，教师可以根据教学需要进行选择与设计。

（五）教学过程

教学过程是课堂教学设计的核心，教学目标、教学任务、教学对象的分析，教学媒体的选择，课堂教学结构类型的选择与组合等，都将在教学过程中得到体现。教学过程包括教学环节、步骤和时间分配等要素。课程改革以来，初中历史课堂教学出现了诸多新的教学模式，如问题式、自主学习式、合作学习式、探究学习式和导学案式等。纵观各种教学模式，我们发现他们在教学环节上有一定的共性，即各种教学模式都包含了导入新课、教与学活动的展开和总结提升三个基本环节。

1. 导入新课

导入是讲解新课题时，运用建立问题情境的教学方式引起学生的注意，激发学生学习兴趣，明确学习目标，形成学习动机，建立知识间联系的一种教学行为。[1] 导入有直接导入、经验导入、由旧知导入新知、直观导入、故事事例导入，设疑、悬念导入等多种方法。

在初中历史教学中，情境导入比较常见。情境导入指教师通过展示文物、图片，播放音乐、视频，讲故事等方法，给学生视听上的刺激，以引起学生的注意。情境导入可以激发学生学习的兴趣，使学生集中注意力，并迅速进入学习状态。情境导入可分为实物和口述两种情境，常见的情境导入方法有图片导入法、影像导入法、音乐导入法、生活导入法等。教师在运用情境导入法时，要注意几个基本要求：（1）要围绕教学目标，围绕重难点而设；（2）要根据初中学生的年龄特征，设计适宜的情境；（3）要短小精悍，言不在多，面不求全；（4）要注重导入的启发性。

2. 教与学活动的展开

教与学活动的展开是指根据教学内容的顺序，开展教与学的活动，一般包括情境创设、师生互动等。

（1）情境创设。杜威认为，思维最早从直接经验的情境中发生。最初情境的特点是思维的起因。思维不单是从情境中产生出来的，它还回归到情境中去。因此，教师必须发挥特定的引导作用，创设开放的、个性化的教学情境。创设情境就是根据学科

---

① 朱汉国，郑林. 新编历史教学论［M］. 上海：华东师范大学出版社，2008.

教育目标和学生的实际，通过创设特定的教育情境激发学生的兴趣和情感，使其获得积极的感受和认识，产生积极的内容体验，从而养成良好的思想品质。初中历史教学中常见的情境有问题情境、表演情境、多媒体情境、故事情境等。

创设问题情境。苏霍姆林斯基指出："使你的学生看出和感到有不理解的东西，使他们面临着问题。如果你能做到这一点，就成功了一半。"在教学过程中，教师要善于创设条理明晰、合乎逻辑和符合学生认知心理特点的问题情境，在学生与问题之间架设一座桥梁，引导学生由浅入深、由具体到抽象、由现象到本质，一步步地深入思考和探究，从而作出科学的推理和正确的判断，最终抓住事物属性，培养学生的思维能力。教师创设问题情境时，可运用图片、视频、原始史料作为辅助材料，为学生的积极参与创造条件。

创设表演情境。历史的过去性和不可复制性为历史教学设置了重大障碍，传统的照本宣科式的教学方法不仅与新课改的理念相违背，而且也激发不起学生的学习兴趣。反之，如果教师能因地制宜，根据教材的内容让学生在理解教材的前提下创设表演情境，通过这种角色的扮演和体验使学生重温历史，感受历史，不仅能调动学生学习的热情，而且还能开发他们潜在的多种能力。表演情境有两种：一是进入角色；二是扮演角色。"进入角色"在课堂教学中，通常是"假如你是……你准备怎么办？"让学生通过想象尝试与古人互换角色。"扮演角色"可以根据教材需要，让学生扮演某些历史角色，让他们"身临其境"，主动参与、体验和感受历史过程，这种方式能直接诱导学生积极思考，加深对历史的理解，从而收到良好的教学效果。"扮演角色"可以放在课前准备中，也可以放在课堂上编排。通过角色扮演情境，使历史的趣味性和知识性相得益彰。

创设多媒体情境。随着现代化教学设备的不断发展，许多兼具影、像、声、光等功能的教学设备，如实物投影仪、录像、计算机多媒体等充实到我们的课堂教学中，教师可以根据教学内容的特点精心设计课件，为学生创设最佳的多媒体情境。通过运用生动形象的图片和现代化的教学手段，特别是历史音像资料来充实教学内容，再造历史形象，可以弥补教材的不足，使教学内容具有直观可感性。常见的多媒体情境创设方法有：利用音乐渲染历史情境，播放图片、视频资源重现历史场景等。用多媒体手段创设的历史情境比较容易引起学生的共鸣，让学生从不同角度观察和感受历史，从而有利于增强学生的历史责任感和历史理解能力。创设多媒体情境时，教师还要充分挖掘史料价值，并适当加入旁白，以突出主题。

创设故事情境。初中历史以培养学习兴趣为中心，因此，历史课要讲故事、讲细节。这就要求教师要具备两个基本功：一是教师脑海中要有故事，二是教师要会讲故事。教师要围绕教学目标巧妙地创设故事情境。历史故事的讲述者可由教师或学生担任，生动形象的历史小故事往往会在培养学生的情感态度价值观方面具有出人意料的效果。当教师讲述仁人志士献身祖国的英勇事迹，并且充满敬意时，学生也会情动而相随；当教师讲述某些与敌勾结、出卖民族利益的人，充满仇恨和蔑视时，学生也会对其产生憎恨。正所谓以情动情，师生感情达到共鸣的境地时，教师的情感影响着学生的情感，能调动整个课堂气氛；学生的情感在教师的感染下，逐渐形成正确的学习观、人生观、价值观、社会观和道德观，而这正是情感教育的目的所在。

（2）课堂互动。教学的实质是交往，没有交往就没有真正意义上的教学。师生互动、生生互动是学习活动的重要内容。师生互动的形式一般有师生对话、师生合作角色扮演，生生互动的形式一般有课堂讨论、辩论会、角色扮演等。

在初中历史教学中，课堂互动流于形式的现象屡见不鲜。重视课堂互动的有效性，应是初中历史教师对自己的要求。有效的课堂互动，首先需要以民主的师生关系为前提，只有师生之间真正实现了平等，学生才愿意表达自己的观点，才能够产生真正的交往。其次，有效的课堂互动需要教师及时的激励评价。在互动过程中，如果教师充分尊重学生的意见，并对学生的观点进行及时点评，鼓励学生积极思维、大胆表达，那么将会有更多的学生愿意将内心的想法与教师和同学分享，从而实现互动中的精彩生成。第三，有效的课堂互动还需要教师的精心设计。教师提问的技巧、表达的准确度、问题的开放性以及组织形式的科学性等，都直接影响到互动的效果。

3. 总结提升

总结提升是指教师在教学任务终了时，对学生所学的新知识、新技能进行归纳总结、重复强调、实践运用等教学行为。

归纳总结是总结提升环节常用的方法，即教师引导学生对课堂讲授的知识进行归纳、概括、总结，理清知识脉络，突出重点，归纳出系统的知识结构。①

（六）教学评价

历史课程标准指出，"对学生的历史学习进行评价，是历史课程实施的重要环节。评价须以本标准中的'课程目标'和'课程内容'为依据，注重目标、教学和评价的一致性，运用科学、可行和多样的评价方式，对学生的历史学习过程和效果进行价值判断。评价不仅要关注学生的学习结果，更要关注学生在学习过程中的发展和变化。""评价的主要目的是全面了解学生学习历史的过程和结果，激励学生学习，促进学生的学业进步和全面发展以及改善教师的教学和提高教学质量。"②

教学评价是对教学目标的反馈，是整个教学进程中的方向，它可以帮助学生了解自己的学习成果，也可以帮助教师诊断学生的学习情况，以促进学生的全面发展。设计一份与教学目标相匹配的教学评价至关重要，教学目标的达成情况需要从教学评价中得到反馈，以利于教师判断学习质量、调整教学设计。因此，教学评价的设计要以

① 朱汉国，郑林. 新编历史教学论［M］. 上海：华东师范大学出版社，2008.
② 中华人民共和国教育部. 义务教育历史课程标准（2011年版）［S］. 北京：北京师范大学出版社，2012.

教学目标为基础和依据，评价内容要紧扣目标，便于观察和诊断。教学评价的渠道是多方面的，它包括在课前如何激励学生预习与复习、在课堂中如何调动学生的积极性、对学生在课堂中的学习参与的记录反馈、课后作业的精心设计和批改等。

综上所述，教学设计是以学习任务分析和学习者分析为基础，制定切实的教学目标，并根据教学任务的特点和学习者的心理发展水平、认知风格来选择教学策略、展开教学过程，以评价反馈来检验设计实施的效果。以上诸要素相互联系、相互制约。

二、教学设计的背后

决定教学设计质量的关键因素是教师的教育理念。一份好的教学设计背后，一定有着先进的教育理念的支撑，这也是教学设计与传统备课的不同之处。

（一）教学观与教学设计

新课程指出，教学不是课程传递和执行的过程，而是课程创生与开发的过程；教学不是教师教、学生学的过程，而是师生交往、积极互动、共同发展的过程；教学不仅要重视结论，更要重视过程；教学关注的是人，不是学科。

因此，教师在教学设计时，要注意开发、整合各类课程资源，创设各种有利于学生主动参与的教学情境，营造民主和谐的学习环境，贯穿激励评价，将课堂教学过程设计成为师生富有个性化的创造过程。

（二）教师观与教学行为

新课程要求，教师应该是学生学习的促进者，即教师是学生学习能力的培养者，是学生人生的引路人；教师应该是教育教学的研究者；教师应该是课程的建设者和开发者；教师应该是社区型的开放的教师，特别注重利用社区资源来丰富学校教育的内容和意义。因此，教师的教学行为要体现出新的特点。在教学实践中，教师要用尊重、赞赏的理念来营造新型的师生关系，用帮助、引导的方式实现教学相长，用反思的行为促进自己的专业成长，用合作的心态构建教育共同体。

（三）学生观与现代学习方式

新课程的学生观包括三个层次：一是学生是发展的人，学生的身心发展是有规律的，学生具有巨大的发展潜能，学生是处于发展过程中的人。二是学生是独特的人，学生具有自身的独特性，因此学生间存在着巨大的差异。三是学生是具有独立意义的人，学生独立于教师的头脑之外，是学习的主体，是责权的主体，要学会承担责任。

基于新课程的学生观，现代学习方式更侧重于充分调动、发挥学生主体性的多样化的学习方式，强调学生主动的、富有个性的学习。现代学习方式具有主动性、独立性、独特性、体验性和问题性五个基本特征，现代学习方式包括了自主学习、合作学习、探究学习、发现学习等多种学习方式。其中，自主学习以发挥学生的主体性、能动性、独立性为宗旨；发现学习、探究学习、研究性学习则凸显了学习的问题性、体验性，注重学生发现问题、提出问题、分析问题和解决问题能力的培养；合作学习则注重培养学生合作意识、教给学生合作技能和发展学生自主学习的能力。

三、预设与生成的关系

教学设计是教师预先设定的教学计划，又称为教学预设。课堂教学是教学设计实施的过程，但是在课堂教学中，教师不能满足于按部就班的根据事先预设的内容进行教学，而应该充分发挥师生双方的积极性，不断通过对话、动态生成资源，让课堂充满生命活力。这种追求动态生成资源的课堂教学，是新课程课堂教学的理想境界。

预设与生成是辩证的对立统一体。课堂教学既需要预设，也需要生成，预设与生成是课堂教学的两翼，两者缺一不可。[1] 精心预设是精彩生成的前提，而对动态生成的课程资源加以科学的利用和开发，则有助于预设目标的达成和师生互动的充分展开。因此，教学既要重视知识学习的逻辑和效率，又要注重生命体验的过程和质量。那种只关心预设，漠视学生的需求、疑惑和情绪的做法，是不可取的；只有少数好学生达成了目标，而多数学生只是当了一回"观众"的课，不能算是好课；片面追求动态生成，而忽视教学预设的做法，更是违背了教学的基本原则。所以，教师在教学中要处理好预设与生成的关系，使两者相辅相成、相互促进。

> ### 案例分析

案例

《开放与交流》教学设计

一、学习内容分析

《开放与交流》选自义务教育课程标准实验教材《历史》（北师大版）七年级下册第六课。本课介绍了唐朝的对外关系。在中华民族对外交流史上，汉朝和唐朝是两个高峰期。在两汉的基础上，历经南北朝时期的发展，唐朝的对外开放发展到一个更高层次。唐代农业和工商业的发展，交通的发达，以及唐朝政府推行的对外开放政策，使得这一时期中外经济文化的交流极为频繁，出现了自西汉以来的第二个高潮，它也促进了唐代经济的高度繁荣，成为中国封建时代的一个盛世。

本课共分三个子目："遣唐使与鉴真东渡"分别介绍了唐朝与日本的经济、文化交流和鉴真大师异域传道的情况；"玄奘西行"介绍了玄奘大师到印度求法的情况；"国际性大都会长安"介绍了唐朝长安进行中外交流的盛况，以及长安城的城市建设布局特点。教材通过这三个方面的内容勾勒出了唐朝对外开放与交流的全貌。

---

① 朱志平．课堂动态生成资源论［M］．北京：高等教育出版社，2008.

二、学习者特征分析

七年级学生具有思维活跃、好表现等特点，以形象思维为主，认识问题的能力还不高。学生尚未学习世界史，地理知识也有限，对一些地名、国名比较陌生，难以形成地理概念。

三、教学目标

知识与能力：

通过让学生了解遣唐使的文化交流活动，从而让学生说出唐文化对日本的影响。

知道鉴真东渡与玄奘西行的故事，让学生找出鉴真和玄奘的共同之处，学习运用比较法去认识历史现象和历史任务。

观察"唐长安城示意图"，让学生了解长安城的城市建设布局特点，从而培养学生的观察能力。

过程与方法：

通过让学生阅读历史材料，了解遣唐使的文化交流活动对日本的生产、生活与社会发展产生的深远影响，培养学生从历史材料中获取有效信息的能力。

通过列表比较鉴真东渡与玄奘西行的异同，学习用列表的方法来归纳整理知识。

通过阅览有关唐都长安的历史图片和史料，让学生想象当时唐都长安中外交流的盛况，培养学生丰富的历史想象力。

情感态度价值观：

通过鉴真、玄奘为完成自己的使命出生入死、历尽艰辛等史实的学习，培养学生顽强的毅力和百折不挠的精神。

通过了解唐朝与亚洲各国频繁交流的史实，让学生认识到唐朝的经济、文化对日本、朝鲜等国产生的巨大影响，以及唐朝在频繁的对外经济文化交流中又是如何进一步促进自身经济文化发展的。

四、教学重点和难点

本课重点是掌握遣唐使、玄奘西行、鉴真东渡等史实，说明唐代中外文化交流的发展；本课难点是头绪较多，内容较杂，学生对地名、国名（古今异名）较陌生，掌握起来可能有一定的困难。

五、教学策略

教学方法：史料分析法、情境创设法

学习方法：自主学习、合作探究

六、教学评价

利用《课堂学习情况记载表》及时记录学生参与课堂学习的表现。

七、教学过程

教师活动	学生活动	媒 体
【导入新课】 多媒体展示：一幅玄奘坐大象的图画 师：请同学们认真观察这幅图画，看看坐在大象上的是一位什么样的人？ 师：对，这位和尚是大家非常熟悉的《西游记》中唐僧的原型——玄奘大师。有一次，天竺最有威望的戒日王举行佛学辩论会，玄奘大师获胜。戒日王按天竺风俗，请玄奘大师乘上一头装饰华丽的大象绕场一周，让人们一睹佛学大师的风采。玄奘大师怎么会到天竺去？这一时期，还有那些感人的事迹？在中外交往史上还有哪些著名的人物？大家学习了今天的内容后就可以一一知晓了。	获取信息，判断，做出回答。 （预期回答：僧人、和尚。）	多媒体课件展示图片。
【学习活动】 板书　第6课　开放与交流 下面我们进入自主学习篇 自主学习（一） 请同学们结合地图册第4页《8世纪前后的亚欧形势》和《唐朝交通图》，思考： 1.唐朝对外交通主要有哪些路线？ 2.唐朝时都有哪些国家和地区与唐有交往？	学生看图获取信息到讲台前指图作答。 （预期答案：1.唐朝的对外交通路线：陆路从长安出发，往东经河北、辽东，可达朝鲜半岛；往西经河西走廊，出玉门关，经新疆，可通中亚、西亚和印度，这就是著名的"丝绸之路"。海路从登州出发，可达朝鲜、日本；从扬州出发，横渡大海，可直达日本；从广州出发，经东南亚，至印度，再至波斯湾沿岸，到达非洲、欧洲各国。2.最主要的有：新罗、日本、天竺、波斯、大食等国。）	地图册、多媒体展示《唐朝交通图》和学习任务。
自主学习（二） 1.请同学们看书，说出"遣唐使"的含义。 2.请同学们看书和地图册，完成这张"玄奘西行与鉴真东渡的对比表"。	学生阅读课本了解"遣唐使"。 学生阅读课本内容有效信息完成表格，并到讲台前将答案填写到表格中。	多媒体显示学习任务和表格。

	玄奘西行	鉴真东渡
身　份		
时　期		
目　的		
到达的国家		
独行还是结伴		
是否归国		
贡献或影响		

续表

教师活动	学生活动	媒　体
下面我们进入合作探究篇 合作探究（一） 史料：唐朝建立后的200年间，日本正式的遣唐使来中国的共13次。717年一次共557人，733年的一次共594人，838年的一次651人，后来实际到唐的是500人左右。 请同学们想一想：日本为什么要派那么多的遣唐使来到唐朝？	学生思考，同桌之间讨论、作答。 （预期答案：因为唐朝很强大、繁荣；日本正处于社会变革时期；遣唐使回国后，将唐朝先进的政治、经济、文化带回日本，促进日本经济发展和社会进步。所以，唐朝时期出现了中日经济文化交流的高潮。）	多媒体显示史料。
合作探究（二） 出示"玄奘西行与鉴真东渡的对比表"，提问：结合书本和这张表格的内容，我们以四人小组为单位，讨论以下问题： 1. 鉴真为什么第六次才东渡成功？鉴真不避风险，依旧坚持跨海赴日，这说明了什么？ 2. 结合《玄奘西行路线图》，想一想他所走过的路线都经过了今天的哪些国家和地区？ 3. 鉴真和玄奘有哪些相同点？	学生以四人小组讨论问题。（预期答案：1. 航海技术的限制；说明鉴真坚强的意志和诚信；中国人民与邻国友好交往的真诚愿望。2. 在《大唐西域记》中，记载了玄奘亲历的110国、传闻的28国的情况，包括今新疆以及中亚、阿富汗、巴基斯坦、印度、孟加拉、尼泊尔、斯里兰卡等国家和地区的历史、地理和风俗人情等。3. 玄奘和鉴真都是唐朝高僧，都经历了磨难；鉴真6次东渡、玄奘历时18年的西游和19年的译经生涯都是意志坚强、百折不挠的；都为中外文化交流作出了巨大贡献。）	屏幕显示"玄奘西行与鉴真东渡的对比表"。
合作探究（三） 提问：历史中的"玄奘西行"与小说《西游记》中的"唐僧取经"，有哪些不同？ 教师小结：关于鉴真东渡和玄奘西行有许多故事和影视作品，我们在阅读小说和观看电视的时候应该注意区别史实和虚构的内容。	学生各抒己见，发表自己的观点。	
合作探究（四） 多媒体展示：请你来当小导游 开元年间，有5个日本商人一起来中国做买卖，他们在返日之前要在一天之内到大明宫含元殿和大慈恩寺观光旅游，到西市购买珠宝，到东市购买丝绸，到延寿坊做琵琶，还要到崇仁坊购买玉镯，再返回旅店。请你设计一条既省力又省时的最合理的路线。	学生根据长安平面图，通过小组合作交流的形式完成任务，并在地图上画出探究学习的成果——路线，教师请各小组到讲台前展示、讲解。	老师印发的长安平面图，每小组一张。屏幕显示探究任务，实物投影仪显示学习成果。

教师活动	学生活动	媒　体
【总结提升】 这节课我们主要从日本遣唐使、鉴真东渡、玄奘西行和唐都长安四个方面了解唐朝的对外交流盛况。玄奘从天竺取经回唐，鉴真到日本弘扬佛法，通过这一取一送，我们可以感受到唐文明的博大精深，她一方面吸取外来文化精华，另一方面又对外传播自己的文化宗旨。下节历史课我们将一起去体验唐文化的辉煌。 设问：关于本课知识，你还有哪些疑惑？可以提出来让我们一起来解决。	学生自主提问。	
【教学评价】 今天同学们的表现都很出色，大家都主动参与讨论，发言积极而且能认真倾听他人的发言，体现了较高的素质。请大家及时把自己出色的表现记录下来，放入成长档案袋。	学生在课堂学习情况记录表上记载自己的学习情况。	教师自行设计的《课堂学习情况记录表》。

分析： 该教学设计是教师在对学习内容的整体把握和学习者特征的科学分析基础上，从教学目标、教学策略、教学评价和教学过程等方面进行的系统设计。

整个教学设计充分体现了"以学生为中心"的核心思想，教学过程中更是充分体现了尊重学生、欣赏学生、鼓励学生的理念和做法。如课前导入，通过直观的画面、教师亲切而自然的语言，由学生熟悉的知识导入新课，不仅激发了学生的学习兴趣，也为学生学习创造了轻松愉快的氛围。"自主学习篇"注重创设问题情境，引导学生自主学习，利用表格培养学生比较、概括的能力。合作探究（一），通过两幅地图让学生从宏观上把握唐朝对外活动的线路，整体感受唐朝对外交往的繁荣局面，给学生留下了深刻的、形象的空间概念，符合建构主义的认知规律。合作探究（二），问题的设计比较适合不同学习层次的学生，能够活跃学生的思维；合作探究（四），根据初一学生的年龄特征和心理特点设计了"我来当小导游"活动，场面非常热烈，既让学生在兴趣盎然的氛围中对长安城的布局有较深刻的认识，又培养了学生的合作精神和探究能力。教学评价环节则注重过程评价，教师运用成长档案袋对学生进行评价，体现了激励性、发展性评价原则。

另外，该教学设计也体现了历史学科的特点。如合作探究（三）将史实中的玄奘西行与《西游记》中的唐僧取经进行对比，旨在培养学生求真、求实的科学态度，有利于培养学生的历史思维，凸显历史学科"求真"的原则。又如合作探究（二），通过谈话法突出鉴真一行历经磨难、矢志不渝，最后终于成功的事实，从而加强了对学生的情感教育，发挥了历史学科特有的情感教育功能。

当然，该教学设计中教学目标的表达略显啰唆，不够简练明了；教学评价关注了过程性评价，但未能建立与教学目标相匹配的教学评价，教师不易从教学评价中得到信息反馈以便调整教学实践。

修炼建议

教学设计是一座桥梁，一头牵着教育理论，另一头连着教育实践；它既考验教师的理论功底，又锤炼教师的实践智慧。"以学生为中心""一切为了学生的发展"应成为历史教学设计的指导思想。一般来说，"以学生为中心"的教学设计具备以下一些特征：

1. 教学目标设计重视学情分析

学情分析是教学预设的重要环节，学情分析是否科学，直接影响到教学预设的针对性和教学效果。学情分析包括对学生的心理发展水平、知识准备情况、学习能力水平等方面的判断和分析，学情分析是教师确定教学目标、教学重难点、选择教学方式的重要依据。

2. 教学内容设计贴近学生生活

教育是人的教育，是科学教育与生活教育的融合。教育必须回归学生的生活世界，应从学生熟悉的生活与自己的经验和已有的知识出发。教师要对教材进行必要的加工和整合，选用学生喜闻乐见的材料，使之更贴近学生的生活实际，激发学生的学习兴趣。

当代中小学生生活在改革开放的大环境中，现代传媒发达，信息传输便捷，学生的视野更加开阔，生活中新事物、新名词层出不穷，教师平时要走进学生生活，了解学生关注的热点话题、焦点事件，并适当运用于教育教学中，以提高教学的针对性和教育的实效性。增强教学内容的开放度，加强课堂教学与学生生活经验、科技发展、社会热点的联系，这样可以引导学生直面人生，关注社会生活，并把文化探究和生活探究结合起来，不断提升学生对生活世界的认识。只有这样，才能在课堂教学中不断生成新的教学意义和教学资源。

3. 教学策略设计注重学生体验

"以学生为中心"的教学策略充分关注学生的学习动机、兴趣以及学习和认识历史的能力。教师在选择教学方法、教学媒体和组织形式时，非常注重学生的亲身体验。教师精心创设历史情境，通过角色扮演、史料展示、师生对话等途径，让学生对历史情境进行积极主动地体验、探究，不断积累经验、创新观点和情感升华，进而使学生获得全面发展。

教学策略关注学生体验，还表现为学生学习方式的转变。学生由传统的接受式学习转向现代学习方式，即合作学习、自主学习和探究学习。在新课程理念下，自主、合作、探究学习是学生的重要学习方式。有效的自主、合作、探究学习，能够培养学生的问题意识、合作意识和探究意识，提高学生的实践能力和创新能力，将学习过程变得愉快、和谐、自然。

4. 教学过程设计关注学生差异

在"以学生为中心"的教学过程中，教师应始终关注学生的个体差异。个体差异是指个体在生理、心理和社会等方面表现出的相对稳定而又不同于他人的特点，人的个体差异表现在方方面面，每个个体的心理、生理和社会背景都存在着差异。这些个体差异是影响教学有效性的一个重要因素。因此，教师在进行教学过程的预设时，在遵循教育规律的情况下，要敢于打破统一的模式和传统的做法、教法去关注每一个或每一类学生，并在此基础上采用分别指导、分层次、分组等教学方法来满足学生的不同需求，帮助学生树立"每个人都具有成功的潜能"的信念，使每个学生都能得到发展。

现代教学理论与教学实践告诉我们，教学效果的优劣是由学生在课堂教学中的参与程度来决定的。而在我们的课堂教学活动中，应更多重视有效参与。既然学生之间存在着差异性，那么学习中就应提倡差异参与。在根据学生不同的个性特点和发展水平进行教学时，除了立足于一般，还要照顾到特殊，使不同的学生得到不同程度的发展。教师在教学预设时，可以通过课堂练习分层设计，课堂提问分层设计、对不同层次的学生给予不同起点的课堂教学评价，从而达到关注差异、尊重差异，甚至利用差异资源的目的，以促进学生的共同成长。

5. 教学评价设计促进学生发展

"以学生为中心"的教学评价设计，应着眼于促进学生的全面发展。历史课堂评价是对学生学习历史过程的评价，其目的在于激发学生的学习动机，而不仅仅只是对学生的一种测评。有效的教学评价应以激励性、发展性为主要原则，以促进学生的全面发展为根本目的。激励性评价，就是教师在教学过程中着眼于发现学生的优点和长处，观察学生的细微变化，寻找闪光点，为学生营造一个支持性的环境，激励学生大胆尝试，不断增强学生成功的愿望，从而最大限度地调动学生的积极性。发展性评价是在以人为本的思想指导下，关注学生发展的一种形成性教学评价。《新课程标准》在评价的理念中明确指出："评价的主要目的是为了全面了解学生的学习历程，激励学生的学习和改进教师的教学；应建立评价目标多元化、评价方法多样化的评价体系。"发展性教学评价贯穿于教学活动的始终，其根本目的在于促进学生发展，淡化以往的甄别和选拔的功能。发展性评价不仅要重视学生基础知识的掌握情况，而且还要重视学生创新、探究、合作能力的发展。

作为青年教师要积极提升个人专业素养，努力学习教育教学理论和历史专业前沿成果，提高自身教学设计能力，争取早日走上专业化的发展道路。

专题三　历史课堂的智慧

基本理论与学习要点

"历史课程是人文社会科学中的一门基础课程，对学生的全面发展和终身发展有着重要的意义。"[1] 课堂是课程实施的主阵地，是教师在学校工作的基本场所。"课堂教学应该关注在生长、成长中的人的整个生命。对智慧没有挑战性的课堂教学是不具有生成性的；没有生命气息的课堂也不具有生成性。从生命的高度来看，每一节课都是不可重复的激情与智慧综合生成的过程。"[2] 教师的专业成长、教学艺术的打磨、提升、主导、指导价值的体现，学生积极兴趣的激发、"灵动"的学习投入、不断产生的学习需求和体验，基于师生语言、思想、文本碰撞迸发的创造火花，汇成了课堂"动态"生成的交响乐。聚焦课堂、优化课堂、和谐课堂、反思课堂、智慧课堂，始终是我们广大教师的工作重心。本专题拟围绕"导"的技巧、"讲"的尺度、"动"的策略进行论述。

一、导入的技巧

教学导入是课堂教学中一个不可忽视的环节，它犹如乐曲的"引子"和戏剧的"序幕"，起着酝酿情绪、集中注意力、渗透主题和带入情境的重要作用。导入是教师在教学中的基本功，是在一项新的教学内容或活动开始前，引导学生迅速进入学习状态的行为方式。导入是一门艺术，对培养学生的学习兴趣，激发学生的学习能动性、自主性，创设和谐的教学情境能起到事半功倍的效果。精心设计课堂导入，能够吸引学生的注意力，抓住学生的心弦，促使学生进入智力振奋的状态；能够使学生明确学习主题，并引起学生对原有知识的重新组合，从而建立起与新知识的联系。因此，课堂导入是教师精心设计、艺术构思的结晶，也是教师教学艺术创造和专业智慧的体现，对于课堂教学效果，确有牵一发而动全身之妙。

1. 导入的功能（重要性）

（1）承上启下。"导入"的关键是"导"，目的是为了学生的"入"。导入是课与课

---

[1]　中华人民共和国教育部．义务教育历史课程标准（2011 年版）[S]．北京：北京师范大学出版社，2012.

[2]　钟启全，崔允漷，张华．为了中华民族复兴，为了每位学生的发展——《基础教育课程改革纲要（试行）》解读 [M]．上海：华东师范大学出版社，2001.

之间、已有知识与将学知识之间的"桥梁"。注重知识联系的导入，可以在新旧知识之间建立一种联系，学生感到具体而亲切，一下子就能进入预定的新知识学习的活动轨道。

（2）明确目标。每一堂课的学习内容与目标都是不同的，通过导入可以开门见山地阐述教学目标与学习重点内容，使学生明确学习任务，形成学习期待，从而为学习新知识做好心理准备。

（3）引起注意。教育学家洛克说过，"教师的巨大技巧在于集中与保持学生的注意力。"注意是人的心理活动对一定对象的指向和集中，是进行任何学习活动的前提条件。俄国教育家乌申斯基曾形象地把"注意"比作人们的心灵之"门"，夸而有节、饰而不诬、情信辞巧、新奇有效的导言能在课堂教学开始时，敲响动人心弦的第一锤，为完成新的学习任务做好心理准备。

（4）激发兴趣。夸美纽斯说过，"兴趣是创造一个欢乐光明的教学途径。"兴趣是力求认识某种事物或喜爱某种活动的心理倾向，是推动学生学习的内部动力。别具匠心、引人入胜的导入可以最大限度地激发学生的学习兴趣，从而激发学生强烈的求知欲，使学生由"要我学"转变为"我要学"，这样就能让教学事半功倍。

2. 导入的原则

导入设计必须体现思维定向、感情定调、内容定旨、语调定格、手段定情的要求，具体必须遵循以下原则：

（1）趣味性。特级教师于漪说："在课堂教学中要培养激发学生的兴趣，首先应抓住导入新课的环节，一开始就要把学生牢牢地吸引住。"正如 H. A. 多勃洛波夫所说："当学生乐意学习的时候，就比被迫强制学习轻松得多，有效得多。"这就要求教师导入时语言生动、活泼、富有趣味性。其表现为：生动风趣、幽默诙谐；制造悬念，引人入胜；学生喜闻乐见的艺术手法（如故事引入）；使用直观、电化教具演示教学内容等。

（2）针对性与目的性。新课的导入一要针对实际教学内容，不同的课时、单元，不同性质的内容，不同的班级选择相应的导入方式；二要针对学生的实际，考虑学生的年龄特点、性格特征、心理状态、知识层次等，不能拿过深的教学内容作为导语，否则学生无法接受；也不能故弄玄虚，背离教学目标。导入要有明确的目的，不能模棱两可，含糊其辞。导入的设计要从课标要求出发，从教学内容出发，要有助于学生初步明确学什么、怎么学、为什么学，与课标要求无关的不要牵强附会，不要使导入游离于教学内容之外。

（3）关联性。导入要具有关联性，教师要善于以旧拓新，温故而知新。也就是说，导入的内容应与新课的重点紧密相关，能揭示新旧知识联系的支点。

（4）启发性。著名教育家苏霍姆林斯基认为，"教师的任务就是要让儿童从学习中得到满足的良好情感，以便从这种情感中产生和形成一种情绪状态——强烈的学习愿望。"历史课的导入不仅仅是引发学生的求知欲望,教师还要善于通过种种导入新课的方法从中启发和开拓学生的思维,为学生掌握历史知识的前因后果、了解历史的真实面目和探究历史的深刻哲理做充分的铺垫。教师可抓住授课内容的重点和关键,通过设置悬念、创设情境、游戏活动、现象展示等方式达到启发学生的目的。

(5)新颖性和多样性。从认知规律出发,历史课的导入必须注重新颖性和多样性,让学生常听常新,避免平铺直叙,老生常谈。要根据不同的课型、不同的教学对象选择不同的导入方式,如故事(典故)导入、创设情境、设疑激发、温故(复习)导入、音乐(诗歌、谜语)导入、顺口溜导入、角色扮演导入、时事导入等。教师在教学实践中要不断探索、不断创新,要注意导入方式的灵活性和取舍性。

(6)简洁性。作为历史课堂教学的引子和"序幕"的导入,要"立片言而居要",从课堂需要出发,长短适中、言简意赅。导入时间不宜过长,一般以 3~4 分钟为宜,以免喧宾夺主,影响主要内容的学习。语言设计要精悍,不冗杂,不拖沓,不有意重复。

(7)特色性。魏书生曾说:"教师要有自己的风格,要坚持和发挥自己的长处。你擅长讲授,还是板书;你是善于唱歌还是善于表演;你是乐于与学生商量,还是特别强调自己的分析与讲解。"导入设计,我们不仅要从学生实际着手,也必须从自己的特长和优点出发,形成自己的导入艺术特色。

99

3.导入的类型与技巧

(1)导入的类型。

①按导入方式分:直接导入、直观导入、经验导入、联旧引新、设疑问难、解题释意、资料运用、情境导入、启发谈话、游戏活动等。

②按导入材质分:语言类(利用故事、诗歌、对联、名言、课前导言等,充分发挥语言的艺术魅力进行导入设计);图片类(利用新闻图片、人物图片、美术图片、历史地图等图片资料,让学生看着一幅幅精美图片进入新课学习);视频类(主要利用音乐、电影、电视等音像资料创设一种氛围,激发学生自主学习的兴趣,让每一个学生"入戏");扮演角色类(让学生扮演历史人物角色,亲自体验历史)。

③按作用主体分:以教师的引导为方向,通过师生间的配合导入(包括复习导入、预习导入、谈话导入、悬念导入、情景导入等);以学生为中心,通过学生的言谈、演讲、表演、讲故事等作为导入的手段(包括自由谈话式导入、演讲式导入、活动导入等)。

(2)导入技巧列举。

①联旧引新法:这是中学历史教学中教师采用的最多、最常见、最普遍的课堂教学导入方式,这种方法特别注重新旧知识的衔接,旧知识是新知识的基础,新知识是旧知识的延续。前后知识的紧密联系,体现了历史发展的因果关系。学新联旧,以旧启新,新旧相连,它不仅有利于学生对旧知识的巩固,而且为学生学习新知识做好了铺垫。这种方法运用得当,学生的知识就会像链条一样一环一环地系统地向前迈进。

该导入形式一般采用问答形式，提问设计要仔细推敲，使答案尽量与新课衔接或就在新课内。如《第二次鸦片战争》一课的导入，可以这样设计：第一次鸦片战争爆发的原因是什么？这场战争的结果如何？这场战争后签订了一系列的条约，以英国为首的西方列强有没有达到完全打开中国市场的目的？学生回答完后，教师总结：因为第一次鸦片战争后，英法没有达到完全打开中国市场的目的，为了进一步打开中国市场，英法发动了第二次鸦片战争。这样的导入语既达到了复习上节课内容的目的，也集中了学生的注意力，激发了学生的学习兴趣，不仅把两次鸦片战争的内在联系紧密地结合起来，而且也让学生由此顺利地进入到新课的学习当中。

②破题，揭示重点导入：课题是学习内容的窗户，从课题常常可以窥视学习内容的奥秘，明确学习的重点。抓住关键词，分析课题词语，不但有助于学生审题破意，了解所学内容，而且也为学生进入新课学习做了充分准备。

如《三国鼎立》一课的导入，教师从解释"鼎立"一词入手，"鼎立就是以鼎的三只脚把鼎支立放平，'三国鼎立'是三个国家三分天下，并形成相对稳定的格局。"进而设问，"三分天下相对稳定的局面是怎样形成的？"揭示新课学习的中心内容。又如《决定美利坚命运的内战》一课，首先分析课题，为什么美国会发生"内战"？"内战"为什么"决定美利坚命运"？从揭示内战发生的原因及战争的历史意义导入。

③设疑引思法：这种方法在历史课教学中是较为常用的。"学起于思，思源于疑"。"疑"是学习的起点，有疑才有问、才有究，才有所得。教师故意创设问题情境，引发学生释疑解惑的愿望和渴求，激发学生探幽析微，在学生无法回答或认识不统一的状态下为新课设下悬念。

如《金与南宋对峙的中国》一课的导语可以这样设计："秀丽的西子湖，宛如一面铜镜，映照了多少兴亡变故。你知道岳飞抗金的故事吗？秦桧是什么人？他为什么要陷害岳飞？你是否理解诗人'但悲不见九州同'的沉痛情怀？明珠般的苍山洱海间，古老的丝绸之路上，那里的人民写下了怎样的诗篇？"这样的导语便于教师因势利导，通过释疑的途径把学生领进知识的海洋。又如《昌盛的秦汉文化（二）》的导入：在一部电视剧里，描写秦汉之际，刘邦的妻子即后来的吕后因躲避兵乱逃进一座尼姑庵中的故事，同学们想一想，编剧和导演犯了什么错误？这个问题一提出，同学们就纳闷了：编剧好像没错呀！吕后是女的，当然是躲进尼姑庵呀！这符合情理，殊不知却不符合历史史实。通过磁性的导入使学生带着问题进入本课的学习，在短时间内巧妙地把学生分散的注意力吸引过来，使学生产生强烈的求知欲和好奇心。

④情景导入法：魏书生老师说过，"好的导语像磁铁，一下子能把学生的注意力聚拢起来；好的导语又是思想的电光石火，能给学生以启迪，催人奋进。"上课伊始，设置不同情境的导入能引起学生的注意，激发学生的兴趣，使学生不知不觉进入新知识的学习。情境导入形式多样，包括用诗词导入、图片导入、历史谜语导入、故事和事例导入、歌曲和影视导入、材料导入、联系时事导入、节日导入等。

如《火烧圆明园》的导入："侵略者焚烧圆明园的大火延续了三天。黑色的云团长达 50 多公里，久久不散，飘荡在北京城上空。大大小小的灰星落满了大街小巷，到处是一片天昏地暗，就像发生了日食一样……圆明园——这座被称为'万园之园'的艺术杰作，这座在中国历史上最宏伟、最精美的皇家园林就这样被这群野蛮的侵略者烧毁了。"这样的导入，有对具体情景的描述，有对精美无比的圆明园被烧毁的叹息，更有对侵略者野蛮行径的控诉。像这样有声有色的导入，学生怎能不受到感染并产生浓厚的兴趣呢？

又如《鸦片战争》一课对虎门销烟目的的学习，教师选用一首《竹枝词》（朱枪一枝，打得妻离子散，未闻炮声震天；筒灯半盏，烧尽田地房廊，不见烟火到天）导入来说明鸦片的危害，同时又引用龚自珍的一首诗歌（鬼灯队队散秋萤，落魄参军泪眼荧。何不专城花县去，春夜寒食未曾醒）来导入，既对当时官吏吸毒成风、鸦片戕害身心的社会现状进行了辛辣讽刺，同时又表达了广大人民痛恨鸦片的心声，为林则徐广东销烟奠定了基础。

再如《万千气象的宋代社会风貌》一课，教师利用北宋画家张择端的《清明上河图》导入，让学生与画面中的人物对号入座，分角色扮演汴河上的船夫、忙碌清贫的饮食摊主、出身高贵的官员、才华横溢的文人墨客……大家现身说法，谈自己的衣食住行，说自己的喜怒哀乐。这样的导入很容易打破时空限制，让学生穿越时光隧道走进历史，使学生不再感觉历史的遥远和陌生。

⑤悬念导入法：这是一种通过设置悬念将学生引入求知情境的导入方法。悬念，就是给人心理上造成一种强烈的想象和挂念，它能让人有一种跃跃欲试和急于求知的心理。用在教学上，教师可以通过提出问题或形象描绘的方式为新课教学设置悬念，可以吸引学生的注意，激发学生的学习兴趣。

如《明朝君权的强化》一课的导入，可以这样设计：教师首先请学生听这样一个故事：明朝洪武年间，有一天，大学士宋濂在家中请客。第二天，明太祖问宋濂，昨天请的是什么人？吃的是什么菜？喝了些什么酒？宋濂一一回答。明太祖听后说："你说得全对，没有欺骗我。"说完，明太祖拿出一张地图，宋濂打开一看，原来是昨天他在家中宴请宾客时的详细情况，宋濂不禁吓出一身冷汗。那么，监视大学士宋濂的是什么人呢？他们听谁的指挥呢？这个故事说明了什么问题？……故事的运用和问题的设置紧紧抓住了学生的注意力，从而将学生引入课题。

⑥活动式导入：在教学活动中，教师是教学活动的组织者、指导者，学生是教学活动的参与者和设计者。本导入充分发挥学生的主体作用，是课改理念的创新体现。活动式导入包括演讲导入法、游戏导入法和角色扮演法等。

如学习《民族政权并立的时代》一课时，教师让学生模仿说书艺人讲《说岳传》的故事片断；又如教学《三国鼎立》时，教师在学生课前作充分准备的基础上，让学生表演"诸葛亮舌战群儒"的情节，以此导入。

⑦渗透理论，强调观点导入：对于以形象思维为主的初中学生，教师不能进行纯粹的历史理论教育，而必须在教学中"润物细无声"地将历史理论渗透到教学实际中去，如《秦末农民战争和楚汉之争》一课的导入："在前一课的学习中，大家对秦始皇的评价有两种说法。有的说他是暴君，有的说他是一个很有作为的政治家，也就是说，他既有功也有过，那我们上一堂课学习了他的功，今天我们就一起来看看他的过。"教师通过这种导入方法，使学生初步明白了评价历史人物最基本的方法。

⑧利用多媒体手段等直观导入：教学实践表明，刺激强度大、变化性大、形象有趣的材料，能吸引学生的注意力，引发学生的积极思维，加强学生对重要知识的注意，能起到强化记忆的作用，进而达到深化主题、画龙点睛的功效。利用"班班通"、VCD、图片以及影视剧片等进行新课导入，可以让学生更直观地学习历史知识，化静为动，化枯燥为有趣，化无声为有声，起到"一石激起千层浪"的效果，创造出浓郁的学习情境，为历史教学注入新的活力，从而产生在传统教学中无法达到的知识表达及传递的效果，增强教学的趣味性、直观性，激发学生学习历史的兴趣。

如在教学《秦王扫六合》《大一统的汉朝》《贞观之治》《蒙古的兴起》《明朝君权的加强》《抗日民族统一战线初步形成》等课时，教师首先给学生播放《秦始皇》《汉武大帝》《唐明皇》《成吉思汗》《传奇皇帝朱元璋》《西安事变》等历史剧片断，这样既激发了学生的兴趣，又省去了讲课过程中的部分环节，为重难点内容的教学留下了足够的时间，这些视觉、感觉的动态画面会深深印入学生的头脑，加深他们对知识的了解与理解。

总之，历史课的导入是课堂艺术的开始，是课堂学习的关键。良好的导入是课堂艺术成功的一半。精心设计的导入如同徐徐拉开的帷幕，让学生一眼看到精美的置景；又如乐章的序曲，使学生一开始便受到强烈的感染，从而为整堂课的成功打下一个良好的基础。

导入法，有的可单独使用，有的可糅合着用。虽然形式各异，但殊途同归，其目的都是为了使中学历史教学化抽象为具体，融趣味于严肃，使学生更有激情、更有活力、更有朝气、更有自信、更有方向地投入学习。概括地讲，导入的基本技巧是贵在方法之妙，妙在语言之精，精在时间之少。"万事开头难"，但只要"头"开好了，学生学起来就容易了。精心设计、灵活运用导入，是一堂历史课能否取得预期教学效果的重要环节之一。

二、讲还是不讲

《课程标准》建议"注重对基本史实进行必要的讲述"，要求教师"运用多种方式展现历史发展的态势，尤其是通过教师清晰明了的讲述，使学生知晓历史的背景、主要经过和结果，通过具体、生动的情节感知历史，清楚地了解具体的历史状况。在此基础上，引导学生思考问题，对历史进行正确的理解，对史实作出合理的判断。如通过具体讲述历史人物典型的言行事例，使学生有真切的感悟，加深理解和认识。"[①] 在课堂上，教师与学生是"学习共同体"，教师的指导、引导、点拨、强调、提升和所有助学活动应服从并服务于学生的学习、探究、反思和总结。长期沿袭并在一定程度上还未真正改变的"教师话语霸权"的惯性，"不讲不放心，少讲昧良心"的心态，不利于把课堂"还给"学生。因此，重新审视课堂教学中教师"讲"的内容、长度与地位，大胆舍弃"不讲"的内容，积极鼓励学生"讲"的勇气，拓展学生"讲"的领域，科学指导学生"讲"的策略，就成为践行课改理念、提升课堂效率的重要环节和教师课堂智慧的又一集中体现。

如何科学把握"讲还是不讲"，近年来被更多教师认同的"三讲三不讲"原则是该问题的主流答案或价值趋向。

1."三讲三不讲"的内涵

所谓"三讲"，最初指的是课堂教学中教师要讲易混点、易错点和易漏点。也有人归纳为"讲重点、讲难点、讲易错易混知识点"。后来山东省潍坊市教科院进而提出"讲学生提出的问题，讲学生不理解的内容，讲知识缺陷和易混易错知识"，更有人在此基础上提出"讲重点、难点，讲方法，讲运用"。经过多年的教学实践，"三讲"逐步完善为"核心内容和问题必讲；解题的思路和方法必讲；学生的疑点和难点必讲。"当然，前者的提法也不是很准确，重点、难点知识难道学生自己学不会吗？非要讲吗？如果不是从学生实际出发的"讲"，那么教师仍有对学生灌输的嫌疑。

所谓"三不讲"，指的是学生已经会的不讲，学生能学会的不讲，老师讲了学生也学不会的不讲（或学生已会的不讲，学生都会的不讲，讲了也不会的不讲；或学生已会的或自己能看书学会的不讲，学生之间经过讨论探索能学会的不讲，教师讲了学生也不会的不讲）。山东省潍坊市教科院后来又把"三不讲"发展为"学生不预习之前不讲，没问题不讲，有问题学生不讲之前不讲"。这两种"三不讲"提得都很好，第一种是从学生的自主学习能力方面提出来的；第二种是从学生的知识能力方面提出来的，都有很好的借鉴作用。

"三讲三不讲"的提出，强调发挥学生的主体作用，突出学生的"学"和"练"，能有效避免教师"无效"的讲，使教师的"讲"更精练、更有针对性。"三讲三不讲"有利于学生自主探讨，自主能力的培养，同时又节省了大量的教学时间，是对传统教育教学的一个挑战。《2009 年教研室工作计划要点（征求意见稿）》的"教师课堂'三讲三不讲'基本规范"中明确指出："各类课堂教学评选活动中教师讲授时间累计超过10 分钟或连续讲授超过 5 分钟的实行一票否决。"后来部分学校对课堂上教师"讲"的时间的规定接连出台，这充分说明"多讲"确实不适应当前课堂改革的方向。

① 中华人民共和国教育部 . 义务教育历史课程标准（2011 年版）［S］. 北京：北京师范大学出版社，2012.

2. "三讲三不讲"的落实策略

（1）认同课程理念，还话语权给学生。在新课程理念下，教师是学生学习的组织者、引导者和互动者，教师必须认识到知识是学生"学"会的，而不是"教"会的；教师的课堂语言不只是讲知识，而是要引导、组织学生学习。要把"课堂"变成"学堂"，把课堂学习的主动权还给学生，这就要求教师必须删除无效的工作环节，增强工作的实效性，在上课过程中做到"三讲三不讲"。在具体课堂教学操作中，教师一定要注意克服"教师话语霸权"的惯性，要敢于并善于把课堂"还给"学生，把课堂的话语权交还给学生。这就需要教师尽量做到：课题由学生揭示、新知由学生发现、问题由学生提出、过程让学生参与、疑难由学生解决、内容让学生概括、教学让学生评判、主题让学生升华，使学生真正成为课堂的主人。

落实"三讲三不讲"，实际上是为了更好地落实精讲多练的原则和自学性原则，让学生有更多的时间和机会训练，同时教师也才会有更多的机会对学生进行勤反馈和强矫正，只有这样才能增强课堂教学的实效性。

（2）钻研课标教材，明确目标任务。"三讲三不讲"落实的重要前提是教师要认真研读课标和教材，明确教学目标，理解教材内容及知识联系，较好地确立教学的重难点。再结合学生的实际情况，科学地选择"讲"与"不讲"的内容、方向，探索"讲"的技巧和"不讲""少讲"有可能带来的学习问题的补救措施。如讲重点，教师要讲清知识的含义、结构、层次；讲清知识运用的方法步骤；强调对知识的掌握程度和要求。对于"三讲"中的"讲难点"，老师要精心设计讨论题让学生讨论；过于偏难而又不是教学重点的可以不讲。对于易错易混知识点，可以通过习题训练的方法加以解决。对于"三不讲"的内容，教师也要将知识问题化、要点化，让学生在自学中解决。

（3）准确把握学情，精心设计教学。要做到"三讲三不讲"，需要教师准确把握学情，了解学生已有的知识水平以及掌握的程度，从而避免学生已经掌握的知识，教师还拼命地讲；学生不会的知识，教师却以自己的理解认为很简单而不给学生讲。教师还要在了解学情的基础上，引导学生掌握学习方法，提高自学能力，为"不讲"作更多铺垫。

"三讲三不讲"落实的效果，精心设计教学是关键。教师要加强学习研究，向书本学，向同仁学，向网络学，不断挖掘别人的优点，经过整合内化形成自己的思路，为我所用。要不断创新课堂教学模式，南通地区的"活动单导学"、无锡的"六助法"和常州武进的"三史法"等教学模式是提高课堂教学针对性和有效性的很好尝试。

老子说："大音希声；大象无形。""不讲"是为了"讲"的质量和效率，"讲"是为了更多的"不讲"，其本质都是为了学生的发展。优秀的"助产士"应是教师的专业追求。只要我们不断地探索"讲"与"不讲"的艺术，我们的课堂就会有活力。

三、让学生"动"起来

现代课堂教学观告诉我们，在课堂上要确立"学生主体"的思想，倡导"一切为了学生，为了一切学生，为了学生的一切"，把学生当作主人，让学生处于教学的主体地位，发挥学生的主体作用。因而教学艺术不在于传授本质，而在于激励、唤醒与鼓舞，让课堂"活"起来、学生"动"起来，这是新形势下教育教学改革的重点。

1. 让学生"动"起来的重要性

（1）从心理学角度来看，人认识事物的过程就是感觉、知觉、表象、记忆、思维、想象的过程，其中感觉、知觉、表象是记忆的基础，三者缺一不可。有一位科学家通过实验证明：只听能记住 60%，只看能记住 70%，而看、听、说三者结合能记住 86%。由此看来，我们如果能让学生把看、听、说等动作充分利用起来，他们的精神和思维就会处于积极主动的状态，从而在单位时间内提高学习效率。

（2）从生理学角度来看，中学生特别是初中生天生好动，针对学生的这个特点，教师不妨采取以动制动的方式，把学生无意识的上课乱动转化为有目的、有组织的动作，这样不仅能提高学生的注意力，而且还能调动学生的学习积极性。

（3）从课堂教学现状来看，长期以来教师过多地采用满堂灌式的教学方式，而学生则是被动地接受。教师注重的是如何把现有的知识和结论准确地、一点不漏地给学生讲清楚、讲透彻，而要求学生仔细听、认真记、用心背，这是一种典型的被动式学习。新课标指出，课堂教学要以学生为主体，教师要激发学生浓厚的学习兴趣，要充分调动学生学习的主动性、积极性，就要努力为学生创造学习的条件和空间，让学生在主动参与中增长知识、发挥才智、陶冶情感、提升素质。所以，教师只有让历史课堂鲜活起来，课堂才能焕发出生命的活力，历史学习才能真正成为点燃学生智慧的火把。

2. 让学生"动"起来的观察纬度

从学生学习的全过程来讲，让学生"动"起来主要包括课堂教学过程中的"动"和集体活动、校外生活中的"动"。

学生"动"起来更多是指课堂教学过程中的"动"，即形动（课堂上学生动手、动眼、动耳、动嘴）；脑动（思维在动）；神动（心动，思想、情感在动）。在课堂教学中，教师只有让学生的思维和思想情绪都"动"起来，学生才是真正参与了课堂教学，才能取得良好的课堂教学效果。

3. 让学生"动"起来的操作策略

（1）注重引导，培养意识，激发"想动"的欲望。历史教师要引导学生确立"我想学"历史的"主动学习"的态度，积极诱发学生内在的学习兴趣和动机，特别是对历史学习的直接兴趣，变"要我学"为"我要学"，让学生由被动接受者转变为主动构建者。苏霍姆林斯基曾说过："如果学生没有学习愿望，我们所有的想法、方案和计划都会化为灰烬，变成'木乃伊'。"乌申斯基也曾指出，"没有丝毫兴趣的强制性学习，将会扼杀学生探求真理的欲望。"所以，在课堂教学中强迫学生动起来是教育者的悲哀，只有让学生愉快地动起来，才是教育的真正目的。

历史教师要培养学生具有"我能学"历史的"主动学习"意识。历史学习中的每个学生，除特殊的原因外，都存在着一定的显性与潜在的主动学习能力，都有表现自己主动学习能力的欲望。这就要求教师应充分尊重学生的人格与主动性，积极鼓励并创造各种机会让学生主动学习，在历史学习中发展主动学习意识，形成学习能力。

（2）转变方式，创新活动，提供"能动"的机会。著名教育学家布鲁纳说："一门课程不但要反映知识本身的性质，还要反映求知者本身的素质和知识获得过程的性质。"这就昭示我们，课堂教学应针对历史学科的特点及学生学习的实际状况，通过设计有效的教学方式和创设良好的教学环境，从而激发学生的主观能动性，让学生积极主动地参与课堂教学。为了实现这一教学目的，这就需要建立一个师生关系融洽、教学内容开放、教学形式多样、课堂气氛活跃的教学环境，使课堂教学真正为学生的自主发展服务。

①创设氛围——"助动"。英国教育家洛克指出，你不能在一个战栗的心灵上写上平整的文字，正如你不能在一张震动的纸上写上平整的字一样。这说明学习氛围直接影响着学习方式与学习效果。著名教育家赞可夫说："我们要努力使课堂充满无拘无束的气氛，使学生和教师在课堂上自由呼吸，如果不能造就这样良好的教学气氛，那任何一种教学方法都不能发挥作用。"自由宽松的学习氛围是学生发展个性的土壤，和谐轻松的课堂环境会大大促进互动教学的进行。良好课堂气氛是靠内在的知识的魅力、靠教师对学生学习心理、学习兴趣与需求、认知规律的灵活驾驭来激活的，因此，教师要善于创设和谐的学习氛围"助动"。课堂内容的呈现方式要选择学生熟悉的、感兴趣的事物，要贴近学生的生活实际，学生有了兴趣，才能全身心地投入到知识的探索中去。为了启发学生积极思维，教师要采用启发式教学，注意创设生活中的问题情境，引导学生主动学习。

学生能否主动参与课堂，除了需要教师创造和谐的课堂氛围和设计新颖的活动环节外，教师的情感投入会让课堂参与更有激情。当教师衣着得体、面带微笑、精神饱满地登上讲台时，学生就会被吸引。当教师激情焕发地把枯燥的知识点阐述出来时，学生也会被感染。教师的情感还可以融入许多非语言行为中。如身势、手势、目光等等。除了增加个人的感染力之外，教师还要运用移情原则，即放下个人的参照标准，站在学生的角度，从学生的视角来看待事物。师生间具有的情感共鸣有助于产生肯定的情感体验，并促使学生缩短与教师的心理距离，使每个学生都具有心理上的安全感，从而敢于并愿意主动学习。

②优化活动——"能动"。动起来不是指学生满课堂地跑，而是学生的学习处于一种自主合作、探究、互相讨论的有序的学习状态。教师要认真钻研教材和组织教材，力争用历史知识本身的魅力去感染学生，用巧妙的课堂教学安排去唤醒学生，用多样的教学手段去激发学生的学习兴趣，让学生愉快地"动"起来。教师要努力做到：激发学生在课前准备时动起来，引导学生在教师导入新课时动起来，鼓励学生在操练环

节中动起来，启发学生在练习环节中动起来。

此外，教师还要积极构建师生互动的生态课堂，比如运用直观教具、动画课件、简笔画、实物等多种形式使学生的"双眼"动起来；指导学生做好笔记，或者让学生动手操作等使学生的"手"动起来；引导学生发现问题，让学生的"脑"（思维）动起来；加强课堂的合作探究，让学生的"口"动起来。

③指导方法——"会动"。当代教师必须要由单纯的知识传授者转变为学习方法的指导者。教师应培养学生在课堂学习中掌握"我会学"历史的"主动学习"的方法，以保证其"会动"。此外，教师还要教会学生动手的方法、合作的方法、发现的方法，在学生遇到学习困难时给予学生适时的指导和帮助。

（3）创新评价，积极鼓励，增强"敢动"的信心。学生学习评价应坚持发展性评价，为创造有利于学生自主学习、独立思考、合作探究的课堂氛围服务。用动态发展的眼光来运用评价手段，看待评价结果，重在激励，重在引导，重在督促，重在鼓励学生自我评价、自主发展。重视诊断性评价、过程评价、自我评价，辩证看待终结性评价的结果，在必要的时候实施延迟评价，甚至以不评价来代替评价。建立科学合理的评价体系将使课堂参与更有动力。

第一，要善于抓住时机进行评价，并尽量采用"鼓励评价"。对于课堂上学生的表现、学生的活动、学生的态度，教师要及时给予评价。对学生的回答多给予鼓励，用鼓励性的语言调动学生。当学生在课堂上正确回答了有难度的问题，或者提出了自己的见解时，教师需要及时给予积极评价，这不仅保证了学生探究学习的积极性，而且还刺激他们继续参与课堂。鼓励学生、表扬学生、信任学生，才能让学生"自信"起来，才能让学生充分体会到成功的喜悦，这是课堂活跃经久不衰的良策。

第二，要掌握评价尺度，差异互补。一个班级的学生在发展上是有差异的，个体之间显示着不同的特点，或天赋不一，或志趣各异，或个性迥异。因此，教师在评价时要尊重学生的个体差异，要灵活掌握评价的尺度，对学生作出针对性的、客观性的评价，以促进每个学生的健康成长。

第三，完善评价方式。评价的方式有很多，除了教师对学生的评价，还可以采取学生自主评价，这能使学生的主动性得到增强，促进学生自主发展；学生合作互评，能使学生在这种互相评价、互相赏识、互相学习的过程中提高学习能力；学生逆向评价，既然学生是教与学的主体，要使学生真正进入主人翁这一角色，我们就应多听听学生对教师的教有什么评价。多元评价机制的引入，也有利于提高学生的积极性，让学生的心"动"起来。

总之，"让学生动起来"既是一种理念，也是一种艺术，更是一种智慧。在实施中，学生的"动"要注重"规定动作"和"自选动作"相结合；"自我诊断"和"自我激励"相结合；"指导引领"和"个性实施"相结合。"动"应是"有积极情绪参与、内驱的'动'，有明确目标任务指向针对性的'动'，有思维含量有意义的'动'，能触类旁通提升方法能力的'灵动'"。我们相信只有让学生"动"起来，我们的课程改革才有可能深入推进，真正实现从应试教育向素质教育的转变；只有让学生"动"起来，我们的课堂气氛才会经久不衰，才能实现教学模式的创新；只有让学生"动"起来，我们的课堂才会充满灵性和活力，才能打造"生命课堂""阳光课堂"和"智慧课堂"。

四、良好的认知结构的形成

学习是认知结构的组织与重新组织，形成良好的认知结构是学习的核心任务。历史教学与其说是让学生了解、理解学科的基本史实，还不如说是理解学科的基本结构。因此，历史学科教学要发展学生的智能，就要使教学内容结构化，帮助学生建立并优化认知结构。

1. 认知结构基本理论

"认知结构指在感知理解客观现实的基础上，在头脑中形成的一种心理结构，是个人的全部知识的内容和组织。"[1] 皮亚杰从认知发展的观点看待这一术语，他认为"儿童智慧能力的发展是主体在环境的作用下，借助于其随身携带的两种功能（同化和顺应）改变认知图式（与结构大致同义）的过程。"将认知结构理论体系化的是布鲁纳，他用类目及其编码系统来描述这一术语。"布鲁纳从最一般的意义上把存在于头脑中的所有知识看做是整体的认知结构，对认知结构作了最抽象的概括。他认为认知结构是知识的有组织结构，它们以编码系统式的结构结合在一起。编码系统的一个重要特征是对相关的类别作出有层次的结构安排，这种结构对新习得的知识加以一般编码并作出解释，决定这种新知识能否获得意义。他对认知结构进行了较为系统的阐述，他的学习理论被称为认知结构学习理论。"[2] 奥苏贝尔是认知结构理论的具体化的实用化者。他通俗地认为认知结构就是书本知识在学生头脑中的再现形式，是有意义学习的结果和条件。他着重强调了概括性强、清晰、牢固、具有可辨别性和可利用性的认知结构在学习过程中的作用，并把建立学习者对教材的清晰、牢固、认知结构作为教学的主要任务。奥苏贝尔的"有意义学习理论"着重强调了认知结构的地位，围绕着认知结构提出的上位学习、下位学习、相关类属学习、并列结合学习和创造学习等几种学习类型，为新旧知识是如何组织的提供了一条较有说服力的解释。自他之后，认知结构理论才真正引起人们的重视并为人们广泛理解。与此同时，布卢姆的"掌握学习理论"为知识的重要性和意义作了侧面的佐证。他认为，如果学生对某一学习任务缺乏必要的认知准备，那么再好的教学质量也不可能使学生就这一学习任务达到掌握水平。近 20 年来，认知心理学派特别是信息加工理论对认知结构作了更加全面、动态的阐述和开放式的研究。他们认为认知结构的理论可概括为三个方面的命题：知识在头

① 朱智贤. 心理学大词典 [M]. 北京：北京师范大学出版社，1989.
② 施良方. 学习论——学习心理学的理论与原理 [M]. 北京：人民教育出版社，1994.

脑中的表征方式、知识的类型和知识的组织。他们把知识的类型分为描述性知识、程序性知识和策略性知识（Mayer，1981），并形成了一种大知识观。他们用信息流的观点把认知结构的形成和使用看做是知识的输入、编码、译码、储存和提取的过程，对过程的各个环节做了深入细致的机制层面的分析。他们对认知结构的形成、保持和激活所作的细微的策略研究，使理论有了更强的操作性，为真实的课堂教学提供了广泛而具体的指导。

南京师范大学教育科学学院毛景焕、李蓓春在《认知结构理论的教学设计原理初探》中指出，认知结构具有建构的性质，认知建构就是在外在刺激和学习者个体特征相结合的情况下进行具有渐进和累积性自我建构的过程；良好的认知结构在学习中具有重要的作用，是学习的核心；认知结构理论突出了以学生为中心的思想。他们认为学生才是决定学习的关键和直接因素，教材、教法、环境条件、社会影响等一切外部条件虽然是重要的，但都是间接的因素。

2. 基于认知结构理论的教学设计基本原理

丰富的认知结构理论为我们进行科学的教学和科学的课堂教学设计提供了广阔的理论空间。根据这些理论，我们可以总结出在进行教学设计时要遵循的科学原则。

（1）教学设计要以利用和形成学生良好的认知结构作为价值取向和目标指向；

（2）教学设计要重视环境的设计；在环境的设计上，以布兰斯福特为代表的"抛锚式教学"的理论和实践为我们提供了生动的例子。他们主张把学生引入模拟的故事情境中以解决故事中的问题的方式进行学习，实验证明这种方法使学生的学习效率大为提高。

（3）教学内容的设计要以条理化、结构化和整合化为原则；

（4）设计中要处处体现学生主体和自主的原则；

（5）教学中要进行有关认知结构的专门策略设计的原则。

3. 良好认知结构形成的教学策略

（1）和谐课堂氛围，确保主动建构。学生学习知识的过程是一个调动原有的知识、经验，尝试解决新问题、同化新知识的积极建构的过程。促进学生主动建构的历史教学，要求教师尽量创设和谐、民主的人际环境，这有利于加强师生之间的交流，促进师生、生生之间的互动；提供良好的问题情景和生活情景等学习环境，使学生产生对历史学习的动机和兴趣，让学生在活动中体验历史、感悟历史。教师作为课堂的引领者、组织者和合作者的主要作用是促使学生更好地主动建构。

（2）优化教学设计，指导良好建构。①研究分析学生的认知结构。促进学生主动建构的历史教学，要求教师把对学生的研究以及对学生认知结构的研究作为起点，不仅要研究学生的认知过程、认知策略、认知条件等，还要研究认知活动展开的支持系统，如情感、意志等；教师不仅要了解学生学习原有的知识水平，还要了解学生原有的经验及学习中可能碰到的困难，以及学生的情感状态（对新知的需要度）。教学目标的确立要从学生的实际出发，教学过程展开的出发地就是学生已有的基础。美国心理学家奥苏贝尔在他的著名心理学著作《教育心理学——一种认知观》的首页上写道："假如让我把全部教育心理学仅仅归结为一条原理的话，那么我将一言以蔽之曰：影响学习的唯一最重要的因素，就是学习者已经知道了什么。要探明这一点，并应据此进行教学。"

②优化教材的知识结构。教材主要是根据该学科的结构、学习者的认知水平和特点以及时代对教育的要求，用文字的形式来表达的一种知识结构。教材的知识结构会直接影响到每个学生的认知结构。教师要根据学生的认知发展规律、心理特点和知识结构实际，合理调整教材结构体系，使教材的知识结构更好地转化为学生良好的认知结构。

重组教材结构，首先要符合学科本身的认知结构，即体现历史学科特有的时序性、阶段性、逻辑性和层次性；其次，教师一定要考虑学习者的认知水平和认知发展特点；再次，要思考教材结构如何有利于学生主动建构，有利于强化探索性学习；最后，教师要关注教材结构如何体现教学的过程性特点，并关注思想方法和人文素养的自然渗透等因素。

如《美国的诞生》一课，教师不必要完全按照"背景（或原因）、经过（或过程）、结果（或意义、影响）"这种"三段论"式的传统模式来展开，可以尝试把它放在整个美国资本主义历史发展的大背景下来重新建构，以"自由"为主线，把本课教学内容设计成三个部分：渴望自由、追求自由、保障自由。这种独具匠心的设计，思路新颖，内容清晰，拉近了历史与现实的距离，可以激发学生探索美国历史的兴趣。

③优化教学设计与活动。良好的教学设计要以学生的现有认知结构为起点，以学生自主建构的良好认知结构为终点。教师不仅要从宏观上对内容、情境进行设计，还要从微观上对策略进行设计（策略包括激活原有认知结构的策略，巩固新建认知结构的策略，促进认知结构条件化、结构化、整合化的策略等）。力求做到：在空间设计上注意广延性、开放性；在时间设计上要求有弹性，少讲多练，为学生的自学和思考留下足够的时间；在方法设计上要注意以教法促学法，教会学生学习的方法和策略；在内容设计上要循序渐进，以旧知促新知，让学生能够自主吸纳、自主建构。总之，教师要让学生做到建构性的学、累积式的学、目标指引式的学、反思性的学。

如课堂小结环节，让学生构建知识体系。在学生自主阅读、思考讨论、质疑释疑、掌握新知的基础上，教师应不失时机地引导学生归纳总结，自主构建本课完整的知识体系。可先让一位学生把他学习过程中掌握的知识点罗列成框架，其他学生进行补充或更正，教师在黑板上记录下来，进行点评和确认，使学生对本课内容有一个整体、系统、有序的认识。在学生主动、教师引导的过程中，学生归纳概括的能力得到了锻炼。

④积极关注对学生学习策略的指导。促进学生主动建构的历史教学，要求教师重视学习方法的指导，帮助学生形成有效的学习策略，使学生从学会走向会学。学习策略是指个人在学习过程中用以提高学习效率的一切活动，如利用记忆法提高记忆效率的活动，利用记笔记、做摘要控制自己注意的活动，尤其是利用编结构提纲把握课文层次结构并加深理解的活动，等等。从建构良好的认知结构角度来看，教师对学生要

重视"厚——薄——厚"的学习策略的培养。第一个"厚",指各学科的基本概念要掌握得扎实。从"厚"转入"薄"是指要使学生善于把知识结构化,也就是使认知结构的概括化程度高、可利用度大。根据学科知识内容可以采用梯级结构,也可以采用网络结构,也可以把两种结构混合应用。这样,当学生遇到问题时就能既正确又迅速地提取相关知识。第三步是由"薄"再转入"厚"。这里的"厚",一是指学生能把知识应用到实践中去,二是指学生能把学科知识综合起来,在这个过程中提高解决问题的能力和达到学知识长智慧的目的。如指导学生利用图式法主动建构知识体系:

全民族的抗战

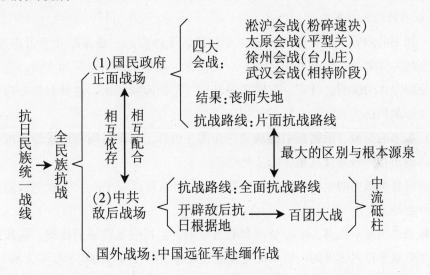

恰当地利用图示法进行历史学习,可起到提纲挈领、简明扼要、突出重点、便于记忆、激发兴趣、启发思维的作用,是一种激发求知欲望、启迪创新意识、提高学生观察力的行之有效的方法。

五、重新回味教学板书

在我国,利用板书进行教学始于 20 世纪初,并一直延续至今。即使当今现代化教学手段已在教学领域中被普遍运用,教学板书的作用仍不可忽视。教学板书一般包括板书、板演、板画三种形式。教学板书是指教师根据教学的需要在教学用具(主要是黑板)上运用文字、符号、图形等传递教学信息的书面表达形式,其存在的价值就是辅助教师完成课堂教学任务。板书是课堂教学不可缺少的部分,良好的教学板书是一门独特的艺术。

1. 板书的特性与作用

教学板书是对教学内容的加工和提炼,是教师教学能力的综合体现,是学生进行有效学习的必要途径。它具有明确的目的性、高度的概括性、明晰的条理性以及较强的艺术性等特点。

板书,从教材的角度看,它是历史教材的内容提要和体系建构;从教师的角度看,它是教学过程的讲授提纲和思维轨迹；从学生的角度看，它是学习的认知路径和复习参照。

教学板书的作用主要包括：（1）激发学习兴趣，引起学生注意；（2）突出教学重点，体现教学意图；（3）反映知识联系，帮助学生进行知识建构；（4）启发学生思维，有利于理解和巩固。

好的板书，是一种教学艺术的再创造，是实现课堂教学最优化的前提。因此，板书设计是一名合格教师应具备的教学基本功之一，也是衡量教师素质高低的一个重要标志。

2. 板书的内容与类型

（1）板书的内容。历史课的板书主要包括以下内容：一是课题及学习内容纲要，这是板书的主体部分；二是专用名词、历史概念、疑难字、重点词和方法、规律归纳等，这是对主体的说明、补充、强调和提升；三是图表或图示，这是对学习内容的直观揭示与形象概括。

（2）板书的类型。根据板书的地位、作用、内容、呈现时间与形式等多维分类标准，可以得出几种分类及其相应的分类结果。

①根据教学板书的地位和性质可分为主板书（系统性板书）和副板书（辅助性板书）两种类型。

主板书也叫基本板书、中心板书和要目板书。主板书是讲课的提纲，是按照学习内容的逻辑顺序排列出来的，能系统完整地表现教学中心内容的基本事实、基本思想，能够反映教学内容的结构及其表现形式，能够体现教学目的与教学内容的内在联系，能够突出教学的重点、难点、中心和关键，是整个课堂板书的骨架。它一般写在黑板的左侧或中心，保留于课堂教学的全过程。主板书形式又包括序列式板书、强调式板书、设问式板书。

副板书也叫辅助板书、附属板书或注释板书。其内容可以是重要而正板书未列出的人名、地名、年代、数字、概念、理论术语及疑难字等，是学习的零散提示和反馈学习的随机呈现。副板书是课堂板书的血肉，是对主板书的具体补充或辅助说明，一般写在黑板右侧，随教学进程的发展随写随擦或择要保留。

②根据教学板书的主体可分为贯彻教师主导意图，由教师亲自完成的主导型板书和体现学生的主体地位，锻炼学生的学习能力，由学生在教师指导下独立完成的主体型板书以及根据课堂教学的需要，由师生讨论或由师生合作书写而成的合作型板书。

③根据教学板书的内容可分为提纲式、单项式、专题式、归纳式、比较式和问答式板书。

④根据教学板书的时间可分为课前预习用板书、课中讨论用板书和课后总结用板书。

⑤根据教学板书的形式可分为结构造型式（线索式、对称式、对偶式、口诀式、

综合式）、表图示意式（表解式、表格式、方位式、图示式、图画式）等板书。

3. 板书设计的主要原则和基本要求

（1）主要原则。

①目的性。针对教学目标，基于教学目的，体现教学内容，突出重点、难点及易错点。

②概括性。板书是微型教案，是浓缩"提炼"的艺术。教学时，板书因受时间（教学时限）、空间（黑板）的限制，而板书又必须字迹工整，费时较少，所以在设计过程中，教师应当学会概括和提炼。为了使板书概括化，教师在设计板书时，一要紧扣课本，立足课本，否则概括就失去了对象；二要选用关键词语，不然概括就没有根据；三要精练恰当，做到以少胜多，以简驭繁。

③整体性。板书是通过学生的视知觉而起作用的。视知觉作为知觉的一个重要组成部分，它的特点之一就是整体性。在教学中，一堂课的板书就是一个有机联系的整体，是完整而不可分割的。板书内容呈现的先后，相互的呼应，文字的详略，正副板书的结合，都要通盘考虑。板书的书写应充分考虑其布局的整体性，板书的重心应尽量与黑板的中心重合，同时要留出适宜宽度的页眉、页脚、页边距，即板书不能充满整个黑板，同时还要注意板书的布局不能"一头沉"，以免破坏布局的完整性。

④层次性。在内容上，要根据知识间的联系和历史发展的先后次序及阶段特点，板书设计既要系统连贯，又要层次井然；在形式上，层次之间的标题和序号必须整齐、规范；在思想上，前后之间要做到"言虽断而意相通"。

⑤启发性。板书设计要做到语精字妙、富于启迪，要注意给学生留下思考和想象的余地，这样才能充分调动学生思考的积极性，才能让学生放飞思想。

⑥示范性。教学板书具有很强的示范性特点，好的板书对学生是一种艺术熏陶，能对学生起到潜移默化的作用。教师在板书时的字形字迹、书写笔顺、演算步骤、解题方法、制图技巧、板书态度与作风、习惯动作与语言等，往往会成为学生模仿的对象，能对学生留下深刻入微的影响。

⑦灵活性。教学过程是预设与不断生成的过程。因此，板书在教学过程中应因势变通，灵活运用。在布局上要留有余地，在内容上要给学生"留白"。

⑧趣味性。教学板书要吸引学生的注意力，调动其思维的积极性，就离不开对趣味性的追求。这就要求教师在设计、运用板书时，力求使板书新颖别致。

⑨美观性。板书既是无声的语言，也是有形的直观，是一个完整的艺术品，应该追求形式与内容的完美统一，从而给学生以审美感受。板书设计需注意其艺术性。书写应大方清秀、工整美观；语言应生动优美，字斟句酌；色彩应亮丽醒目，和谐统一；结构应条理清晰，布局合理。板书所蕴涵的这些语言精练美、色彩层次美、结构造型美，不仅能让学生赏心悦目，而且在教学中还能起到激情引趣、益智积能的积极作用，同时还培养了学生欣赏美、创造美的能力。

（2）板书设计的基本要求。

①精心构思，整体设计。教学板书设计要书之有效，就得书之有方。所谓书之有方，指的是"明要求，做到书之有用；抓重点，做到书之有据；选词语，做到书之有度；定形式，做到书之有条；排次序，做到书之有时；留余地，做到书之有择"。要充分体现教学板书设计的目的性和整体性，并注意教学板书设计的制约性（学科特点、学生程度和时空条件的制约）。这样，教学板书设计才能达到科学、精当、醒目、规范、易记的效果，才能真正成为提高课堂教学效率的有效工具。

②提纲挈领，条理分明。板书要能够反映出教学内容的主要线索，突出教学重点。因此，教师在设计板书时必须在重点上做文章，力图做到重点突出，使学生可以借助板书的提示抓住要害，从而系统、完整地把握历史知识。

板书的结构，要以教材内容的内在联系为依据，反映出历史知识的系统性、逻辑性，使得教学内容通过板书而环环相扣。条理分明的板书，不仅有利于教师的"教"，更有利于学生的"学"。

③详略得当，工整规范。板书设计要注意详略得当，做到以简驭繁，这样有利于学生的知识学习和认知结构的完善。此外，板书设计还应整洁、规范、美观，板书设计不是符号与线条、文字与序号的简单组合，它是教学进程中教师课堂艺术的一个重要组成部分。板书设计的美观与否，也是学生能否愉悦地接受来自教师传递知识信息的一个重要环节。书写规范、标号统一、行距匀称、色彩和谐的板书对提高课堂效率有着积极的作用。

④配合讲解，示现适时。一份完整的板书不是一下子就出现在黑板上的，而是随着课堂教学逐渐完成的。因此，板书内容及出现的先后顺序，教师必须进行周密的计划与安排，做到及时和适时，体现水到渠成的效果。板书示现太早，学生会觉得突兀；示现太晚，学生又会觉得多余。只有当学生需要写的时候写出来，板书才能收到好的效果。

⑤师生合作，共同参与。教学板书艺术是师生共同创造的结果，鼓励并吸收学生参与板书活动过程，有助于打破课堂板书由教师一手包办的局面，对于形成生动活泼的教学气氛、合作融洽的师生关系、发展学生的各种能力等都有积极的作用。由教师板书变为学生板书，更有利于调动学生的学习积极性。这既是教学的艺术，也是教学的智慧，更是课程改革新理念的集中体现。

案例分析

案例1

《秦王扫六合》一课的导入

在布置学生预习基础上，教师导入："假如你是古代的一分子，你愿意生活在春秋战国时期还是愿意生活在秦朝？"

分析：该教师的导入设计从形式上体现了趣味性、启发性、关联性和简洁性的特点。教师的本意是让学生在探究学习的基础上进一步理解秦朝统一的历史意义，客观评价秦朝巩固统一的措施。但该导入设计陷入以下误区：①设计不科学、不严谨，人们生活的时代不能假设，不能自主选择，从正确史观的角度来讲，教师的这种说法是一种误导。②针对性差，作为初一学生其认知水平有限，该问题学生很难回答，违背了量力性原则。③问题指向不明，学生解答缺乏正确的角度提示。因此，学生对该问题的解答或远离设计主题或跑题作答，或选择众说纷纭，结果是学生既没能很快进入预设学习轨道，又耽误了宝贵的学习时间，导致教学任务不能很好完成。

本课设计建议采用直观导入，如通过多媒体将泰山上的石刻、五大夫松等图片搬上课堂，以此导入新课《秦王扫六合》。或采用诗歌导入，运用李白"秦王扫六合，虎视何雄哉！挥剑诀浮云，诸侯尽西来。"诗歌配秦始皇图片渲染秦统一的宏图伟业，导入探究"统一的历程及意义"。这样的导入形式，图文并茂，针对性强，直接揭示了学习的主题，引发学生思考。

由此可知，导入的设计要从学生的实际出发，要照顾到学生的知识水平和接受能力。教师导入时切不可为了追求新颖和奇巧而脱离学生的实际水平，不能只图表面上的热闹，故弄玄虚，画蛇添足，也不能随意地生搬硬套，更不能占用过多的时间削弱其他教学环节，因为这样做不但达不到预期的教学效果，反而会弄巧成拙，影响学生对知识的理解和掌握。

案例2

板书呈现的几种形式

板书在呈现上主要有三种形式：先写后讲、边讲边写、先讲后写。在当今现代化教学手段使用普遍的历史课堂上，还出现了板书与多媒体屏显重复或以多媒体屏显取代板书的普遍倾向。

分析：按照教学需要，有的板书内容可以先讲后写，有的则要先写后讲，而有的必须边讲边写。这三种方法各有利弊。一般来说，先写后讲的板书，一开始就使学生了解学习的主要内容，做到心中有数，能起到学习的导向作用，诱引学生去追寻教师的思路。但它的缺点是不能体现循序渐进，逐层展开，也不利于自主思维探究的引导、设计，更不利于激发学生的学习兴趣，对课堂动态的生成有一定遏止影响。先讲后写的板书能起到总结作用，可以强化知识的记忆，加深学生对问题的理解。但该方法总体上是弊大于利，它不能体现学习的思维轨迹，不利于知识体系的建构，更不利于师生的互动。边讲边写的板书是最常用的方法。它能起到控制作用，可以吸引学生的注意力、激发学生的学习兴趣，讲课的层次性比较清楚，使教材思路、教师思路和学生思路合拍共振。但是对部分教师来说，往往容易忘记板书，通常只有"一"，而没有"二""三"……到讲课快结束时才发现，此时补写往往会造成思路的中断，或有失教师的严谨。

115

至于板书与多媒体屏显重复，属于一种浪费，不能体现两种教学手段对教学的作用。教师可尝试从不同角度分别设计两者的结构，给学生以更多指导与启发。如多媒体以纲要式呈现，板书则以图示式展开，两者相得益彰。以多媒体屏显取代板书，也日益成为教学中的普遍倾向。该现象不利于学生的课堂记录和知识的建构，也使学生的复习没有了依据。对于听课习惯差或基础一般的学生而言，直接影响了学习效率，并使复习失去了重要资源和方向，应该尽量杜绝。

案例 3

不同主题勾勒与学生"动"起来的别样风景

某教师在讲授《星星之火，可以燎原》一课时，将教材的"八一南昌起义""革命摇篮井冈山""红军不怕远征难"三个子目概括为"开火""点火"和"播火"。教研员在评课时提出了如下修改建议："革命创举""道路奠基""播种保根"。

分析： 钻研教材，挖掘教材内涵，揭示知识联系，概括学习内容的主题，有利于学生的知识建构和理解。该教师的三个"火"字的概括吸引了学生的眼球，启发了学生的探究欲望，学生一边看书，一边思考："谁向谁'开火'？""为什么要'开火'？""'开火'后又怎样？""谁点的'火'？""点的是什么'火'""播了什么'火'"等。在教师的引导、指导下，学生自主学习、合作探究，并不时有学生交流、汇报自己的探究结果，课堂很自然地"火"了起来。但这种活动主题指向还不够明确，容易造成"胡动"和"乱动"。"开火"不能体现中共"打响了武装反抗国民党反动派的第一枪"的重大历史意义和革命阶段特征，"点火"也不能突出"革命摇篮"的历史地位，"播火"更不足以概括长征的历史功绩。正是由于这些局限，影响了"动"的效度。教研员的修改，从宏观角度分析了"三个子目"学习内容的本质内涵，"革命创举"集中体现了党史和人民军队历史的开天辟地的新时期的到来，便于理解南昌起义的革命方式和历史地位，"道路奠基"则由井冈山的实践上升到中国特色革命道路探索的高度来理解"革命摇篮"的功勋，"播种保根"较全面地反映了长征的艰难及历史意义。如此定位，主题更加明确，同样的"动"将是更带有思维含量的"动"，也是有利于历史思维方式、方法培养的有意义的"动"。以上设计在很大程度上还停留在知识与能力的层次，对情感态度价值观的挖掘还不到位。我们不妨这样完善："沉寂黑夜的枪声——果敢、意义深远的第一枪""乌云深处的亮光——富有智慧和特色的革命道路第一步""阳光总在风雨后——艰难的历程、革命转危为安的关键"。在与上同样学习活动设计的框架下，学生就不仅仅是"形动""心动"，本学习内容"神动"的价值显然体现出来了。课堂学习，不同内容将呈现出不同的情感氛围、不一样的体验与心灵震撼，如钦佩第一枪的胆魄、感慨第一步的智慧、追忆不屈的精神、憧憬新的革命高潮的到来。如此情感曲线的形成，本身就是教学的又一种境界，或许还是教学更高的目标追求。

修炼建议

1. 明确教师课堂职责，理性认识学生课堂收获，努力追求学习最佳情形

（1）教师在课堂教学中的职责。

①帮助学生检视和反思自我，明了自己"想要学习什么"和"获得什么"；

②帮助学生寻找、收集和利用学习资源；

③帮助学生设计恰当的学习活动；

④帮助学生发现他们所学东西的个人意义；

⑤帮助学生营造学习过程中积极的心理氛围；

⑥帮助学生对学习过程和结果进行评价，并促进评价的内在化。

（2）学生课堂收获的理解。

学生课堂收获，不仅包括认知方面的，如概念、定义、原理、公式、基本事实等内容的掌握以及认知策略的完善，也应包括态度与价值观的改变、丰富与提升，所经受到的理智的挑战和内心的震撼，所获得的感动和鼓舞，以及精神的陶冶和心灵的净化，等等。具体来说，包括以下六个方面：

①经验的激活、丰富与提升；

②知识的建构与运用；

③认知策略与学习策略的完善；

④情感的丰富、细腻和纯化；

⑤态度和价值观的形成、改变与完善；

⑥技能的形成、巩固和熟练。

（3）学生学得最好的情形。

①当学生有兴趣时，他们学得最好；

②当学生的身心处于最佳状态时，他们学得最好；

③当教学内容能够用多种形式来呈现时，他们学得最好；

④当学生遭遇到理智的挑战时，他们学得最好；

⑤当学生发现知识的个人意义时，他们学得最好；

⑥当学生能自由参与探索与创新时，他们学得最好；

⑦当学生被鼓舞和被信任能做重要的事情时，他们学得最好；

⑧当学生有更高的自我期待时，他们学得最好；

⑨当学生能够学以致用时，他们学得最好；

⑩当学生对教师充满信任和热爱时，他们学得最好。

2. 感受生命课堂——叶澜教授谈课堂教学的生命活力

什么样的课堂教学才具有生命活力、充满情趣和智慧的挑战，什么样的课堂教学才能使学生真正成为课堂教学的主人？华东师范大学叶澜教授曾经以追问的形式，描

绘了充满生命活力的课堂教学的基本情景。

当学生精神不振时，你能否使他们振作？

当学生过度兴奋时，你能否使他们归于平静？

当学生茫无头绪时，你能否给以启迪？

当学生没有信心时，你能否唤起他的力量？

你能否从学生的眼睛里读出愿望？

你能否听出学生回答中的创造？

你能否觉察出学生细微的进步和变化？

你能否让学生自己明白错误？

你能否用不同的语言方式让学生感受关注？

你能否使学生觉得你的精神脉搏与他们一起欢跳？

你能否让学生的争论擦出思维的火花？

你能否使学生在课堂上学会合作，并感受和谐的欢愉、发现的惊喜？

……

3. 思考并尝试

（1）对于各种"导入法"的利弊，你是如何认识的？在教学中你最常用的"导入"方法是什么？请选择某一课尝试设计多种导入方法。

（2）在教学中，你将如何贯彻"三讲三不讲"的原则？

（3）请设计一个让学生"形动""心动"并"神动"的学习活动。

（4）你知道历史知识的时序性结构、逻辑性结构和层次性结构的内涵吗？谈谈你如何按照这三种结构进行教学。

（5）针对当今课堂教学中板书的"弱化"倾向，你如何认识？

（6）反思、总结自我教学实践中，体现课堂智慧的具体表现。

专题四　历史课的课型与教学

一、历史新授课的教学

（一）历史新授课的主要任务与要求

历史新授课的主要任务是教师指导学生学习历史课程标准规定的新内容，通过展开学习过程，学习运用各种方法，促进学生在知识与能力、过程与方法、情感态度价值观等方面的发展。新授课学生学习的内容是新知，这就决定了这种课型的教学必须注意以下几个方面：

1. 要从学生已有的知识基础出发走向新知或未知，是基本的要求

学生对新授课的教学内容大都处于未知或一知半解的状态，如何引导学生在短时间内掌握基础知识和基本能力，是新授课的一个基本任务。美国心理学家奥苏贝尔认为教学要从学生已有的知识基础出发，这个观点的指导意义在新授课中尤为重要。

2. 要处理好个别与全局的关系，在历史联系中学习个别或局部的内容

历史新授课一般都以某一个重大历史事件或重大历史现象作为教学内容，它是历史过程的个别或局部。但任何历史事件或现象的存在与发生均非孤立的，历史事件及其意义之间总是相互联系的，要关注历史事件与现象在历史全局中的地位与作用。

3. 要激发和维持学生的学习动机、兴趣，调动学生学习新知的积极性

对于新的历史知识，学生在学习时易产生浓厚的兴趣，有较高的学习积极性和较强的学习愿望。这是新授课教学的有利条件，也是教师组织新授课教学的良好基础。在新授课教学中，教师充分调动学生学习的积极性，激发和维持学生的学习动机、兴趣，是新授课教学的主要要求。这里，坚持由浅入深、由易到难、循序渐进的原则，让学生不断体验成功，是维持动机的重要条件。在新授课中以高难度、高速度产生的所谓高效率，恰恰是部分学生掉队的根源。

4. 要促进学生在知识与能力、过程与方法、情感态度价值观等方面均得到健康发展，是新授课历史教学的核心要求

新课程强调要从知识与能力、过程与方法、情感态度价值观三个维度去促进学生

个体的全方位发展，改变以往教学中过于注重知识传授而忽视对学生"情感态度价值观"培养的倾向，使学生在获得知识与基本技能的同时，学会学习并形成正确的价值观。三维目标是一个完整的、协调的、互相联系的整体，是一个问题的三个方面。在教学过程中，任何一维目标，只有在整体的联系中才能实现其价值。

5. 学习新知与巩固相结合，是新授课教学的科学保证

根据艾滨浩斯遗忘曲线揭示的认知规律，新知识如果得不到及时巩固，很快便会大量丧失，因此，及时巩固新知，不仅是当下学习效果的保障，还是后续学习得以实现的重要保障。

（二）历史新授课的基本结构

新授课的结构可以是多样的，最基本的结构是：激发动机——学习新知——巩固新知。

激发动机是一切教学的出发点，更是新授课教学的先决条件。如果学生的学习动机未被唤醒，那么教学就犹如铁匠在加工冰冷的铁，势必事倍功半。只有引起学生的学习意向，众多的学习内容与变化的形式才能产生效果。

学习新知是新授课的最大特点，但是，学生在学习新知识的时候，并非白板一块，而是有着自己的前认知结构在起作用。因此，教师在教学中需把握以下两个关键要领：一是在学生已有的知识基础上，从已知走向未知，最后获得新知；二是把握好学习什么内容与如何学习这些内容，注意调适方法，采取学生易于理解的方式方法去呈现学习内容。

巩固新知强调关注学习的目标与达成的情况，讲究效果，面向全体，让各类学生均有所得。教学目标是一节课的方向，是衡量教学效果的关键指标。目标的设定、内容的选择、设计的安排，最终均需从效果的评定这个环节来检验。因此，巩固新知的环节既包含对本课的了解与理解水平，又包含学生的发展状况和提升状况。核心是能够反映学生从不会到会的状况，寻找并确定学生是否真正学会的证据。

二、历史复习课的把握

（一）历史复习课的主要任务与要求

1. 巩固所学知识，建构新的知识结构，使所学知识在更高的层面系统化，是复习课的根本任务

所谓历史基础知识，是指基本历史史实、历史概念和基本线索。历史史实是由一定的人在特定的时间、空间进行的具体活动组成的，历史概念分为分类性的历史概念和抽象性的历史概念，这是学生在历史学习过程中需要完成的基本任务。但是随着时间的推移，这些知识会被学生逐渐遗忘。所以，对已学知识进行复习是必要的，也是必需的。在复习中教师还可以发现学生在前期学习中的不足，做好查漏补缺的工作，

以及时弥补学生在知识上的缺陷。

新授课所学的内容相对单一，经过一个阶段的学习后，所学内容日渐增多，这时对所学知识进行重新回顾、梳理综合、结构重组、构建知识框架，形成脉络清晰的知识系统，显得十分必要。知识体系可以是单元的、专题的，也可以是综合的。

2. 突破难点疑点，提升知识技能的熟练化程度，是复习课的重点要求

所谓难点就是指教学中学生难以理解的学习内容，疑点则是学习中似是而非的内容。解决难点、疑点，使之清晰化；进行查缺补漏，使之完善化。复习课要突出、突破这些难点、疑点问题，不能把复习课上成"重复"课，把讲过的教材内容重新讲述一遍。因此，历史复习课不是对历史知识的"重复"，而是对历史知识的"重组"，使学生形成相关的历史知识体系，培养学生对历史的整体感知、整体联想和整体思维的能力，并进而增强学生认识历史事物的本质和历史发展规律的能力。

3. 抓住重点、指导学习方法，是复习课教学必备的功课

历史知识的复习不能仅靠历史复习课来解决，主要还是靠学习个体的自主复习。这就要求历史复习课的教学内容要有导向性，以此引导学生的课后复习，要揭示历史学科的主干内容，要体现时代感和现实感，要体现史学研究的新观点，如现代化史观、文明史观、全球史观等。

复习课要精心备课，要处理好构建新体系所采用的资料与教科书之间的关系，要做到源于教科书，又高于教科书。资料不在于多，而在于有助于引导学生自主构建知识体系，并在构建中提升自己的学习能力。新增资料与教科书中的知识点要有相关性，要具有联系其他相应知识点的功能。这样，学生的复习就不会顾此失彼，基础知识也能更加扎实。同时，教师在教学中要明确"哪些内容必须讲，用多少时间讲，哪些内容应该由学生自己去自主完成"，要尽量把时间还给学生。此外，教师还要多给学生讲方法、讲技能、讲原理、讲思路、讲规律，引导学生自主学习，使学生在学习中能够做到举一反三、触类旁通。

4. 变换视角、整合结构、分层推进，有利于增强复习的效果

可以采取单元复习、专题复习、综合复习等步骤，变换视角，让学生在不同的系统中认识历史。一般来说，单元复习课主要是第一轮复习，重在夯实基础，构建知识框架；专题复习课和综合复习课主要是在第二轮复习时使用。专题复习强调的是知识的纵向联系，综合复习强调的是知识的横向联系，而且主要在第二轮复习的后期使用。

对不同层次的学生，可以有不同的要求。对基础知识较好的学生，可以要求他们在掌握基础知识的基础上，理解该专题的重要观点，并得出一些有创新性的结论。对基础知识掌握一般的学生，可以要求他们在掌握基础的情况下，理解、阐述该专题的

重要观点。对于基础知识掌握较差的学生，可以重点提出巩固基础知识的要求。

5. 讲究训练、引导学生参与，是复习教学的重要特色

复习课一定要处理好教师的精讲与学生学习之间的关系，要让学生积极、主动参与，使历史课堂变得灵动，学生的能力得到培养。复习课的复习目标要十分明确，针对性要强。每节复习课要有一定量的训练，训练题要有典型性，要选择能够举一反三的试题精讲精练，更要选择在重点、难点内容上设计有思维含量的试题对学生进行训练。学生可以独立或合作完成解题过程。教师在学生答题的基础上，剖析例题，点拨思路，提炼方法，总结规律。习题训练可以反馈学生们的复习情况，教师要善于及时收集学生的反馈信息，分析教学目标是否达成，并及时采取对应措施。这样，从学生的反馈信息中获取矫正学习的"处方"，"对症下药"，纠正偏差，调整教学行为，不仅使学习结果得到合理强化，而且还可改进教学，促进学生的提高。

（二）历史复习课的基本结构

历史复习课的基本结构是：重温已知——整合结构——强化训练。

重温已知是历史复习课的基本任务。经过一段时间的学习，"温故而知新"显得十分必要。任何高效的学习都离不开复习这个环节，古人云"学而时习之，不亦乐乎"，说的就是这个道理。由于复习的内容都是过去所学，因此，复习课的教学需尽量避免"炒冷饭"，而要在新的平台上重温。

整合结构是复习课中必须要做的工作，是避免"炒冷饭"的最重要途径，也是学生站在新的平台上复习并提升的主要阶梯。无论是单元复习、专题复习，教师都要重视知识间的联系，通过归类、比较等方法让所学的单一内容在复杂的系统中得到升华，以提高学生的认知水平。

强化训练是复习课教学的常用环节。在复习教学中，教师不仅要帮助学生梳理整理知识，而且还要帮助学生学以致用。适度训练是巩固与提升的必要方法。通过训练，尤其是典型训练题的训练，可以帮助学生对所学知识达到进一步巩固、理解与提升的目的。

三、历史讲评课的安排

（一）讲评课的主要任务与要求

1. 反馈——矫正——提升，是讲评课的主要任务

检测、考查、考试是检查学生学习结果的必要手段。不论何种形式的检测，其目的还是为了发现或了解学生的学习状况，以帮助学生进一步改进、提高。因此，向学生反馈检测信息，运用合理的手段矫正学生存在的问题，提升学生的学习水平与学习能力，是讲评课的主要任务与使命。"反馈——矫正"的过程，可以矫正学生在答题时暴露的学习问题，深化学生对所学知识的理解，发展学生的思维能力，提高学生分析、

解决问题的能力；可以对教学起矫正、巩固、丰富、完善和深化的作用；还可以帮助教师发现自己教学过程中存在的问题与不足，促使教师进行自我反思、自我总结、自我完善，进而改进教学，提高教学效益。

2. 评讲结合是讲评课的基本要求

"评"就是评价，评价与分析紧密相连，评价要建立在分析的基础上，分析的结果是评价。"评"的范围不仅包括对试题的评价、试题包含哪些练习或考查功能、试题本身是否严谨，还包括对学生做题情况的评价。

"讲"是在评价基础上的"评讲"。从"讲"的主体来看，教师可以讲，学生也可以讲。从"讲"的内容来看，要突出重点，讲带有普遍性的问题，既要讲结果，又要讲过程。从"讲"的功能来看，既要让学生明了出错的原因，以巩固知识、提升能力，又要有利于激发学生的后继学习。

3. 改进与提高是讲评课的目的所在

讲评课的目的在于，通过数据与现状分析，让教师与学生都在分析中得到反思，并在今后的学习中弥补不足，提高学习水平。因此，在讲评课上教师要切忌简单地对对答案，说谁对谁错，比较分数的高低。

（二）历史讲评课的基本结构

历史讲评课的基本结构是：呈现数据——重点评析——点拨建议。

讲评课的重要作用是反馈信息，评判得失，矫正失误，提高认识。因此，用数据来说话就显得非常重要。有些教师课前不作任何统计，凭大致印象来上讲评课，课上也是满足于告知正确答案。这样的课是违背讲评课的课型要求的。讲评课必须收集的数据有：本次练习或考试的平均分、最高分、最低分；各小题的得分情况；主要的失误类型；每位学生的具体数据。如同样两位 85 分的同学，其存在的问题可能有很大不同，需区别对待。需要注意的是，信息数据的呈现要讲究方式，不能搞班级排名。对个别学生的具体情况，可以用适当的方式与学生个体进行交流。

重点评析的内容有两个方面：一是对试卷和试题本身进行评析，弄清试卷的考察特点，介绍有价值的试题的考查方向。另一方面是对学生答题情况进行评析，指出或让学生陈述作答的情况，再进行分析、点评。由于时间有限，评析工作要突出重点，尽量抓典型问题说清说透，切忌蜻蜓点水，面面俱到。

点拨建议也是讲评课的一个组成部分。在分析、评价考试考查情况的基础上，学生今后需如何努力，个别学生需如何具体努力，教师都应在讲评课上给予学生恰当的点拨与建议，帮助学生改进和提高。同时，教师也要反思自己的教学工作，从而提升自己的教学水平。

案例分析

案例1

新授课《星星之火，可以燎原》课堂实录

（案例提供者：常州市北郊中学赵霞）

一、问题导入，心灵触动

师：有一座城市，它被称为"英雄城"，走近它，八一广场、八一大桥、八一中学，"八一"成为这座城市的城市名片，这是哪座城市呢？

生：南昌。

师：有一段历史，被称为不能忘却的纪念，被英雄城的人民视为宝贵的精神财富，这段历史是什么呢？

生：南昌起义。

师：南昌起义可谓是中国革命的分水岭，从此，以毛泽东、朱德为代表的中国共产党点燃了中国革命的星星之火，开辟了新的革命道路。今天，我们就来学习新课《星星之火，可以燎原》。

二、情境教学，再现历史

〔南昌起义〕

师：首先，让我们跟随一位当年亲眼目睹过南昌起义的老人走近南昌这座英雄城。

情境一：牛行车站，老人激动地说起小时候曾亲眼看到八一南昌起义的几万大军就是从这里下车进入南昌城的。

情境二：当年南昌起义的指挥站——江西大旅社。老人在一座旧式的钟表前，久久凝望着，钟表的时间定格在凌晨2点，那个历史时刻发生了什么呢？

生：1927年8月1日凌晨2点，周恩来、贺龙、叶挺、朱德等率领2万多人在南昌举行起义，打响了武装反抗国民党反动派的第一枪。

师：对于这个划时代的枪声，毛泽东曾说中国共产党和革命人民是被国民党反动派"逼上梁山"的，你知道是为什么吗？

生：蒋介石发动了"四一二"反革命政变，建立了南京国民政府，用残酷的手段大肆屠杀中国共产党和革命群众。仅一年的时间，超过30万的共产党人和革命群众被杀。为了挽救革命，中国共产党痛定思痛，逆境奋起，以武装起义的枪声回应了反动派的暴政。

情境三：在五尊雕塑面前，介绍南昌起义的领导人：周恩来、叶挺、贺龙、朱德和刘伯承。

师：其中负责策划工作的人是谁呢？

生：周恩来。

师：其他四位都曾经是国民党的高级将领，却在关键时刻投向了共产党的怀抱。

哪位同学能根据自己的了解和课外收集的资料讲述一个关于他们的小故事呢？

生：小故事讲述——朱德巧设鸿门宴。

学生活动一：讲故事

师：故事讲得很精彩，朱德可谓足智多谋，此次巧设鸿门宴，如果借用古代兵法三十六计，这是属于哪一计呢？

生：调虎离山之计。

师：起义很快打响，这次起义的结果如何呢？让我们一起来看一段视频。

生：起义胜利，但在转战中失败。

师：保存下来的部队一部分转移到广东海陆丰地区，另一部分由朱德、陈毅率领转入湘南地区开展游击战争。

情境四：八一军旗和江泽民题词石碑军旗升起的地方。

南昌起义虽在转战中失败，但是南昌起义给中国共产党带来了哪些收获呢？

生：南昌起义打响了武装反抗国民党反动派的第一枪，是中国共产党创建人民军队、独立领导武装斗争的开始，它在中国共产党历史上开辟了一个新的时期。

师：南昌起义在中国共产党生死攸关的危急关头，用血与火的语言向世人宣告中国共产党是吓不倒的，让百万群众在黑暗中看到了新的希望。

〔革命摇篮井冈山〕

师：1927 年的秋色分外浓重，毛泽东、朱德两位未曾谋面的巨人几乎在同一时期进行着惊人相似的探索。正当朱德率领南昌起义的余部转入湘南开展游击战争的时候，另一位伟人毛泽东又在做什么呢？

生：毛泽东领导了秋收起义。

师：请你用一句话概括秋收起义的时间、地点、人物和结果，看哪位同学概括得比较准确。

学生活动二：历史事件概括

生：1927 年 10 月，毛泽东在湖南领导秋收起义，结果遭遇重创，损失惨重。

师：在这个紧急关头，毛泽东做了一个改变中国革命道路的决定，这个决定是什么呢？

生：向农村进军，开创了中国革命史上第一个农村革命根据地——井冈山革命根据地。

师：当时有很多小战士想不通，为什么毛泽东要由进攻城市转向进军农村，并且选择井冈山这个地方呢？请大家根据老师所提供的材料以及课本上的内容来回答这两个问题。

请一位同学大声朗读，同时用投影打出问题，对读题同学表扬。请大家四人为一组，分组讨论：为什么毛泽东要由进攻城市转向进军农村，并且选择井冈山作为革命根据地？

（生激烈讨论 3 分钟，选代表回答，其他同学补充）

学生活动三：分组讨论，问题探究

学生回答问题的同时，教师一方面进行表扬，另一方面进行引导，特别是"根据中国国情，实事求是"这一点，回答完后教师总结，并投影打出原因。

师：这是毛泽东一种以退为进的策略，建立井冈山革命根据地体现了他依据中国国情作出的实事求是的选择。井冈山成为中国革命的摇篮。接下来我们一起看一幅油画（打出图片），看看画面反映了什么历史事件？

生：井冈山会师。

师：它不仅是中国工农红军发展史上的一件大事，而且也是中国共产党发展史上的一件大事。井冈山会师意味着什么呢？

生：中国工农红军第四军的建立。

师：红四军的建立，大大增强了井冈山的革命力量，巩固和发展了井冈山革命根据地。从此，毛泽东、朱德的名字紧紧连在了一起，朱毛红军威名远扬。至此，井冈山革命根据地的成功开辟，用实践经验告诉我们，中国共产党为中国革命找到了一条怎样的发展道路呢？

生：农村包围城市，武装夺取政权。

师：这是一条引导中国革命走向胜利的正确道路，中国革命方向渐渐清晰。今天，在井冈山这片红土地上，仍然传诵着一首首感人至深的红色歌谣。

情境五：欣赏感知红军歌谣，可以从红军身上学到什么精神？

生：（通过歌谣感知）体现了红军革命乐观主义精神。

学生活动四：分享歌谣

师：在艰苦卓绝的井冈山斗争中，我党形成了坚定信念、艰苦奋斗、同甘共苦、众志成城的井冈山精神，为中国革命播撒了燎原的种子。

1928～1930 年间，中国共产党创建了一大批农村革命根据地。（多媒体展示 1928 年到 1930 年农村革命根据地的变化图）

师（总结）：真可谓是"星星之火，可以燎原"。就在中国革命欣欣向荣之际，中国共产党却又遭遇到一场前所未有的挫折。它是什么呢？

生：红军第五次反围剿失败，被迫长征。

〔"红军不怕远征难"〕

师：这是一段震惊中外的历程，他们脚踏中华大地，背负人民的希望，行程二万五千里。这些人叫红军，这条路叫长征之路。前事不忘，后事之师，今天我们一起来重走长征路，相信一定会有不一样的收获。

情境六：重走长征路，共筑民族魂

师：长征究竟是一段怎样的历程。首先，我们一起重温这段厚重的历史。

板块一：重温历史

请大家阅读课本，找出长征的重要知识点：长征原因、长征开始时间、长征中的历史转折、长征胜利标志。

（生看书3分钟后回答）

长征原因：蒋介石先后五次发动对中央革命根据地的"围剿"。由于没有坚持毛泽东正确的战略方针，在第五次反围剿中，红军损失惨重，被迫长征。

长征开始时间：1934年10月，中央红军被迫从江西瑞金开始长征。

长征中的历史转折：1935年1月，中共中央在遵义召开会议确立了毛泽东的领导地位。遵义会议挽救了党，挽救了红军，成为党的历史上生死攸关的转折点。

长征胜利的标志：1936年10月，红二、红四方面军与红一方面军在甘肃会宁会师，长征取得最后胜利。

师：现在就让我们一起背起行囊亲自去见证这段传奇的历史吧。这是我为大家安排好的线路图，起点在江西瑞金，终点在甘肃会宁。我们将一起强渡水流湍急的大渡河，一起去翻越高耸入云的雪山，跋涉渺无人烟的草地，共同体会红军二万五千里长征的艰难险阻和革命精神。

板块二：见证历史

在长征途中，有许许多多感人至深的故事，有同学愿意和大家一起来分享这些故事吗？

学生活动五：长征故事讲述

生：过草地尝百草的故事和过雪山成丰碑的故事。

师：从故事中体现了红军什么样的精神？

生：不怕艰难险阻、舍己为人的精神和顾全大局、无私奉献的精神。

师：长征是一段不能忘却的历史，回眸长征之路，每个地点都值得我们铭记，现在我们一起来看一组"长征之最"。

生：长征中最惨烈的一次战役——血战湘江。

师：我军与敌人优势军力苦战，粉碎了敌人围剿红军于湘江以东的企图，但红军付出巨大代价。渡过湘江，红军由出发时的8.6万人锐减为3万人，很多人都感触湘江战役实在是太惨了。所以特别修建烈士纪念碑，以抚慰烈士英魂和教育革命后代。

生：长征中最重要的一次会议是遵义会议。

师：遵义会议是中国共产党历史上的一个生死攸关的转折点，它确保了中国革命沿着正确的方向继续前进。它拯救了党，拯救了中国革命，是中国共产党从幼年走向成熟的标志。

生：长征中毛泽东最杰出的指挥是四渡赤水。

师：它体现了毛泽东杰出的军事指挥才能。

生：长征中最惊心动魄的一次战役——飞夺泸定桥。

师：让我们一起来看一段视频，感受枪林弹雨下夺桥的艰难。

生：最后，长征中最令人激动的地方——甘肃会宁。

师：这是一次伟大的会师，毛泽东激动地说："会宁会宁，红军会师，中国安宁。"

师：70多年前那场气吞山河的战略大转移，使中国革命从挫折走向成功，保存了中国革命的星星之火，更重要的是它为我们留下了宝贵的精神财富——长征精神。

板块三：传承历史

师：让我们一起来朗读毛泽东的诗词《长征》，从中体会什么是长征精神？

生：坚定革命理想和信念的精神，不怕牺牲、不怕困难的革命英雄主义精神和革命乐观主义精神，勇往直前的大无畏精神、集体主义精神、爱国主义精神和百折不挠、自强不息的民族精神。

三、课堂小结，总结升华

师：长征究竟是什么，长征对于我们意味着什么？让我们一起来看看他们眼中的长征。

一位重走长征路的军人写下了这样的诗句：地址变成了遗址，笑容变成了遗容；长征是他们的苦难，苦难是他们的光荣。

作家魏巍说："长征，是地球的红飘带。"

美国作家斯诺说："长征是惊心动魄的史诗。"

毛泽东说："长征是宣言书，是宣传队，是播种机。"

那么，你眼中的"长征"是什么呢？

学生活动六：分享资料，感悟历史

生1：长征是一群人为生存而奋战，为一种理想而不屈。

生2：长征是一种精神，不畏强暴、不屈不挠的高贵品格以及聪明才智。

生3：长征是用真情和心血铸就的丰碑。

师（总结）：岁月沧桑，历史不老。红军长征的壮举已经成为故事，但那印在中华儿女灵魂深处的长征精神与革命中的井冈山精神、延安精神同当代的奥运精神、航天精神一样，都是中华民族自强不息、艰苦奋斗精神的延续与升华。"少年兴则国兴，少年强则国强"，让我们接过长征精神的光辉旗帜，锐意进取，自强不息，把爱国之心真正变成报国之志。

分析：

（1）创设情境再现历史，发挥学生主观作用。本课充分运用多媒体优势，通过多处情境的创设使历史再现，使学生感受教学内容和课堂氛围。学生能根据创设的问题情景和历史情景感知历史，从而激发他们的表现欲，调动他们的参与意识，在发挥学习主动性的同时，也提升了他们的语言组织能力和概括能力。如在讲南昌起义时，教师通过四组图片创设情境，设计跟随一位当年亲眼目睹过南昌起义的老人走近南昌这座英雄城，让学生身临其境，感同身受，从而引导学生发言，效果很好。

（2）学习方式灵活多样，为课堂活动搭建了平台。设计多种学习活动，改变学生单一的历史学习方式，让学生在故事讲述、事件概括、图像欣赏、自主探究、合作讨论、阐述交流的过程中获得知识、提升能力，同时体验课堂的活力，感悟历史课的魅力。如让学生说出自己知道的二万五千里长征中的感人故事，提高了学生的学习兴趣，增加了交流机会，也增加了自信心。同时，也让他们更加深刻地体会到革命英雄主义精神，认识到中国革命的特殊历程及艰难曲折。

（3）不足：本课中学生思维的力度和深度还略显单薄，在时间调控方面有待于进一步完善。

案例 2

复习课《三次科技革命》的课堂实录

（案例提供者：常州市花园中学徐小燕）

一、课堂导入

师：（情景 1）利用课前学生等待上课的时间，循环播放《微笑上海》的 MV，这是由大家所熟悉的众多明星为上海世博会的开幕而演唱的歌曲。

上课铃响后，教师展示图 1

图 1

师：同学们刚才听到的歌曲叫《微笑上海》。再过 10 天（本课是 2010 年 4 月 21 日的市级复习研究课），上海世博会将盛大开幕。历届世博会都是各国展示科技成就成果的盛会，此次世博会也不例外。在这次世博会上，我们可以见到透明水泥，如意大利展馆就使用了透明水泥，光线透过透明水泥将呈现出梦幻般的色彩，自然光的射入也将减少室内灯光的使用；太阳能飞机将表演昼夜连续飞行，不使用任何燃料，实现碳的零排放；未来机器人厨房，等等。相信不久的将来，这些新的科技成就将影响到我们每一个人。

回首往事，蒸汽机、火车、电灯、汽车、飞机等也曾经是当时最先进的科技，它们通过世博会传遍世界，改变了人类生活与生产的面貌。如今，我们依旧处于第三次科技革命之中。今天，让我们重温那些重要的科技发明，再次走进三次科技革命。

二、知识梳理

1. 师让学生完成三次科技革命的表格，进行知识梳理

次第 项目	第一次科技革命	第二次科技革命	第三次科技革命
时 间			
核心标志			
时代特征			
条 件			
主要成就			

细节说明：此表格在课前已布置。在课堂上，展开小组活动，进行合作学习。

小组活动的要求：全班根据座位分成3组，组长自定。

任务分配：第一组归纳总结三次科技革命的时间、核心特征、时代标志；第二组归纳总结三次科技革命的条件；第三组归纳总结三次科技革命的主要成就。

成果展示：利用实物投影仪。

学生发言。

2. 生完成三次科技革命的特点与影响的归纳总结

次第 项目	第一次科技革命	第二次科技革命	第三次科技革命
主要成就	珍妮机、水力织布机、瓦特改良蒸汽机（煤炭）、汽船、蒸汽机车。	电、电灯（电力）、内燃机（石油）、汽车、飞机。	原子弹（核能）、计算机、克隆羊"多利"、东方1号、"阿波罗11号"登月
特 点	①首先发生在英国。②技术和发明来源于工匠的实践经验。	①几乎同时发生在几个先进的资本主义国家。②科学与技术紧密结合。	①科学技术转化为直接生产力的速度加快。②科技的各个领域之间相互渗透。③新技术成为社会生产力中最活跃的因素。 A（看材料）
影 响	①提高了生产力，进入蒸汽时代。②社会日益分裂为两大对立阶级。③现代大工厂制度确立起来。 B（看材料）	①生产力迅猛发展，进入电气时代。②资本主义进入帝国主义阶段。③开始走上工业化、城市化和现代化的道路。	①极大地推动了社会生产力的发展，进入信息时代。②引起经济结构的变化。③推动了世界经济格局的多极化。 C（看材料）

师利用"问题"启发、引导学生。

（1）第一次科技革命的特点：

师：第一次科技革命开始的标志是什么？生：珍妮机。

师：发明者哈格里夫斯来自于哪国？生：英国。

（教师点出第一次科技革命的特点：首先发生在英国）

师：哈格里夫斯、阿克拉特、瓦特等都是什么身份的人？生：工匠。

（教师点出第一次科技革命的特点：技术和发明来源于工匠的实践经验）

（2）第二次科技革命的特点：

师：①几乎同时发生在几个先进的资本主义国家。

师：电的发明者爱迪生是科学家，汽车的发明者卡尔·本茨是工程师。特点②科学与技术紧密结合。

（师利用"材料"启发、引导学生）

（3）第三次科技革命的特点：

（师展示材料）

材料一：科学技术成果的商品化周期在19世纪为50年，第一次世界大战前为30年，第二次世界大战以后为7年，20世纪70年代以后为3～5年。

生：速度快，科技转化为生产力的周期加快。

材料二：电子计算机的使用和新材料以及火箭技术是空间开发的基础，空间开发又服务于海洋开发和生物工程，也促进了计算机更新换代。

生：范围广，科技的各个领域之间相互渗透。

材料三：西方国家工业生产的年平均增长率，在两次世界大战之间为1.7%，在1950～1970年猛增至6.1%。在增长的因素中，科技进步的因素在20世纪70年代约占60%，80年代达到80%。

生：影响大，新技术成为社会生产力中最活跃的因素，比重不断上升。

（4）科技革命的影响：

B 第一次科技革命的影响：

（师展示材料）

材料一：工业革命开始后，英国社会生产力迅速提高。18世纪初，棉花输入每年不超过100万磅，1764年约380万磅，到1789年则增至3200多万磅……

生：提高了社会生产力。

材料二：恩格斯写道："新生的工业能够这样成长起来，只是因为它用机器代替了手工工具，用工厂代替了作坊，从而把中等阶级中的劳动分子变成工人无产者，把从前的大商人变成了厂主；它排挤了小资产阶级，并把居民间的一切差别化为工人和资本家之间的对立。"

生：现代大工厂制度确立起来，产生了现代工业资产阶级与工业无产阶级两个主要对立的阶级。

C 第三次科技革命的影响：

（师展示材料）

材料一：西方国家工业生产的年平均增长率，在两次世界大战期间为1.7%，在1950～1972年猛增至6.1%。

生：推动了社会生产力的发展。

材料二：计算机技术的迅速发展和广泛应用使信息技术产生了质的飞跃，导致了信息技术产业的出现；"技术密集型"企业迅速崛起，发达国家"技术密集型"企业发展的规模和速度大大超过"劳动密集型"企业的情况，体力劳动者减少而脑力劳动者增多。

20世纪90年代世界经济中所呈现出来的北美、西欧和东亚三大经济力量相互竞争的局面，将随着地区主义和区域化、集团化趋势的加强而有新的发展……

生：引起世界经济结构的变化，推动了世界经济格局的多极化。

3. "看图说史"，学生根据图片回答相关问题。

图1

图2

师：请同学们仔细观察图片，分析第一次科技革命对中国产生的影响。

生：①第一次科技革命后，欧洲列强发动两次鸦片战争，使中国逐渐沦为半殖民地半封建社会。②萌发了向西方学习的新思潮，开展了洋务运动，中国的近代化历程艰难起步。

师：第二次科技革命对中国产生的影响又是什么？

生：帝国主义掀起了瓜分中国的狂潮发动了一系列的侵华战争，中国完全沦为半殖民地半封建社会。

师：不甘心落后的中国人，展开了哪些救亡图存的运动？

生：进行了维新变法运动、辛亥革命，由学习西方的军事技术转变为制度的学习。

生：由于解放战争的胜利和新中国的成立，西方国家对中国的敌视、封锁、包围以及国内的"左"倾错误，致使中国再次与世界科技潮流失之交臂。

师：你知道1964年中国在科技领域发生了什么事件吗？

生：1964年中国第一颗原子弹爆炸成功。

师：你能简单概括我国科技革命的进展情况吗？

生：在当时极端困难的环境下，中国在原子能、航天技术等领域取得了与世界同步的重大科技成就；随着改革开放的推进，中国在科技领域硕果累累，极大地推动了我国的现代化建设。

师：（问题4）"火眼金睛"

同学们，让我们转变思路，由"求异"到"求同"，找一找三次科技革命有哪些共同说明的问题。

问题4—1：从表格截取"条件"里面的"前提"。

生：都要有稳定的政治制度（都是资本主义制度）。

问题4—2：

材料一：这是一场规模空前的技术革命，它创造了巨大的生产力。马克思、恩格斯曾指出："资产阶级在它不到一百年的阶级统治中所创造的全部生产力，比过去一切时代创造的生产力还要多，还要大。"

材料二：在这次革命的推动下，世界资本主义经济处于高速发展的"黄金时代"，工业生产取得了巨大的飞跃。1870～1900年间，世界工业总产值增长了2倍多。

材料三：西方国家工业生产的年平均增长率，在两次世界大战之间为1.7％，在1950～1970年猛增至6.1％。

生：相同点是都促进了社会生产力的发展。

问题4—3：能抓住科技革命发展机遇的国家，都促进了本国经济的腾飞。

请你举例证明这一结论。

生1：美国抓住了第二次科技革命的发展机遇，促进了本国经济的快速发展，成为世界上经济实力最强大的国家。

生2：德国也抓住了第二次科技革命的发展机遇，促进了德国经济的快速发展。

……

问题4—4：

材料一：泰晤士河被英国人习惯地称为"老父亲泰晤士"，它曾经是一条清澈、美丽的河。然而进入19世纪之后，泰晤士河却风光不再。1858年，英国著名的幽默杂志《笨拙周刊》刊登的反映泰晤士河的一幅漫画，题为"沉默的强盗"，画面为象征死亡的骷髅在泰晤士河上游荡。

材料二：环境专家指出，乞力马扎罗山的雪顶可能将在10年内彻底融化消失，届时乞力马扎罗山独有的"赤道雪山"奇观将与人类告别。

生：相同点是都带来了环境污染问题。

问题4—5：使人们的生产与生活方式发生了重大转变。

请你从三次科技革命的成果中各举出一例，说明人们生活方式的变化。

生1：电灯的发明，使人们告别了蜡烛与油灯的时代，改变了人们的生活方式。

生2：火车的发明，改变了人们的出行方式，扩大了人们的活动范围。

……

师：（问题5）大家对三次科技革命有怎样的认识呢？请大家畅所欲言。

生1：科技是第一生产力。

生2：我国要大力发展科技和教育，实施科教兴国战略，建设创新型国家。

生3：科技也带来了一定的负面作用，所以科技是一把双刃剑。

生4：科技改变生活，我们要有科技创新精神。

……

三、练习巩固

生：（情景2）

情景2—1：牛刀小试

师：利用多媒体课件，出示近年来典型的中考题。

……

情景2—2：公主、王子PK赛（特级教师魏书生说"大脑处于竞赛状态时效率要比无竞赛时的效率高很多"，所以有了PK赛的设计，培养学生的竞争意识，打造高效课堂。）

比赛规则说明：

分成男女生两组进行PK，题型分为必答题、抢答题与风险题。

必答题：每组3题，每题10分。只能由一名选手答题，答对加10分，答错不加分，也不扣分。

抢答题：共3题，每题20分。每组只能由一位选手且只有一次机会答题，答对加20分；答错不加分，也不扣分，但不可以再答题，机会留给对方；如双方都没有答对，题目作废。

风险题：共2题，每题30分。每组只能由一位选手且一次机会答题，答对加30分；答错扣30分；题目作废。

……

分析：本课复习教学目标准确、多元，符合实际，教学设计从知识梳理到看图说史、火眼金睛、畅所欲言、牛刀小试以及PK赛，反映出教学结构清楚、教学思路清晰，基础性、结构性、思维性、层次性均体现充分。

教学特色鲜明，较为灵动。调动学生广泛参与富有实效，并能激发学生的参与动机，引起学生的学习兴趣。重视史论结合，从事实到结论，符合认知规律和历史学习的特征。讲与练有机结合，教态自然，语言清晰流畅。多媒体技术运用有实效，提高了课堂效率。

建议：复习教学中对一些重点内容还可进一步加以强化。

修炼建议

（1）学习本专题，要注意提升自己的认识水平。课型是相对规范的课堂教学形式，了解一些基本的课型形式对研究教学工作，是有一定积极意义的。然而，正如"教"是为了"不教"一般，了解规范，不是为了被其束缚和框住，而是为了更好地突破与创新。

（2）需要注意综合课型的普遍存在，日常课堂中大量存在着既有复习、新授、练习，又有活动、讨论，甚至有讲评，几乎涵盖各类课型元素的课。纯粹单一的课型是少见的。

（3）课型研究可以有多种维度。可以按任务研究，也可以按方法研究，还可以按主题研究。如探究型、合作型等，不要拘泥于目前的常见课型。

专题五　让历史教学更有效的策略

基本理论与学习要点

一、"用教材教"

（一）"用教材教"与"教教材"的区别

在教学中，教材被看做是教师和学生之间的"第三者"，它不仅是教师授课的素材，需要教师进行处理，而且也是学生在一定程度上选择学习和自主处理的素材。从教学论的角度看，教材的内涵主要体现在三个方面。

第一，为了使学生形成特定的知识体系所勾画的事实、概念、法则和理论。

第二，同知识紧密相关的有助于各种能力形成，并熟练的、系统习得的心理作业与实践作业的各种步骤、方式与技术。

第三，与知识和能力体系紧密相关的、奠定世界观基础的、表现为信念、政治观、世界观和道德观的认识、观念和规范。[①]

新课程积极倡导以人发展为本的教学理念，要求教师重新认识和理解教材，实现教材观的转变，即教材是引导学生认知发展、生活学习、人格建构的一种范例，是学生发展的"文化中介"，是师生对话的话题，而不是学生必须完全接受的对象和内容。教师必须学会创造性地使用教材，跳出教材用教材。跳出教材看教材，教材不过是教学的"材料"或"资源"，是教师在教学活动中需要加以利用的课程资源之一。教师不但要解释教材，还要以教材为圆心，围绕这个圆心采集各种素材，依据课标，借助教材这一学习素材，忠实地实现"知识与能力、过程与方法、情感态度价值观"的三维发展目标。教材不再是不可违抗的"圣经"，而只是一种学习工具，教材内容只是帮助学生实现三维发展目标的一种载体。只有树立了新的教材观，才能实现由"教教材"到"用教材教"的转变，才能真正实现育人的功效，才能全面提高学生的综合素质。

传统观念中的"教"教材，是以教材为中心，视教材为"圣明"，教材怎么写，教师就怎么教，学生就顺从地学，不敢越教材半步。教学的出发点是传授，以知识为本位，侧重知识分析，师生都被动地围着教材转，教材不仅是师生关注的中心和兴奋点，

---

① 钟启全，崔允漷，张华. 为了中华民族的复兴，为了每位学生的发展——《基础教育课程改革纲要（试行）》解读［M］. 上海：华东师范大学出版社，2001.

而且成为控制师生行为的工具。

在"用教材教"的观念下，"教材"则成为"范例"，立足点放在学习对象上。教师不仅要解释教材，而且还要以教材为"诱饵"，去"钓"起学生思考的"鱼"，教学内容可以从内容、形式上向外延伸，不再局限于教材。"用教材教"注重知识传授中的能力培养，是以知识为线索、潜能开发为重点、能力培养为侧重的综合性教学，"用教材教"是一个动态、可延伸的过程。

（二）准确理解课程标准、认真研读教科书是"用教材教"的前提

1. 准确理解课程标准

课程标准是我们历史教学的基本依据，是教师进行历史教学时所应坚持的"根本大法"。同时，课标也是教科书编写的唯一依据。在教学过程中，教师要认真学习和领会"课标"精神，按照新课程的理念和标准来看待教材、实施新课程，树立"课标"第一位的思想。

准确理解课标，要深入思考"知识与能力、过程与方法、情感态度价值观"三维课程目标的深刻含义；要了解历史课程内容的基本结构与层次性要求；要明确学习内容的不同层次的规定，即哪些属于识记层次的要求，哪些属于理解层次的要求，哪些属于运用层次的要求。这样才能分清主次，明确重点。

准确理解课标，要认真分析课标中规定的内容及其所规定的学习目标要求在教材中是如何体现的，可以补充哪些内容，又可以在课堂教学中删减哪些内容；要对教科书进行合理筛选、巧妙整合，创造性地去开发和寻找贴近学生生活、适应学生认知水平和学生感兴趣的话题来进行教学；学会在实践中来检验和纠正新教材本身存在的不足。

2. 认真研读教科书

在初中历史教学中，历史教科书的功能与作用是非常重要的。一套高质量的历史教科书，一般具备体现课程标准规定的课程目标和内容标准，提供具体的历史学习材料，传递基本的人生观与价值观，帮助学生掌握一定的历史学习方法。在教学中，教师认真研读教科书，准确把握教科书的体系结构，是"用教材教"的基础条件。

认真研读教科书，要全面把握历史教科书的框架和脉络。教师在进行教学准备的过程中，要通读历史教科书，了解初中历史全套教科书的全貌，理解教材编写的基本意图；要全面认识和掌握历史教科书中的基本线索、基本内容、基本概念、基本观点，搞清楚各册、各单元、各课间的纵横联系，从而把握初中历史教科书的基本体系和主干内容，以便对初中历史教学的整个过程有全面的设计和安排。

认真研读教科书，要准确把握教科书中的重点和难点。在历史教学中，"教学重点是教学目标赖以贯彻的最基本、最主要的内容。从历史教学内容的科学系统来看，组成历史发展基本线索的主要环节为教学重点；从教与学的活动要求看，培养能力掌握学习方法是教学重点；从情感教育培养来看，激发学生积极的情感，帮助学生形成正

确的价值观也是教学重点。教学难点主要指头绪较多或较深，不经教师的启示诱导，学生就难以理解掌握的内容。"① 重难点的确定应以教学目标为根本依据。教师准确把握重难点，就是抓住了教学过程的关键，这样才能进而考虑如何取舍教学内容，对于能达到目标、体现重难点的内容要充分利用甚至作适当补充，对完成任务不起作用或作用不大，又不是重难点的内容则可以割舍。

（三）充分运用课本资源是"用教材教"的基本途径

新的课程标准明确提出，"历史教科书是开展历史教学活动的主要依据，是历史教育资源的核心部分。"

1. 用好目录、导言，有效构建知识体系

学习的过程，就认知角度看其实就是掌握知识的整体及其之间的普遍联系，形成知识体系结构的过程。就历史学科而言，通过学习掌握历史发展的基本规律、基本线索，各个时期政治、经济、文化发展的特征，重大事件的前因后果，重要人物的荣辱得失，把握各种历史现象之间的联系是历史学习的重要任务之一。

在学习活动开始之初，教师要先引导学生研究教科书的目录、导言，有利于学生从纵横两方面掌握历史知识的基本结构和内在联系，有利于引导学生学好教材、用活教材。现行新课程初中历史教材的一大特点就是编者很注意以既简约又艺术化的语言题写每篇课文的课题，在单元前、课前提供一小段简要精辟的导言，这些都是历史教学的重要资源。用好目录、导言，可以用目录课题或导言来捕捉历史知识的要点、勾勒历史事件的联系，可以借助其中的描述、问题，激发学生的学习欲望和兴趣，可以启发学生的思维，可以帮助学生开展自主学习和探究活动。

2. 用好课本史料，有效发展基本能力

研习史料是历史学习的基本方法。新课程历史教科书为学生学习提供了丰富的史料，大致可以分为文字史料和图片史料两大类。

现行各版本初中历史教科书都通过课文转述、小字辅读、名言呈现、注释解读、课后附录等形式提供了大量文字史料。这些文字史料有的是名人名言，有的是历史故事，有的是历史文献，历史教师在教学中将这些文字史料与教学过程有机整合，能够帮助学生理解正文、拓宽他们的阅读和思考的空间；能对学生开展爱国主义教育、人生观和价值观教育，更是培养学生阅读理解能力、分析归纳能力的有效载体。

初中历史教科书中还有大量的历史图片，包括地图、人物事件场景图、统计图等。古人学史常说"左图右史"，今天我们用好这些图片能起到教科书文字和教师描述所无法取代的作用——直观、形象地展现历史。在运用这些历史图片时，要善于借助图片创设课堂情境；要引导学生在研读图片时最大限度地发掘有效信息，提高学生的读图能力；要正确引导学生的历史审美情趣，让"情感态度价值观"这一目标有效达成。

① 刘军. 历史教学的新视野［M］. 北京：高等教育出版社，2003.

（四）要善于活化教材，积极拓展延伸，创造性地使用教材

教师的教学过程就是对教材进行再加工和再创造的过程，也是使课本知识真正"活"起来的过程。在新教材观下，"活化教材"才是"用教材教"的题中应有之意。"活化教材"的方式各有不同：

1. 转化，更换

初中历史教学内容与学生的现实生活存在一定的距离，在历史教学中，教师可从学生的心理特点、认知水平和情感要求出发，采取多种手段将静态的教材内容转化为动态的信息资源，如幻灯片、录像、录音、课件等多媒体手段；把教材中不适合学情与教情的素材用合适的材料、说法替代，如口语化的比喻、讲述；用形象化的手段展现历史，如课本剧、操作演示、教具展示等，将教材内容由平面变成立体，由枯燥变成多彩。

2. 整合，重构

教材的编写者总是依据知识结构、学生的认知规律或思想内涵等因素来编排教材中各单元、各课的教学内容的。而事实上，每一位教师对教材的理解不同，各地的地方课程资源和学生状况不同，教材本身也无可避免地存在一些瑕疵。因此，教师完全可以对教材内容进行整合重组，使教学更符合我们学生的实际。教师可以选择几篇相关课文整合，也可以对一册教科书进行全面统整；可以打破教材固有的时序形式，采用专题结构；可以舍弃一些与学生实际不符、课标未作要求的内容，也可以适当增加贴近学生生活实际、反映教学重点、更富有时代性的资料和活动。教师应根据自己对课标及教材的理解，把教材当素材，根据实际情况灵活处理、调整、重组教材，以激发学生学习历史的兴趣。

3. 扩展，延伸

新教材观认为，教科书只是教材的一种类别，教材虽是最重要的课程资源，但又不是唯一的课程资源。对教师而言，一切有利于教学的因素都将进入教学的视野，哪怕是一个有趣的故事，一首优美的诗歌，一曲动听的歌曲，一段资料丰富的视频等，都是取之不尽的教学素材。"教材"的外延可扩展到一切有利于教学的素材，一切有利于教学的课程资源。教师应该树立"教师是课程资源开发者和研究者"的新观念，积极主动开发适合学情的新教学资源，以增强课堂教学的实效性。在历史教学中，可以开发的教学资源范围很广，既包括教材、教学设备、图书馆、博物馆、互联网以及本地的历史遗址、遗迹和文物等物质资源，也包括学生、家长及社会各界人士等人力资源，甚至还包括历史教师自己。作为历史教师，应当不断更新自己的专业知识，积极引进新的史学观点；要善于捕捉学生在课堂教学中迸发出的思维火花，并开发生成新的教学资源；要撷取那些既反映重大历史内容又独具乡土特色的典型史实，自然地融入教学过程中；要带领学生走进历史遗址，感受历史场景；要经常关注社会变迁，学会运用学生熟悉的语言来充实教学内容，增强教学效果。由此，历史教学就不仅仅局

限于课堂和书本，而是延伸到了整个社会生活。

二、关注学生的实际

"为了每一位学生的发展"是新课程的核心理念。为了实现这一理念，历史教师在课堂教学中首先必须做到"关注每一个学生"。每一个学生都是生动活泼的、发展的、有尊严的人，关注本身就是最好的教育。

在历史课堂教学中，关注学生就是要以学生为中心，关注学生学习方式的形成、个性心理的成长，充分发挥他们的主体作用，相信他们能认识自我实现过程中的正确方向；调动学生的主观能动性；培养学生分析解决问题的能力、交流与合作的能力、创造创新的能力；发挥学生的发展潜力；注重学生情感价值观的健康发展。

（一）教学策略要有效推动学生学习方式的转变

《课程标准》就初中历史学科培养学生历史学习方法、学习能力提出的课程目标是："经过分析、综合、概括、比较等思维过程，形成历史概念，进而认识历史发展的时代特征和历史发展的基本趋势"，"逐步学会运用时序与地域、原因与结果、动机与后果、延续与变迁、联系与综合等概念，对历史事实进行理解和判断"，"逐步学会发现问题、提出问题，初步理解历史问题的价值和意义，并尝试体验探究历史问题的过程，通过搜集资料、掌握证据和独立思考，初步学会对历史事物进行分析和评价，并在探究历史的过程中尝试反思历史，汲取历史的经验教训"，"逐步掌握学习历史的一些基本方法，包括计算历史年代的方法、阅读教科书及有关历史读物的方法、识别和运用历史地图和图表的方法、查找和收集历史信息的途径和方法、运用材料具体分析历史问题的方法等"，"初步掌握解释历史问题的方法，力求在表达自己的见解时能够言而有据，推论得当；学会与教师、同学共同对历史问题进行探究与讨论，能够积极汲取他人的正确见解，善于与他人合作，交流学习心得和经验。"[1] 这表明，中学历史课程改革要以创新精神和实践能力的培养为重点，建立新的教学方式，促进学生学习方式的变革。

新课程改革所倡导的现代学习方式的基本特征是自主、合作、探究，它涉及学生学习的三个方面。就学习动机与学习态度而言，应从被动学习转向主动学习，最终可以自主学习；就对教学方式的偏好而言，应由接受学习转向探究学习；就对学习环境的偏好而言，应由个人单独学习转向与同学合作学习。与此同时，初中历史教师所面对的初中学生正处在从以形象思维为主向以逻辑思维为主的转变阶段，他们在学习方式上既有喜欢形象、具体的描述的特点，又有逐步发展着的逻辑思维能力，这些都是初中历史教师在确定教学策略时必须考虑的学情。

此外，历史教师必须转变教学策略，从教师单向传授转变为师生共同参与的教学

① 中华人民共和国教育部．义务教育历史课程标准（2011 版）［S］．北京：北京师范大学出版社，2012.

活动，从学生被动接受转变为生生合作、师生合作，从单纯知识灌输转变为引导学生积极主动探究。在教学策略的选择上，要十分关注以下几种方式。

1. 实践性教学策略

与传统的观点不同，历史学科并不仅仅是了解一些历史知识的学科，它对学生的实践操作能力有着明确的要求，比如搜集、阅读简单历史文献的能力，正确计算历史年代的能力，正确识读历史地图、准确指认和判断历史事件空间范围的能力，以及对历史资料文献进行初步分析的能力等，都是初中学生在历史学习中必须掌握的能力。这些能力可以通过自主学习、实践操作来获得。历史教师可以经常设计以收集整理资料、自主分析史料、指导阅读地图、写作历史小论文、参观历史遗迹等形式的作业，促进学生自主学习意识的提升，让学生初步掌握历史学习的基本方法。

2. 问题式教学策略

问题式教学策略是历史教学中最常用的一种方法，通常是指教师将教学内容根据要求转化为一组面向全体学生的序列性问题，以问题来引发学生的学习兴趣、动机和行为的教学方式。历史教师可以通过设置、提出带有启发性的问题来吸引学生的注意力，激发学生的学习兴趣；可以在教学环节中精心设疑，引发学生开展探究活动，引导学生逐步解疑；可以创设多种适宜的活动引导学生对社会现象和历史问题进行质疑和反思，让学生从不同的视角探究事物发生的原因、影响和联系。

3. 合作互进教学策略

在历史课堂教学中，教师可以广泛采用小组学习的方法，既可以为了临时学习目标的达成建立学习小组，也可以根据学生自愿组合的原则在历史学习中组建兴趣小组和互助小组，这样既便于学生在课堂讨论和自主学习中加强信息沟通、交流思想，还可以让学生在课外活动的时候根据各自的兴趣爱好，自主地开展各种历史学习实践活动。

（二）教学情境要紧密结合学生已有的学习和生活经验

初中历史的教学内容与现实生活存在密切的联系，但由于课本的局限性，使得它与学生的实际生活尚存在一定距离，而教学情境的创设可以弥补这一不足。恰当的教学情境必定是取自现实生活，符合学生的生活实际；是学生所关心或有能力关注的现实问题，这样才能让学生在课堂中走向生活，把认知过程与生活体验融合起来。

1. 取自生活实际的教学情境

从学生的心理特征入手，教师可以采用影视片段、歌曲音乐、地图图片、文字资料等多种手段，从视觉、听觉、心理等多方面给予学生信息刺激，创设生动具体、形象逼真的历史场景或情景，或者把现实生活中的热点问题、焦点问题、社会现象等与历史现象形成比较或联系，从而将古与今、过去与现在联系起来，使学生由今忆古，以今思古，通过历史更好地认识现实，通过现实加深对历史的理解，进而强化学生对历史知识的认识和理解。

2. 符合学生能力的教学情境

以设置问题、疑问、矛盾的方式构建教学情境是历史教学的常用方式。这需要历史教师从学生感兴趣的事物中、熟悉的基本事实中，从新旧事物的联系中找到问题、疑问的"激发点"，把问题和学生的生活实践结合起来，而不是空泛地堆砌历史名词、史学理论，这样才能激发学生的学习兴趣和思考热情。教师所设问题、疑问应当呈现出明显的梯度化结构，逐层解构，逐步深化，从而在引导学生的求知欲向纵深发展的同时，引导学生历史思维的逐步发展，学习掌握思维方法。

3. 学生自己参与的教学情境

心理学研究表明，情景化了的东西最容易使人们受到感染，产生情感上的共鸣。学生是学习的主体，也应是教学情境创设的积极参与者。教师如果在课堂上营造真实的历史氛围，教师和学生都"神入"到历史事件中去，各自去扮演某种历史角色、体验历史人物的思想感情、表演历史人物的行为动作，在演绎历史、重现历史的过程中，可以激发学生不断追求新知识的欲望，让学生站在前人的角度和立场思考问题，从而使历史感与现实感更好地统一起来。

（三）教学过程要助推学生个性心理的健康发展

教学过程应该成为学生一种愉悦的情绪生活和积极的情感体验。学生在课堂上是兴高采烈还是冷漠呆滞，是其乐融融还是愁眉苦脸？伴随着学科知识的获得，学生对学科学习的态度是越来越积极还是越来越消极？学生对学科学习的信心是越来越强还是越来越弱？这一切必须为我们教师所关注。

1. 初中历史教学过程要与初中学生个性心理发展阶段相适应

初中阶段的学生正处于身心快速发展的时期，在心理发展上表现出明显的过渡性，兼具童年期的幼稚和成年期的成熟，他们的认识和学习能力迅速发展，但还不够成熟，情感丰富热情但常常缺乏控制，个性与自我意识迅速发展但不够稳定。此外，初中学生已开始观察、思考和判断社会生活中的种种现象与问题，特别是政治、历史、法律、道德、人际关系等都成为他们十分关心的问题。所有这些都要求初中历史教师在教学活动过程中必须积极营造宽松和谐的民主教学氛围，让历史课堂充满微笑、充满期待、充满人文关怀，引领师生之间、生生之间的情感交流。同时，教师要化解历史概念、设计教学情境、设置问题环节、开发教学资源，让学生在轻松愉悦的氛围中调动所有的感官去观察、研究、再现、剖析、推断、感悟，从而最大限度地激发学生的学习动机和热情，最大限度地挖掘学生的学习潜力。

2. 初中历史教学过程要关注学生道德与人格的养成

初中学生所处的心理发展阶段，决定了他们极易受外界环境与教育的影响。一方面，初中学生道德情感的社会化水平迅速提高，对社会的道德规范、是非善恶也开始有了较为全面的认识。社会生活，艺术作品，学习材料中涉及的各种正义与非正义的事物、善良与邪恶的事物、高尚与丑恶的事物，都会引起他们情感上的反应。另一方面，他们在人格形成和道德品质的发展上又具有极大的不稳定性和可塑性，既容易接受正确导向的引导，也容易走入歧途。

初中历史教师在对学生传授历史知识的同时，必须担负起对学生进行国情教育、爱国主义教育、理想教育、法制教育和道德品质教育的任务，让青少年学生从历史学习中自觉地吸收、继承和发扬中华民族优良的传统美德。历史教师要善于选择、运用历史上典型的道德形象进行比较，使学生在鲜明的对比中深化对道德评价标准的认识；要有目的、有计划地推荐或组织学生阅读、观看有代表性的历史题材文艺作品，帮助学生在感悟中提升道德修养水平；要善于将历史榜样的行为规范和学生现实生活中的行为规范有机地联系起来，指导他们在处理个人与国家、集体、父母、同学、亲友的关系以及在自己的学习过程中学会处世做人；要从大处着眼，小处入手，抓好符合公德的小事，逐渐明辨是非，养成良好的道德习惯。

3. 初中历史教学过程要激发学生的自主生成

初中学生正处在个性发展最活跃、思维发展最活跃、认知理解能力快速发展的阶段，初中历史教学过程必须高度重视学生在教学过程中的自主生成。学生的自主生成是检验教学有效程度的重要指针。初中历史教学必须摆脱单纯传授知识的倾向，历史教师不仅要传授课本已有的历史知识、引导学生探讨解决课本提出的问题，更要能拓展教学内容，把学生引入社会生活的海洋，引导他们个性化地选择学习材料，引导他们通过自己的思考提出更有价值的、联系自己生活实际的问题。

为此，历史教学过程设计要根据学生经验背景、知识现状、思维特点等实际状况，留足空间，把时空还给学生，把提问评议的权利留给学生，使历史课堂完全开放。这样，学生自主生成的教学资源才能源源涌现。历史教师还要善于捕捉生成资源，及时"刷新"历史教学过程，要从自我陶醉、滔滔不绝的历史知识讲解中解放出来，用心观察学生在课堂学习中的现实状况，抓住时机，领会学生在课堂上的表现，打破预期设计，主动探索并生成新的教学资源。历史教师还要不断创造机会，鼓励学生敢说、敢问，教给学生思考问题的方法，培养学生发现问题的能力，启发学生从多个角度去思考问题。

历史教学一定要抓住课堂教学这块主阵地，在教学实践中教师要把课堂还给学生，凸显学生的主体地位，只有这样才能让历史课焕发勃勃生机。

（四）教学评价要促进学生学习的可持续性发展

历史课堂教学过程其实也是教师与学生、学生与学生之间的交流过程。那些紧扣时代脉搏的评价，是师生平等对话的推动力。历史教师对学生的评价，既要关注学生对知识与技能的理解和掌握，也要关注学生情感与态度的形成和发展；既要关注学生学习的结果，也要关注学生在学习过程中的变化和发展。评价的手段和形式应多样化，要将过程评价与结果评价相结合，定性与定量相结合。

1. 开发评价手段，关注学生差异，提高学生的自信心

我们的评价不能在让少数学生获得激励的同时，让更多的学生成为"牺牲品"，而应该让每个学生都能在评价中增强自信，谋求新的、切合实际的发展。我们的评价在关注学生学业成绩的同时，需要更多地关注学生积极的学习态度、创新精神、分析与解决问题的能力，以及正确的人生观、价值观等。这需要我们教师以积极的姿态、科学的态度和创新的精神去探索有利于学生发展的评价手段。初中历史学习评价的目的在于全面考察学生的学习状况，激励学生的学习热情，促进学生的全面发展。在课堂教学中常用的评价手段有教师对学生的评价、学生对学生的评价、小组对学生的评价、学生的自我评价等。课堂教学中，评价观察的视点包括学习和掌握知识的情况、探究和创新能力的发展情况、独特的情感体验情况、学习热情的保持情况、参与合作交流的情况、自主学习能力的发展情况等。评价中，要始终贯穿教师的引导，关注着学生的差异，从而促使学生的全面发展和全体学生的共同发展。

2. 优化评价语言，激励学生发展，保护学生的自尊心

作为教师，我们应该理解学生渴望得到赞赏的心理需求，用心倾听每一位学生的心声。对于学生不到位的回答、有些独特的见解、不太流利的表述，教师不要吝惜赞扬之词。因为满含激情的评价语言可以充分保护学生的自尊心和学习兴趣，激励学生主动参与课堂教学活动，使教学达到令人难以忘怀的艺术效果。在充分肯定每个学生的个性化表达的同时，历史教师还应该适时适度地对学生进行规范的示范、引导和训练，借助于评价的手段对学生的价值取向、学习方法进行有效引领，根据学生实际的水平进行分层引导，让学生逐步达到有个性、有特色、有创意的学习，进而使每个学生都能在原有的基础上有所增长，有所发展。

三、反思训练模式

（一）传统历史教学训练模式的弊端

依据教育学原理，学生掌握一门知识一般要经历四个阶段：感知教材——理解教材——巩固教材——运用知识。显然，掌握知识的最终目的在于运用。学生通过在实践中运用知识，可以形成技能和技巧，还可以检验所学知识，丰富直接经验，使认识深化。这对于学生进一步理解知识，牢固地掌握知识，提高分析问题和解决问题的能力都具有重要的意义。然而，纵观中学历史教学的现状，关于如何训练学生运用历史知识的问题一直没有得到应有的重视。

新课改以前，受到旧的教学观念和传统教材体例的影响，初中历史教材一直都存在着"难、繁、偏、旧"的现象。与之相应的初中历史训练模式也存在着形式单调、内容机械、模式陈旧的问题。旧的初中历史教学训练模式的弊端主要表现为：

1. 训练形式陈旧单调

在传统的历史教学中，训练是以学生个人为对象展开的，形式主要局限于文字习

题，载体主要是作业本、练习册。训练的主要功能在于熟悉课文内容，也就是帮助记诵课文，难以摆脱"死记硬背"的阴影。

2. 训练内容机械重复

由于训练的主要目的是加强记诵，这就使得各种训练题在表述上存在着较为严重的成人化和程式化倾向，各种训练都十分强调答案的唯一性和确定性，而忽视了训练的开放性和不确定性。

3. 训练容量忽视学生的量力性和差异性

大量的重复劳动、高强度练习出现在历史教学的训练中，"题海战"成为司空见惯的现象。不同发展层次的学生被要求达到同等的训练目标。

4. 训练评价随意、唯一

面对大量重复而机械的训练，教师的评价活动也演化为机械乏味的重复劳动。教师对学生训练效果的反馈评价是鉴定性和结论性的，缺乏更为客观、全面的描述，忽视了这种结论性评价对一部分学生所造成的心理伤害。

这样的训练模式，限制了学生的认知发展和思维创新，使学生的学习索然无味，在积极倡导更新教学观念、突出学生在教学中的主体地位的今天，改革训练模式，已是初中历史教学的迫切要求。

（二）新课程历史训练模式的基本特点

历史教育的目的，不仅仅在于让学生掌握基础的历史知识，更应当重视透过历史的学习，使学生终身发展的潜力得到开发，人性得以不断完善……在要求学生掌握历史基础知识的同时，还要特别注重培养学生解决问题的能力，亦即重视对历史知识理解能力的训练，重视对知识认知方法和观念的培养，以此为最终形成历史意识和历史观打下基础……历史教育的关键不仅仅在于让学生记住多少历史知识，重要的是要通过各种有效的方法和途径，使学生学会认识历史的方法，养成正确的历史思维习惯，从而为学生人格、个性的健康发展和学习潜力的发掘提供坚实的基础。

历史教学中的训练作为教学的重要环节，不能只是作为巩固知识记忆的环节而存在，而应该为师生创造性教学活动的开展提供一个舞台。历史教学训练必须是精选的历史课程内容，训练设计应该灵活多样，要激发学生学习历史的兴趣，转变学生被动接受、死记硬背的学习方式，拓展学生学习和探究历史问题的空间，培养学生正确的历史观，让学生学会辩证地观察、分析历史与现实问题，从历史中汲取智慧，养成现代公民应具备的人文素养。它主要表现为以下这些特点：

1. 主体性与主动性

历史教学训练要给学生提供一个展示、发挥自己才能和智慧的平台，要最大限度地发挥学生的主观能动性，让学生用多种感官全方位地参与学习，激发他们智慧的火花。历史教师要充分发挥学生的主体性、积极性和参与性，让学生自主参与训练活动、探究问题解决的途径；要通过周密的训练反馈程序安排，激发学生的自主意识和学习兴趣；

要尊重学生的自主选择，布置不同内容、数量灵活、时间机动的练习，由学生自主选择完成。教师还可以设定情境，让学生自定练习内容，甚至引导学生参与训练项目内容的设计，使得学生学过的知识可以在设计过程中得到综合应用。教师也可以借助训练过程，引导学生运用历史知识在实践中开展自我思想教育，实现情态教学目标。

2. 情境性与现实性

在教学中精心创设形式多样的新情境训练活动，寓乐于练，将情趣培养、知识传授、智能发展融于一体，这是提高初中历史教学效果的一条重要途径。历史教学训练活动要借助多种手段创设训练活动情境，为学生提供可以用眼睛看、用耳朵听、用嘴说、用手操作，也就是用自己的身体去亲身经历、用自己的心灵去体验感悟的历史真实情境，为学生提供把历史与社会现实热点问题紧密联系起来的现实生活情境，训练学生运用历史知识的能力。

3. 针对性与适度性

历史教师必须清楚地认识到，过量的、无效的训练，势必加重学生的学习负担，影响学生的学习兴趣和身心健康，降低训练效率。教师只有依据教学目的和学生实际的学习情况，精心设计有助于学生能力发展、符合不同层次学生发展需求的训练活动，才能有助于整体教学效率的提升。训练的针对性，主要是指训练活动要针对历史教学的主干内容，针对教学的重难点知识，针对学生能力发展的弱项。训练的适度性，主要是指要努力做到训练活动少而精，力求以数量相对较少的训练来获得知识方法的掌握、智能的提升。

4. 开放性与创新性

开放性的历史训练活动，对于开发学生的创新潜能、发展学生的创新思维都具有积极的导向作用。在历史教学中，条件不完备、问题不完备、答案不唯一、解题方法不统一的训练项目，往往具有发散性、探究性、发展性和创新性的特点，有利于学生积极思考，激活思路。通过这样的训练，学生的思维越来越灵活，应变能力也越来越强，同时学生的创新意识也得到了强化。

5. 对话性与互动性

新课程强调教学过程是师生交往、共同发展的互动过程，历史教学训练活动也应当具有师生对话、生生对话、互动交流的特点。在训练过程中，教师应当成为学生学习活动的引导者、参与者、促进者和帮助者，及时指引学生学习进展的方向，及时点评学生的学习成果和学习状态；学生之间可以通过生生合作的形式开展合作探究活动，在互动交流中共同探寻历史问题的解决方式。训练结束时，教师应充分发挥互动式评价的作用，通过学生自评、生生互评、教师点评等方式，让学生在互动交流中获得成功的喜悦，了解失败的原因。

四、学生习得情况

从心理学角度看，"习得"是指"借助学习增大反应强度，增添新的反应方式"。

"习得"的意义可以理解为个人的心理内容、心理过程、心理状态或现象中"客体化的人类本质能力"的个人再生与变革。"习得"是人格发展的根本过程。人的最重要的典型的能动性形式，就是在习得过程中形成并发展的"瞄准目标的有意识的活动"。

根据加涅对教学过程模式的研究，认为学习者通过学习带来的变化导致了各种"习得才能"。这些习得才能之间不存在先后顺序或等级关系。它们是"言语信息"——代表学习者能叙述观念的习得才能；"智力才能"——代表学习者运用符号或概念形成与环境发生相互作用的习得才能；"认知策略"——代表学习者管理自身的学习、记忆和思维等内部过程的习得才能；"动作技能"——代表学习者一系列有组织的动作执行活动的习得才能；"态度"——代表学习者影响选择个人行为的心理状态。[①]

从教育学角度看，判断学生的习得情况，并非完全依赖于客观的标准，它实际上是对教学有效性判断的一种价值负载活动，取决于人们的教学价值观和教学目标观。新课程规定了三大课程目标：知识与能力、过程与方法、情感态度价值观，这三大课程目标意味着知识的掌握程度不再是判断教学有效性的唯一标准，有效教学必须是努力促使学生在这三大目标领域上得到全面而充分的发展。

(一) 历史学习中学生习得的主要目标

1. 知识层面的习得

"知识习得"包括三层涵义：（1）知识习得是学习者的经验的合理化或实用化，不是记忆事实；（2）知识习得不是被动灌输，而是主动建构；（3）知识习得是学习者与他人互动与磋商而达成的共识。[②] 在历史教学中，"知识习得"是指学生依托于自身原有的经验，运用识读、记忆、体验、表述、制表归纳、质疑、比较等方式方法，在互动合作交流中，掌握必要的历史基础知识，了解基本的历史现象，进而逐渐形成一个较为系统的历史学习知识体系。

2. 技能层面的习得

通常是指学生在进行历史学习中掌握的一些必备的基本技能，包括理解历史教科书内容的能力，正确计算历史年代的能力，正确识读历史地图、准确指认和判断历史事件空间范围的能力，阅读并正确理解简单历史文献（简单史料或古汉语文献）的能力，收集历史文献资料的能力，运用逻辑方法进行判断和推理的能力，从整理史料、运用史料、构建论据到得出历史结论（历史结果）的能力以及能基本准确或正确表达自己观点的能力等。

3. 运用层面的习得

学生在掌握必要的知识和技能的前提下，学会依据有关史料，通过各自的独立思考，对历史事件、历史人物和历史现象产生自己的认识和判断，得出相关的历史结论。

---

① 钟启全. 教学中"习得"的心理学含义 [J]. 上海教育，2001，(5).
② 钟启全. 概念重建与我国课程创新 [J]. 北京大学教育评论，2005，(2).

同时，也能在已学过的历史知识、能力的基础上进行历史知识的迁移，即对其他的相近的历史现象和现实问题进行较为正确的观察、分析、认识和判断。

4. 情感层面的习得

课标对学生在情感层面习得的目标要求是："形成对祖国历史与文化的认同感，初步树立对国家、民族的历史责任感和历史使命感，培养爱国主义情感，逐步确立为祖国的社会主义现代化建设、人类和平与进步事业作贡献的人生理想。""形成健全的人格和健康的审美情趣，确立积极进取的人生态度、坚强的意志和团结合作的精神，增强承受挫折、适应生存环境的能力。""确立求真、求实和创新的科学态度。""强化民主与法制意识""逐步形成面向世界、面向未来的国际意识。"

上述这些习得目标并非是一堂历史课就能实现的。教师在确定学生的"习得目标"时，必须立足课标，对课标提出的教学要求要按照课、学期、学年实施分解整合，同时必须以学生的身心发展阶段、已有经验积累和最近发展需求作为基本参照，就学生在一课时学习中应当达到的"习得目标"提出明确的要求。

（二）学生习得情况的研判

学生习得情况的研判，在传统方式上主要是通过考试分数来衡量学生学习的成效，这有其一定的合理性，也被普遍认同。新课程教学更加注重对学生能力与素质的培养，知识只是作为能力和素质的载体起基础性作用，这就暴露出分数标准评价方法的明显不足。考分只能评价学生的学习结果，难以评价学生的学习过程，以及学生在学习中获得的情感体验；考分除了能表明学生阶段性的学业成绩外，既不能具体指明学生的不足之处及其成因，也不能指出学生以后努力的方向。历史学科的特点决定了我们必须思考用人文的方法来评估学生的学习质量，因此，在研判学生的习得情况时，需要更多地采用能凸显学生主体性的、以定性为主的研判方式。

1. 自我陈述法

所谓自我陈述，是指在一定时间（一节课、几节课、一个单元或更长）的教学后，让学生用口头或书面陈述的方式把自己学到的内容表达出来。自我陈述可以是通过演讲、辩论等方式，研判学生对一个阶段所学知识的运用能力、思维过程和语言表达能力；也可以是撰写历史小论文和研究考察报告，来展现自身的问题解决能力、合作意识等。最简便易行的方式是以"知识树"的方式，让学生以口头或书面的形式复述知识结构关系，这样既检查了学生的习得情况，又有利于学生对知识的巩固。

2. 实物成果展示法

实物成果展示是让学生自己选择最能代表自己水平、思想、个性的"作品"进行展示的一种定性化研判方式。这里的"作品"既可以是能代表学生日常水平的平时作业，也可以是学生带着问题走出教室到家庭和社会进行力所能及的访问、考察、探究等活动后最终形成的成果，其形式是多样化的，常见的如历史小报、历史专题网页、专题课件、自绘历史地图、制作历史大事年表、绘制历史漫画或人物场景画、仿制历史文物等。教师可以从历史学科的评判标准和艺术角度对这些作品作出研判，评估学生的习得情况。

3. 历史学习档案袋法

历史学习档案袋，主要用于记录学生学习过程的足迹，集中存放学生在学习过程中形成的文字材料、教师和同学对自己的评语等内容，一人一袋，并要求定期整理，定期进行评比。放入档案袋内的各份材料上一般都应清楚地写明日期，最后通过整理基本上可以清晰地回顾学生学习的主要过程。在实践操作中，教师应当注意把握好这样几个原则：档案袋里的内容以学生的成果为主，可以是文字，也可以是图像，还可以是数据，甚至是实物材料；档案袋里的内容要经过甄别选择，重点收集体现学生发展的标志性的材料；档案袋的内容要突出学生个性，重视反思功能。

4. 情感目标研判法

历史学习中的情感目标是最难以量化的、长期被忽略的目标因素，但对情感目标的研判又会直接影响到学生的全面发展。对学生在学习中情感目标的习得情况，通常可采用以下几种方法：（1）通过问卷调查，可以较直观地反映学生的兴趣、思想、意志品质，此法可操作性强，但可信度低。（2）通过师生谈心、自由交谈、课堂发言等，有目的的谈话、交流，直接观察、了解学生的学习状况及他们的意志、动机、情感、志愿等。（3）开展个体差异比较，将某生的各科学习情况作横向比较，或将其一阶段的历史学习成绩作纵向比较，或与同班级、同年级的其他学生做比较，以此了解该生的学习兴趣、努力程度及掌握知识的程度，把握其一定时期内习得的情况，从而促进个体目标全面发展。（4）进行自我判断，学生在教师指导下运用一系列自评表对自我学习情况，包括知识掌握程度、能力锻炼情况、情态感受等进行自我评判，帮助学生认识学习目标以及控制学习过程，找出自己学习中的不足之处，从而增强学生的历史责任感和历史使命感，并为下一步改正不良的学习行为和学习习惯奠定基础。

案例分析

案例 1

《秦始皇建立中央集权的措施》教学设计

导入新课：出示《沁园春·雪》节选，学生齐读。在这首诗中，毛泽东提到了中国历史上的几位伟大的帝王。其中排在第一个的就是……（学生一起回答：秦始皇）。

人们都说秦始皇伟大。确实，秦始皇灭亡六国，结束了春秋战国的分裂局面，建立了中国第一个统一的多民族的中央集权制国家。但除了实现国家统一之外，他的伟大还在于巩固统一。今天就让我们一起来学习秦始皇是如何建立中央集权的措施的。

新课教学：

一、学生分组讨论，归纳秦始皇巩固统一的措施

1. 请大家快速阅读课文，找出秦始皇巩固统一的措施有哪些？并在书上做好记号。

2. 以前后四人为一小组讨论，用简短的语言概括秦始皇巩固统一的措施，并从政

治、经济、思想文化、军事四个方面进行分类，并在纸上作记录。

按竖排，各大组有侧重的任务。第一组侧重政治方面，第二组侧重经济方面，第三组侧重思想文化，第四组侧重军事。（讨论时，教师巡视指导。）

3. 每大组请一名学生汇报，本组同学补充，其他组可以协助。

学生汇报时，教师及时引导，并完成板书：

秦始皇建立中央集权的措施

政治：皇帝制度　　　　中央设三公　　　　地方设郡县

经济：统一车辆形制　　统一货币　　　　　统一度量衡

思想文化：统一文字　　焚书坑儒

军事：修筑长城　　　　开凿灵渠

二、具体分析各项措施

同学们对秦始皇采取的巩固统一的措施有了一个大致的了解。那么，秦始皇采取的这些措施的具体内容是什么？又有什么作用和影响？下面将进行一次抢答，看看谁的思维比较严密，反应比较快。

1. 政治

让我们从政治方面开始，请看书上P69"秦朝行政系统简表"。

（1）在秦朝的国家政治体制中，最高统治者的称号是什么？（皇帝）同学们是不是还记得，秦朝以前的中国古代君主的称号是什么？（王）中国历史上的第一个皇帝是谁？（秦始皇嬴政）你知道，最后一个皇帝出现在哪个朝代？（清朝）清朝直到1912年才灭亡。算一算，皇帝制度沿用了多少年？（1912＋221−1＝2132，两千多年。）

（2）秦朝的中央官员主要有哪些？丞相的职责是什么？太尉的职责是什么？御史大夫有什么职权？这些官员由谁任命？

（3）秦朝在地方设立了郡县进行管理，郡县的官员由谁任命？是不是世袭的？秦朝为什么没有像西周那样采用分封制？

通过这些措施，我们可以看到国家的权力都集中到了谁手里？（皇帝）秦朝所有权力不仅集中到中央政府，而且还是集中到皇帝一人手中，他独揽大权，确立了至高无上的皇权。所以，我们说这是君主专制的中央集权。

2. 经济

皇帝的政治权威确立了，但是政治上的有效统治还需要经济文化上的统一措施来提供支持。

（1）为什么要统一车辆形制？（统一轮子的间距，在道路上形成统一的车轮印迹，便利交通运输。）

（2）秦始皇还统一了货币。同学们知道，秦始皇规定的货币的形状是什么样的？（圆形方孔钱）你见过吗？出示实物，这就是秦汉时代使用的圆形方孔钱。你知道这种圆形方孔钱一直使用到什么时候吗？（清朝末年）这个是清朝末年的铜钱。

（3）秦始皇还统一了度量衡，规定了统一的重量、长度、容积的计量标准。

你觉得，这些经济上的统一措施有什么作用？（有利于中央集权统治，便利了经济交往和发展。）这些措施都被后世沿用了下来。

3. 思想文化

（1）秦统一以前，战国七雄各国的文字都不一样。秦朝建立后，统一文字成为一个急需解决的问题。同学们还记得中国最早的成熟文字是什么？秦朝统一的文字叫什么？后来为了书写简便，又出现了一种新的字体，叫什么？（为什么叫这个名字?）文字的统一会带来什么好处？

（2）当时战国以来的各种思想继续流行，有些学者在背后议论秦始皇的措施，对秦始皇表示不满，于是秦始皇进行了"焚书坑儒"。"焚"了哪些书？"坑"了什么人？这项措施有怎样的影响？（加强了思想统治，有利于统一，但钳制了思想，摧残了文化，负面作用很大。）

4. 军事

秦始皇还把战国时北方各国的长城连为一体，修建了举世闻名的万里长城。

借助教材指出，秦长城的起止点在哪里？秦朝修筑长城的主要目的是什么？（防御匈奴）今天我们还能看到的长城大都是在明朝修建的。

课堂小结：

借助板书，师生共同总结：今天我们学习了秦始皇巩固统一的措施，在政治上……在经济上……在思想文化上……在军事上……

这些措施的共同影响是什么？（学生讨论，教师引导：这些措施不仅巩固了统一，而且也标志着统一的多民族的中央集权国家初步建立起来了。其中许多措施都被后世沿用下来，对中国历史的发展起到了极大的推动作用。）

分析： 本课在教学流程的组织上改变了按部就班的传统套路，采用"先学后教"的板块式教学流程结构。在"学"的部分，先由学生自主学习，在学生自主学习的基础上再开展分组合作探究，并提出了明确的要求，保证了合作探究有的放矢地进行，同时教师深入学生中进行指导，担负好帮助者的角色。在"教"的部分，教师设计了大量符合学生认知水平的问题，一方面检查学生自主学习的成效，另一方面引导学生加深对秦始皇建立中央集权措施的具体认知。同时，教师还十分注意借用实物史料——秦朝和清朝的铜钱来强化认知，通过拓展"最后一个皇帝出现在哪个朝代？""圆形方孔钱一直使用到什么时候？"等问题，使学生能够有机地生成对秦朝建立中央集权制度意义的认识。

案例 2

《伟大的转折》教学设计

一、课前准备

1. 教师准备：课前教师要精心选择文字材料（如凤阳小岗村农民大包干契约、

《春天的故事》歌词）、录像资料（如十一届三中全会、小岗村大包干）、图片（邓小平在十一届三中全会、凤阳小岗村农民大包干契约、深圳开放前后对比图片）。

2. 学生准备：布置学生在课前对家长、亲戚、邻里、教师等进行访谈，主要调查了解改革开放二十多年以来祖国和家乡发生的具体变化，了解人们对这些变化的看法，并做好记录（要写明访问时间、地点、对象及年龄、访问内容），为课堂学习做一定的知识积累和储备。

二、教学流程

（一）导入新课：展示图片《邓小平在十一届三中全会》。设疑：图片中的人物是谁？你对他有哪些了解？你能用一句话概括他在中国历史上的地位和作用吗？

（二）新课教学：

1. 改革开放的春雷

问题："文革"是什么时候结束的？"文革"结束后的中国处于一种什么样的状况？面对这种状况，邓小平是怎么做的？观看录像，了解十一届三中全会召开的情况，并从思想、政治和组织三个方面概括十一届三中全会的主要内容。

将十一届三中全会内容与"文革"中的情况从政治、思想、组织等方面列表作对比，体会十一届三中全会的转折意义。归纳得出十一届三中全会的重要历史意义——共和国历史上的又一次重大转折，是我国进入改革开放新时期的标志。

过渡：十一届三中全会后，全国开始拨乱反正，在政治上平反冤假错案，在经济上实行改革开放。

2. 在希望的田野上

经济改革首先从哪里开始？为什么？（此问不要求学生急于回答，留着做个引子）

录像：小岗村农民签订"大包干"契约。（多媒体出示契约的图片和内容）

（1）夏秋两季打的头场粮食要先把国家公粮和集体提留交齐；

（2）明组暗户，瞒上不瞒下；

（3）如果队长因此犯法坐牢，他家的活由全队包下来，小孩由全队养到18岁。

凤阳县小岗村生产队的18户社员在一张计工用的纸上写下了生死契约，并按上了鲜红的手印，这就是震惊全国的"大包干"。

据此，学生分组讨论以下问题，并做好讨论记录。

（1）从这份生死契约中你能感受到当时小岗村农民的心情是怎样的？

（2）为什么契约中要说"犯法坐牢"这样的话？

（3）既然可能"犯法坐牢"，小岗村农民为什么又要冒着风险"分田到户"？

通过小岗村的"大包干"，引入家庭联产承包责任制的内容。请学生从农民的歌谣（教材60页材料）中来分析一下家庭联产承包责任制下他们的责、权、利到底有哪些？

引导学生看书上第61页"小岗村包干前后对比表格"，提问："大包干"使小岗村发生了哪些变化？为什么会产生这样的效果？

初 中历史教师专业能力必修 Chu Zhong Li Shi Jiao Shi Zhuan Ye Neng Li Bi Xiu

3. 对外开放的窗口

播放歌曲《春天的故事》

设疑："老人"指的是谁？"在南海边画了一个圈"指哪一件事情？中央是在什么时候作出的建立经济特区的决策？最早建立的经济特区有哪些？分布在什么地方？

此后，我国对外开放的步伐不断加快，全面开放的格局是怎样形成的？学生根据课文用多媒体演示由点到面的开放过程。我们的家乡在哪个开放区域？对外开放起到了什么作用？我们生活的城市就是一座对外开放的城市，二十多年的对外开放给我们的生活带来了哪些影响？学生以课前访谈记录和自己的社会经验展开讨论。

最后，看课本第63页材料阅读，在学生讨论的基础上，师生共同归纳对外开放的好处。

课后探究活动：试着从你的亲友或其他渠道收集反映改革开放前后不同时代的图片和照片。

要求：（1）角度自选，可从衣、食、住、行、城市建设、农村发展等多个角度。

（2）收集的图片应该是成对的，具有对比性。

（3）为你收集到的这组照片写一段简短的、能反映历史变迁的文字说明。

分析：在本课教学设计中，教师十分注重历史教学情境的创设和教学资源的挖掘，先后通过多媒体课件展示了图片、文字史料等直观、生动的材料，烘托出十一届三中全会召开前后的历史大环境，使学生理解家庭联产承包责任制实行的必然性，认识中央政府对外开放的决心和力度。教学问题设计从学生的认知发展阶段和既有经验出发，既贴近学生的生活，又准备了继续探究的空间，其中的开放性问题离学生的生活很近，学生有话可说，能力发展目标明确。针对教学难点，教师设计了小组合作学习的方式来解决理论性强、难度较大的问题，借此培养学生的合作精神，提高他们分析问题的能力。另外，本课教学设计的一大特点是注重课前教学准备和课后拓展延伸，课前由学生开展访谈，了解改革开放给中国社会带来的变化及伟大意义，并形成较为直接的感受；课后教师让学生通过收集图片、访谈的形式来展现改革开放前后的变化，从而让学生对改革开放的意义有了更为深入的理解。

修炼建议

（1）关注有效教学理论。有效教学是新课改推进以来出现的一个热点问题，如何使历史教学更有效，是教师提高教学质量，提升学生历史学习兴趣的重要课题。作为历史教师，需要对有效教学的有关理论有一个基础性的了解和认识，这不仅丰富了教师自身的教学理论涵养，而且也为教师的教学实践提供了重要的理论参考。

（2）深入研究学生现状。重视发挥学生的主体作用，关注学生的实际情况，促进学生的发展，是新课改积极倡导的理念。既然教育教学活动主要是师生之间的交往，作为教师就必须深入研究学生的实际情况。学生是处在发展中的人，教师要研究他的发展需求；学生是具有丰富发展潜力的人，教师要研究他的潜能如何开发；学生是具有丰富个性特征的人，教师就要研究其个性化的学习方式。研究学生是一切教学活动的起始。

（3）尝试落实教学行动。如何用好教材、如何针对学生实际、如何开展训练、如何提升学习实效，各种理论学习归根到底要通过教师的教学实践来验证。历史教师要努力在现实教学中把有关理论转化为实践操作，领会其内涵，并灵活应用，通过教学设计、教学行为的实施，进一步汲取先进理论的养分，从而内化为自身的教学风格，提高教学实效。

（4）积极反思教学行为。在教学实践中，教师对自身的教学行为必须及时进行反思，每节课后对照相关理论，对课堂教学活动中的亮点和不足要做好反思记录。在记录时，不仅要记录现象，更要探究现象背后反映的教学问题，从而促使自己不断改进教学行为，不断提高教学水平。

初

中历史教师专业能力必修

Chu Zhong Li Shi Jiao Shi Zhuan Ye Neng Li Bi Xiu

专题六 从听课评课走向观课议课

基本理论与学习要点

"听课是当教师的开始，是教师走上讲台的基石；听课是教师的基本功，是教师走上专业成长的一条重要途径。"[①] 评课，是指听课者对所听的课进行评价、研讨的过程，有效的评课能促进教师专业能力的提升。但是，在平时的历史教学中，我们经常会看到一些无效或低效的听课评课现象，其现状令人担忧。

一、常见的听课评课现象

（一）只听课不评课

现象一：为完成任务而听课

多数学校对教师都有听课的规定，因此，许多教师为完成听课任务而去听课。在听课前，很多听课者不知道执教者的教学内容。在听课过程中，听课者会在听课笔记上作一些记录以应付学校领导的检查，甚至还经常看到部分教师在听课的同时，又批改作业或做其他的事情。听完课后，教师离开教室继续自己的教育教学工作，根本不去评课。

现象二：为模仿教学而听课

刚刚踏上工作岗位的年轻教师，需要主动、积极地向同行学习，于是听课成为他们学习和成长的主要方式。这种听课是有目的的听课，在听课前，年轻教师还会了解执教者的教学内容，对比自己的教学进度，以决定是否去听该教师的课。一般来说，如果自己已经进行了相关内容的教学，就觉得没有必要再去听了；如果自己尚未进行相关内容的教学，往往会选择去听课。在听课过程中，年轻教师恨不得将上课老师的一言一行全部记录下来，他们的听课笔记往往是实录形式的笔记，非常详细。听课结束后，年轻教师立即投入了对听课实录的学习，以帮助自己的教学。但是，许多年轻教师不会对老教师的课堂教学产生质疑或思考，也不和上课者沟通交流，他们往往采取照搬或基本采用老教师的教学设计。

---

① 余文森. 有效备课·上课·听课·评课 [M]. 福州：福建教育出版社，2008.

（二）流于形式的听评课

现象一：不受重视的听评课

开设备课组、教研组、校级公开课一直是各学校加强教师队伍建设的重要举措。一般来说，学校会要求各备课组、教研组定期开设组内、校内公开课。但近年来，我们发现许多学校开设的公开课已经开始流于形式，公开课对教师专业发展所发挥的作用越来越小。主要表现为：（1）这样导致教师组内年轻教师主要承担公开课的任务，骨干教师和资深教师很少开设公开课，这样导致教师缺失了互相学习的机会；（2）公开课的表演痕迹明显，找不到常态课的影子，对日常教学帮助不大；（3）有的年轻教师一学期要承担5次以上的公开课，导致年轻教师身心疲惫、压力很大，职业倦怠提前到来；（4）听课的教师都局限在本教研组，很少有外组的教师来听课，跨学科的教师合作仍然存在着诸多实际困难；（5）教师们听课很起劲，不重视评课，评课过程流于形式。以上种种现象表明，轰轰烈烈的校公开课并没有发挥预期的理想效果。因此，校内的各级公开课需要重新定位，教研组、备课组的听课、评课现象迫切需要改善，要真正为教师和学生的发展服务，不要为活动而活动，为开课而开课。

现象二：表扬奉承的听评课

各地教研部门会定期开设区级、市级公开课，供教师们共同观摩和学习。在这类公开课中，教研员主持的评课活动是常规内容，是必不可少的环节。但是，许多教师在评课时的表现让人深思。一些教师在评课时，要么不做任何发言；要么只讲课堂教学的优点和亮点，对缺点和不足不是只字不提，就是轻描淡写。这样的听评课，不论是对讲课教师还是听课教师来说都没有任何帮助，只是在应付形式，浪费时间。

（三）错误导向的听评课

现象一：注重表面的听评课

在一些评课活动中，我们经常听到这样的话："这位老师板书工整，语言表达清晰""某某老师课前准备充分，教学老练"等。评课的视角仅停留在表面的浅层次的教师教学行为上，而对于课堂交往、学生的学习参与和学习效果漠不关心。这种表面化的评课，不仅对上课者和听课者帮助不大，而且还会误导所有参与评课活动的教师评课思路，不利于教师的听课评课水平的提高。

现象二：判断错误的听评课

课程改革以来，情境教学、史料教学等各种教学策略在初中历史课堂教学中层出不穷，面对这些新生事物，听课者要有一定的辨别能力，要能透过教学现象看到历史教学的实质，从而让自己作出正确的评价和判断。然而，在实际听课评课活动中，我们往往发现一些明显违背历史教学规律甚至有违历史教学底线——求真、求实的现象，却被评课者当做是新课程理念的体现，得到了"有新意、有创新意识"等高度评价。如果没有专家指出听课评课问题的所在，恐怕这种将失误当成亮点的听课评课不仅对教师没有帮助，反而会让一批历史教师继续误人子弟。

综上所述，目前初中历史教师的听课评课现象不容乐观，究其原因是历史教师不知道该怎样进行有效的听课和评课。

二、有效的听评课

（一）有效的听课

有效听课是有效评课的前提。有效听课，可以从以下几个方面入手：

1. 有目的地听课

从不同的视角看一节课，会有不同的评价。因此，历史教师要明确自己的听课目的，要站在什么样的角度听课是教师要首先明确的。听课的视角一般有研究者、欣赏者、学习者、评析者和思考者等，带着不同的视角去听课，教师会有不同的收获。另外，角色意识也是听课者需要事先考虑的，同伴之间多以"教师"角色听课，即听课者要设身处地地思考自己的教学构思与授课者的教学构思的异同，有利于客观、实事求是地评课。一般来说，新教师比较适合以"学生"的角色听课，即参与课堂教学，体会学习过程，收集第一手材料，为自己上好一堂课奠定基础。教研组长、教研员等则多以"指导者"角色听课，有利于对课堂教学作出准确的分析与评价，并提出改进和提高的建议。

2. 有准备地听课

听课想要听出门道、得到更多的收获，那就得有所准备。有备而来，才能满载而归。不论是年轻教师向老教师学习还是各级公开课，听课者都要事先备好课，这样教师可以边听课边比较自己和别人的教学设计之异同，并思考各自的高明之处或不足之处。这样，别人的经验与教训、优点与不足，都可以为自己的教学提供借鉴。

3. 全感官地听课

听课不仅要听，还要看、想、记，即做到"耳到""眼到""心到""手到"。感官的联动，才能做到有效听课。"听、看、想、记"是协调合作、联动推进的。[1] 听，要听开场白、结束语和过渡语，感受教师独具匠心的构思；要听师生对话，捕捉精彩的动态生成，感受师生的智慧；要听教师对学生的即时评价，感受课堂教学中的评价文化。看，要看学生的学习参与度，了解学生学习兴趣；要看学生的学习反应，预测学习效果；要看教师的教态、表情、肢体语言，体会教师的感染力；要看板书、教学媒体资源，体会教学情境。记，要记重点、难点、教学过程，以抓住关键；要记教学设计的创新之处，以开拓思路；要记存在的不足或困惑，以供课后交流探讨；要记授课者与自己设计的不同，以供课后慢慢品味。想，要想授课者的意图，理解内隐于教学行为中的教育理念；要想教师预期的准确性，探寻原因和教学规律；要想教师对偶发事件的处理方式，深度探究教学预设与生成的关系。

---

① 余文森. 有效备课・上课・听课・评课［M］. 福州：福建教育出版社，2008.

（二）有效的评课

评课效果究竟谁说了算？很多人认为，领导、专家、教研员和资深教师都是各级评课的权威者，他们的观点具有引领性和前瞻性，而授课者和其他听课者都是评课活动的旁观者和倾听者。评价的目的是为了促进教师的发展，因此，评课效果如何主要是看活动是否促进了教师的发展，而不是看权威评课者的演讲水平和内容。只有让听评课活动充分发挥其促进功能，对教师成长产生应有的作用，才是有效的评课。有效的评课一般具备以下几个特征：

1. 基于标准的评课

评课，要先有一个标准。关于评课的标准，国内一些教育教学专家提出了一些质性的标准。

华中师范大学教授叶澜先生认为，一堂好课没有绝对的标准，但有一些基本的要求，即一有意义，二有效率，三有生成性，四有常态性，五有待完善。有意义是指教学要扎实，学生的学习是有意义的；有效率是指教与学都是充实的，学生发生了变化，课堂的能量很大；生成性是指教学过程很丰实，师生互动充分，动态生成资源丰富；常态性是指教学是平实的，而不是表演的，教学是为学生的发展服务，而不是为听课者服务；有待完善是指课堂教学是真实的、有缺憾的，有缺憾是真实的一个指标，十全十美的课是假课、表演课。

余文森教授指出，有思想、有文化、有智慧、符合新课程理念的课，就是好课。三维目标和谐统一的课，就是符合新课程理念的课。[①]

课程改革以来，一些地区教育行政部门或研究机构自行设计了一些课堂评价表。这些评价表与传统的课堂教学评价相比，有着一些共性的要求，包括：教学目标要明确、恰当，教学的重点、难点要突出，学生的主体地位要得到尊重，教学方法要得当，教学效果要好等。与以往不同的是，一些地区的评价表中增加了课程资源的利用、师生互动、学生参与学习的表现、学生学习的效果等要素，凸显了新课程的要求，也体现了"以学论教"的评价策略。

《课程标准》指出，教学要做到以下几点：

（1）坚持正确的思想导向和价值判断。以唯物史观为指导，对人类历史的发展进行科学、正确的阐释，客观分析历史人物、历史事件和历史现象，对历史问题进行实事求是的解释和评述；坚持论从史出、史论结合的原则，力求科学性、思想性和生动性的统一；在评价历史人物和历史事件时，要注意坚持正确的价值引领，帮助学生逐步形成正确的世界观、人生观和价值观；注重拓宽历史课程的情感教育功能，充分发掘课程内容的思想情感教育内涵，潜移默化地对学生进行情感态度价值观方面的熏陶。

---

① 余文森. 有效备课·上课·听课·评课［M］. 福州：福建教育出版社，2008.

（2）充分激发学生的历史学习兴趣。注重初中学生的心理特征和认知水平，了解学生的生活经验和知识基础，结合具体、生动的史实，从多方面调动学生的学习积极性，激发学生学习历史的兴趣，培养学生的问题意识，引导学生主动地进行历史学习，积极参与历史教学活动。如创设历史情境，使学生感受到历史上出现的矛盾、纠纷，从而让学生产生了解历史和探寻历史的愿望。

（3）注重对基本史实进行必要的讲述。运用多种方式展现历史发展的态势，尤其是通过教师清晰明了的讲述，使学生知晓历史的背景、主要经过和结果，通过具体、生动的情节感知历史，清楚地了解具体的历史状况。在此基础上，引导学生思考问题，对历史进行正确的理解，对史实作出合理的判断。

（4）引导学生学会学习，学会思考。以转变学生的学习方式为核心，注重学生学习历史知识的过程，注重对学生学习能力的培养。在教学过程中，教师要加强对学生学习方法的指导，使学生学会学习；要鼓励学生在学习时学会独立思考和交流合作，培养学生提出问题和分析问题的能力，并逐步养成探究式学习的习惯。

（5）注意历史知识多领域、多层次的联系。教师在教学中要力图从整体上把握历史，而不是孤立、分散地讲述历史知识。特别要注意历史发展的纵向联系、同一历史时期的横向联系、历史发展的因果联系、历史现象与现实生活之间的联系，以及历史学科知识与其他相关学科知识的联系和渗透等。如历史上重大改革的发生，往往有着政治、经济、社会、文化等方面的因素，在分析这些改革时需要对这些因素进行综合考察。

（6）提倡教学方式、方法和手段的多样化。教师在选择教学方式方法时，要根据教学目标、教学内容的特点，要考虑到学生的实际情况和教师的自身特点，在相应的教学条件下，选择和运用适当的教学方式、教学方法和教学手段。教师要注重启发式、互动式教学，积极探索多种教学途径，组织丰富多彩的教学活动。如开展课堂讨论、组织辩论会、举办历史故事会、历史讲座，进行历史方面的社会调查，参观历史博物馆、纪念馆及爱国主义教育基地，考察历史遗址和遗迹，采访历史见证人，编演历史剧，观看并讨论历史题材的影视作品，仿制历史文物，撰写历史小论文，写家庭简史、社区简史和历史人物小传，编辑历史题材的板报、通讯、刊物，等等。

提倡教学方法、教学手段的多样化和现代化。在教学中教师要将自己的讲述、讲解、演示与学生的观察、材料研习、讨论、问题探究结合起来；充分运用教学挂图、幻灯、投影、录音、录像、影片、模型等教学手段，进行形象、直观的教学；注重现代信息技术与历史教学的整合，努力创造条件，利用多媒体、网络组织教学，开发和制作历史课件。

（7）注重培养学生的创新意识和实践能力。创造宽松的学习环境和氛围，为学生主动学习、积极探究、合作与交流提供条件。鼓励学生积极思考，勇于提出质疑和说明自己的观点、看法，对历史进行有意义、有创建的阐释。

引导学生积极参与校外的历史考察和社会调查，在实践中发现问题，并运用已学的历史知识、技能和方法去解决问题，提高实践能力。如对学校周边的文物古迹、社区、村庄、企业等进行历史沿革、发展现状的调查，收集相关的资料、信息，并加以整理和分析，进行较为完整的叙述，提出自己的见解。

历史课程标准中提出的教学建议，具有鲜明的历史学科特色，可以为历史教师听课、评课提供参考。

2. 民主的评课文化

民主的评课文化是指评课者与被评课者之间建立起平等的、对话的伙伴关系，在这种关系中交流、探讨相关教学问题，以促进教师的专业成长。在民主的评课文化中，评课者会首先请授课者就自己的教学设计思路、课堂感官、问题困惑等做一个详细的发言，评课者要认真倾听授课者的教学反思，以充分了解授课者。其次，评课者可以就一些问题和授课者做一些深入的交流和探究，提出如"你知道本次教研活动的研究主题吗？你是如何体现这一主题的？""你在课前最担心的是什么？你是怎么解决的？""你觉得本节课最大的亮点是什么？为什么？""你觉得学生的学习效果怎么样？有什么可以证明的？""对于本课，你还有什么困惑？你想我们在哪一方面给你帮助？"等等。评课者和授课者之间通过平等对话，既消除了两者之间的尴尬，又拉近了双方的心理距离，使授课者更容易吸纳评课者的观点，也有利于评课者进一步讲出自己的真实想法。最后，评课者提出自己感到困惑或有疑问的问题与授课者进行沟通，并提出自己的看法。如"某一教学环节时，你是这样处理的，你能告诉我你当时的想法吗？""我觉得还可以这样处理，是不是更好一些？"在评课者与授课者充分沟通、交流、探究的基础上，评课活动的效益明显提高，并发挥着评价该有的功能。

3. 实事求是的宗旨

实事求是指评课者要根据实际教学情况和自己的判断，对授课者给予恰当的、客观的评价，肯定优点，提出问题，不要只讲好话不讲问题，更不能将缺点讲成优点。这就要求教师首先要注意理论学习，勤看历史教学类杂志，以确保自己的专业理论知识与时俱进，这样才能在评课时准确地判断一些新生事物，不会发生将失误或错误当成亮点的严重错误。其次，教师在听课前要多看一些有关本课的教学设计和教案等材料，在听课时对照授课者的课堂教学，有利于他们敏感捕捉亮点和创新之处，提出合理建议。最后，教师要达成共识，评课的功能是为了促进教师的发展，不能把提意见理解为谁与谁过不去、谁和谁有意见，提意见是为了授课者更好的发展，同时有利于其他听课者教学水平的提升。

三、走向专业的观课议课

从"听课评课"到"观课议课"，不仅仅是换了一个词语。提出观课议课，并不是要否定听课评课，而是将听课评课引向更加专业的领域。观课议课主要适用于日常的教研和教师培训活动，学校是最适宜的场所，教师是其中的主体和主角。日常性、普遍性、一线教师主体参与，这既是观课议课的主要特点，又是它的意义和价值所在。①

(一) 观课议课的视角

有效教学和合理教学是观课议课的目标。观课议课不仅是为了提高课堂教学效率，实现有效教学，而且还要追求合理教学。教学实践合理性是教学实践目的性与规律性的统一，"教学实践合理性由教学主体合理性、教学目的合理性以及教学工具合理性等要素组成，这些要素互相作用，形成更高层次的合理性。"② 因此，陈大伟先生提出，观课议课的视角有三，即教学主体合理性、教学目的合理性和教学工具合理性。

(二) 观课议课的策略

观课议课的策略有四点，即以学论教、直面问题、平等对话、最近可能区建议。观课议课的第一策略是以学论教。学生的现实幸福和未来发展是教育活动的根本出发点和最终归宿。以学论教就是把学生的学习活动和状态作为观课议课的焦点，以学的方式讨论教的方式，以学的状态讨论教的状态，以学的质量来讨论教的水平和质量，通过学生的学来映射和观察教师的教。③

第二策略是直面问题。教师之间要直面问题，坦诚相见。一方面，授课者不要介意自己存在的不足；另一方面，议课者要围绕问题和困惑进行评议，真诚关心、帮助同伴，共同探讨。

第三策略是平等对话。在平等的议课活动中，议课者要尊重授课教师，既不要唯唯诺诺，不敢说出自己的真实意见，也不要过分苛刻，伤害授课者的自尊。授课者不要消极接受批判，也不要高高在上，听不进别人的意见。要平等对话，鼓励议出多种看法、不同见解，以供参与者在议课中思考，在议课中创造。

第四策略是最近可能区建议。最切合实际的方法建议，是教师改进和实践教学的最佳方法。议课者在提出建议策略时，不仅要考虑到教师实际的教学水平和能力，考虑到学生的实际学情，而且还要尊重教师所面临的实际教学环境和条件。

(三) 观课议课的流程

1. 观课议课的准备阶段

观课议课前，授课者、同伴、引领者首先都要从心理上做好准备，明确自己的角色定位，并通过课前会议，确定观察点。

其次，根据观察点设计一份课堂观察工具。有效的观察是一个选择性观察的过程，这意味着观察必须有一个目标以及特定的程序。学习过程中的观察，若想有效，就必

---

① 陈大伟. 怎样观课议课 [M]. 成都：四川教育出版社，2006.

② 熊川武. 反思性教学 [M]. 上海：华东师范大学出版社，1999.

③ 陈大伟. 怎样观课议课 [M]. 成都：四川教育出版社，2006.

须客观；若想客观，观察就需要有结构，必须有一个可以遵循的计划、目标或导向。这样即使你有其他事情分心，也不会失去观察的对象。[①] 华东师范大学崔允漷教授提出了课堂观察的新思路，他将课堂观察框架设计为四个维度，即学生学习、教师教学、课程性质、课堂文化，并由四个维度引申出 20 个视角，68 个观测点。学生学习维度的视角有准备、倾听、互动、自主、达成；教师教学维度的视角有环节、显示、对话、指导、机智；课程性质维度的视角有目标、内容、实施、评价、资源；课堂文化维度的视角有思考、民主、创新、关爱、特质。

课前会议，为观察者和被观察者之间提供了一个沟通交流的平台，应着重解决三个问题，即被观察者说课、观察者提问与被观察者进一步阐述、双方商议确定观察点并明确合作观察的分工。[②]

2. 实施观课

观课的方式有三点：一是重点观察。适用于通过课前会议充分沟通过的听课者。听课者根据课前会议商定的计划，观察课堂教学，对所需的信息进行记录。观课时，教师不仅要从大处着眼，抓住关键问题，而且还要关注细节，以充分收集信息。二是随机观察与记录。在课前缺乏沟通的情况下，观察者应该把观察和记录重点放在教师和学生的活动中，通过观察活动效果，提出自己的问题与思考，以备议课时使用。三是全面观察。全面观察比较适用于对年轻教师的指导性听课中，通过指导教师从教师的教学行为、学生的学习表现、师生关系、课程开发等方面进行全面观察，帮助年轻教师把握专业成长的方向。

在特定的价值观框架中，评价的结果将会取决于所收集的信息，因此更好地收集课堂教学信息是良好课堂教学评价的关键所在。[③]

3. 实施议课

议课一般以课后会议的形式进行，课后会议着重完成三个方面的任务。一是被观察者进行课后反思，反思内容包括这节课的目标达成情况、各种教学行为的有效性、有无偏离自己的教学预设。二是观察者简要报告观察结果。三是形成几点结论和行为改进的具体建议，包括成功之处、个人特色和存在问题。

案例分析

案例

《国民政府的溃败》的课后会议

某地区举行同题异构的校际联合教研活动，主题为"基于学习策略的研究"。历史

---

① ［美］里德·贝格曼著. 课堂观察、参与和反思［M］. 伍新春，夏令，管琳译. 北京：教育科学出版社，2009.

② 沈毅，崔允漷. 课堂观察——走向专业的听评课［M］. 上海：华东师范大学出版社，2008.

③ 崔允漷. 有效教学：理念与策略［J］. 人民教育，2001，（6）.

学科的课题是《国民政府的溃败》，两位来自不同学校的教师分别按照自己的教学设计进行了献课。课后，活动组织方主持了评课活动。以下是对这次评课的一次简要记录：

主持人：在进行评课前，我想先问一下两位上课的老师，你们知道这次联合教研活动的主题是什么吗？

授课者甲：不知道，学校只通知我开一节课，课题是《国民政府的溃败》。

授课者乙：不知道，我是以我们学校的一个课题研究为本次开课的研究主题的。

主持人：看来，这次活动前期的校方衔接工作出了一些问题，那我们今天的评课就只能抛开原定的主题来评价这两节课了。首先，我们请两位上课老师讲一下自己对这节课的理解和设计思路。

授课者甲：这节课我主要是以情境教学为主要教学策略，通过"士兵日记"的情境创设，拉进学生与这段历史的距离……

授课者乙：这节课我主要使用谈话法为主要教学方式，引导学生分析问题、解决问题……

主持人：我们一共来了七所学校的老师，下面就请七个学校的历史教研组长依次谈一下自己对这两节课的评价。

（各学校教研组长依次发言。）

学校甲：今天听了两节课，我收获很大。两位上课老师都很年轻，一位工作了两年，一位工作了四年，他们能上出这样的课非常不容易。第一节课给我印象最深刻的是教师创设了"士兵日记"这个情境，很有新意，很值得我学习，我回去以后也要尝试着做一下……

学校乙：第二位老师的教学，她向学生充分讲解了三大战役的过程和战略，语言亲切，让人如沐春风。

学校丙：两位老师语言表达清晰，板书工整，教学重点突出。

……

主持人：刚刚大家已经充分挖掘了两节课的亮点，我就不再一一重复了。两位老师的课都存在着明显的问题，我阐述一下。第一，两位老师都在教案中列出了教学重点之一是人民解放战争的胜利原因，但都没有作为重点来展开教学。一位是以课件展示形式迅速播放了一遍，另一位虽然提供了相关的史料，让学生写历史小论文的形式加以处理，但是在概括原因的时候，没有把小论文用起来。两位老师都只花了很少的时间在这个重点问题上。第二，第一位老师设计的"士兵日记"这一历史情境，是不真实的，一个士兵怎么会知道这么多的战争数据和内幕呢？最起码是参谋长级别的才会知道这些信息啊。

由于时间紧张，今天还有许多老师没有机会发言，大家还是按照我们的惯例到我们的历史网站上去发表意见。评课到此结束。

分析：从上述案例中，我们可以看出一些地区的教研部门在努力提高各类教研活动的质量，表现在同题异构的形式创新、校级合作的联合教研、基于主题的观课议课、尊重授课者的课后会议等方面。

但是，我们也发现，组织者的美好意图在执行过程中被"打折"了。从授课者不明确研究主题到评课者的被动发言，都显示出参加活动的学校和教师并没有真正领会到组织者的意图和活动的目标，还不能做到统一认识、敞开心扉。

评课中，各学校的代表一味地说肯定表扬的话，对存在的问题避而不谈。若不是主持人最后加以概括，这次议课对两位授课者几乎是无效的。更让人惊讶的是，一个违背历史教学底线的假情境设计——士兵日记，竟然给听课者留下了深刻的印象，各校评课者都在点评中对此给予了充分肯定，认为这是最大的亮点。由此可以看出，初中历史教师对于自身的学习不够重视，课程改革以来，他们对新生事物无法作出自己的准确判断，仅以"新鲜""有新意"为判断标准，而忽视了历史教学的实质。

在观课议课中，引领者的专业水平非常重要。引领者不仅需要对授课者的教学技术等具体问题进行点评，而且还要跳出具体细节，宏观把握历史教学的方向。在本案例中，几位评课教师将评课方向带向了"好言堂"，并且发生了价值判断错误的严重问题。而主持人作为这次活动的引领者，不仅没有人云亦云，马虎了事，而且还及时指出了授课教师存在的问题，履行了引领者的职责，发挥了引领思考、促进发展的作用，从而避免了危险后果的产生。

修炼建议

课堂观察，顾名思义，就是通过观察对课堂运行状况进行记录、分析和研究，并在此基础上谋求学生课堂学习的改善、促进教师发展的专业活动。[1] 如何做好课堂观察？

（一）如何确定课堂观察点

崔允漷教授将课堂分解为学生学习、教师教学、课程性质、课堂文化 4 个维度，每个维度由 5 个视角构成，每个视角由 3～5 个观察点组成，合计 68 个观察点。这为一线教师选择观察点提供了参照体系，在实际的操作中，可以根据需要形成"一人一点，多人一点，一人多点，多人多点"的观察模式。课堂观察点的确定要考虑观察点的品质、个体或团队的需要等诸多因素。

首先，观察的特点决定观察点必须是可观察、可记录、可解释的具体行为表现。[2]

其次，处在不同发展阶段的教师关心的问题不同，需求不同，因而确定的课堂观

---

① 沈毅，崔允漷. 课堂观察——走向专业的听评课 [M]. 上海：华东师范大学出版社，2008.
② 沈毅，崔允漷. 课堂观察——走向专业的听评课 [M]. 上海：华东师范大学出版社，2008.

察点也不同，而且观察者和被观察者的需求往往不一致，这就需要在课前会议中通过协商决定。

再次，课堂观察合作体往往有着共同的合作目标，或研究同一个主题，合作体的发展目标是确定课堂观察点必须考虑的因素。

（二）如何选择或自主开发课堂观察记录工具

1. 选择已有的观察记录工具

在选择已有的观察记录工具时，要达到三个基本要求：一是要根据观察点的特点，选择相匹配的定量、定性、定量和定性相结合的工具；二是要适合观察者自身的特征，即选择的工具要符合观察者的视力、反应、判断、记录速度、记忆能力等自身条件；三是要符合客观条件，即选择的工具要符合现有的客观物质条件，如录音、录像设备等。

2. 自主开发观察记录工具

已有的观察记录工具也存在着学科针对性不强、个性化课堂教学考虑不够等局限性，因此，教师可以自主开发观察记录工具。自主开发观察记录工具一般包括三个阶段。一是分析设计阶段，二是使用修正阶段，三是正式使用阶段。可见，自主开发观察记录工具能在开发过程中提高教师素养、设计能力和合作研究的水平，但它需要教师持久的研究、不断的验证，比较耗时。

例1：根据个人需求设计的观察量表

教师课堂问题设计的有效性

量表设计：江苏省某中学吴老师

观察维度：教师教学·环节；学生学习·互动

研究问题：教师如何引导学生思考问题？

<table>
<tr><th rowspan="3">观察内容</th><th colspan="8">典型行为记录</th></tr>
<tr><th rowspan="2">环节1</th><th rowspan="2">环节2</th><th rowspan="2">环节3</th><th rowspan="2">…</th><th rowspan="2">环节N</th><th colspan="4">学生反应</th></tr>
<tr><th>无</th><th>有</th><th>思考</th><th>热烈</th></tr>
<tr><td rowspan="5">教师预设的问题</td><td>提问方式（思考/讨论/探究）</td><td></td><td></td><td></td><td></td><td></td><td></td><td></td><td></td><td></td></tr>
<tr><td>问题是否贴近生活（生活性/实际性）</td><td></td><td></td><td></td><td></td><td></td><td></td><td></td><td></td><td></td></tr>
<tr><td>问题表达的清晰度（说明性/启发性）</td><td></td><td></td><td></td><td></td><td></td><td></td><td></td><td></td><td></td></tr>
<tr><td>问题与素材的关联度（引导性/思辨性）</td><td></td><td></td><td></td><td></td><td></td><td></td><td></td><td></td><td></td></tr>
<tr><td>问题链的设置（层次性/发展性）</td><td></td><td></td><td></td><td></td><td></td><td></td><td></td><td></td><td></td></tr>
</table>

例2：体现团队发展需求的观察量表

历史课堂教学生活化情境的创设

量表设计：江苏省某中学历史组

观察维度：课程性质·实施；教师教学·环节

研究问题：课堂教学生活化情境的创设

观察内容＼教学内容						
预设情境的内容						
展示情境的方式						
情境与生活的关联程度	密切					
	相关					
	无关					
学生反映情况	兴奋					
	一般					
	倾听					
	讨论					
	思考					
	回答					
与目标关联性	学生总体情况					

量表选择角度：

（1）教师的教学预设是否切合本期研究主题：历史课堂教学生活化情境的创设。在课堂教学中，教师是否根据教学内容来创设生活化情境。

（2）教师在课堂教学中，是采用何种方式展示教学设计中的生活化情境的，如何将生活化情境清晰明了地展示给学生。

（3）教师创设的生活化情境，在课堂中能否引起学生的共鸣，能否激发学生的学习兴趣，更好地使学生掌握知识。

（三）如何进行现场观察

对观察者而言，进入现场要注意四个问题：进入现场的时间与任务、观察位置、记录方式以及观察者行为。[①]

观察者要在上课前进入教室，最好提前 5 分钟进入课堂，同时必须明确进入现场的观察人物以及可用的观察工具。观察者的观察位置要根据观察任务来确定，以确保能收集到真实的信息。但观察者的位置在一节课中是固定的，应以不分散学生的注意力为宜，尽量避免与教师的课堂走动发生冲突。此外，观察者要如实记录所看到的、听到的种种现象，不要遗漏重要信息。观察者的行为表现不应影响正常的课堂教学，如保持冷静、服装大方、不移动座位、不发出声音等。

例 3：课堂观察同伴的观察记录

历史课堂教学生活化情境的创设

量表设计：历史组

观察维度：课程性质·实施；教师教学·环节

研究问题：课堂教学生活化情境的创设

观察内容 ＼ 教学内容		神奇金字塔	汉谟拉比法典	佛　教	对文化遗产的保护
预设情境的内容		科学探索	法律的影响	身边的佛教	文化遗产保护
展示情境的方式		多媒体	引　导	介　绍	口　述
情境与生活的关联程度	密切				
	相关	√	√	√	√
	无关				
学生反映情况	兴奋	√		√	√
	一般				
	倾听		√		
	讨论	√		√	√
	思考				
	回答				
与目标关联性	学生总体情况	较好	较好	较好	较好

[①] 沈毅，崔允漷．课堂观察——走向专业的听评课［M］．上海：华东师范大学出版社，2008.

（四）如何开好课后会议

课后会议的质量直接影响到课堂观察的促进功能，开好课后会议非常重要。下面举例说明该如何召开课后会议。

江苏省某中学教师吴老师执教《社会生活的变迁》的课后会议

1. 吴老师讲课后反思

本课主要是让学生对清末民初中国社会生活变迁的情况有一个大致的了解。由于这堂课的内容十分丰富，贴近日常生活，因此我在课前进行了一定的文字、图片及资料的收集工作，以便在课堂上展示。同时，结合本组的研究课题"历史问题的生活化"，在问题预设时，尽可能多地利用学生所知道的知识和现在的生活实际来设计问题，以充分调动学生的学习积极性。

我从"同学们出去旅游需要带点什么东西"来激发学生讨论，引出照相机，从而导入新课。然后，在教学中利用生活中的实例和经验进行拓展，引导学生开展讨论。例如：

现代照相技术跟过去比有什么进步和发展？

你能谈谈现在的电影有什么特点？

称呼是否有时代性——谈网络用语，这种变化说明了什么？

旗袍作为一种流行时尚，你能预测一下它的发展趋势吗？

我来谈谈服饰美。

……

通过这一系列的预设问题，让学生切实感受到这些社会生活的变化是有原因的，也是历史发展的必然。

最后，以讨论"清末民初中国社会生活都发生了哪些重大变化，为什么会有如此大的变化？"为题，小结本课。

遗憾的是，由于课堂时间没有控制好，最后的综合小结和拓展讨论以及随堂练习没能有效进行，有些问题展开得太多，导致本课最后完成的比较匆忙。

2. 观察者汇报

华老师：我的观察维度是教师教学·环节和学生活动·互动。研究问题是：教师如何引导学生思考问题？下面简单地报告一下：据我统计，在本课教学过程中教师提问共16次。其中，"照相与电影的出现"提问7次，"剪发辫、改称呼"提问7次，"服饰的变化"提问1次，"本课小结"提问1次。根据我观察到的情况，授课教师所设的问题贴近生活，表达清晰，与素材相关联，问题链的设置有层次性、发展性。学生对于问题积极思考，有些问题有热烈的反应。因此，我个人认为吴老师很好地实现了引导学生思考问题的目的。但是，根据不同教学部分的提问次数比例，以及课堂教学时间的分配，我认为问题的频率分布不合理。在这里，我想提两个问题：一是吴老师设置本课问题时，是否注意了合理分配？二是吴老师平常上课是否也重视课堂问题的设置？学生的参与度如何？

吴老师应答：在设计本课问题时，因为考虑教学重点在本课的前半部分，为了突出重点以及引导学生层次性思考，所以前半部分问题的设计相对较多，至于时间分配到后半部分时间相对较少，因此预设的问题较少。因此一节课下来，给人的感觉是有些不合理。平时上课，我注重课堂提问，这个班是我9月份刚刚接手的，从接手这个班开始，我就注重上课培养学生积极思考、主动回答问题的习惯。虽然一开始有点难度，但是我注意将课堂提问与学生的生活相联系，注重提问的层次性，鼓励积极参与的同学，并给那些表现不积极的同学更多的机会。久而久之，学生的参与度就越来越高，到现在全班几乎每个学生都能在课堂上积极思考，积极参与问答。

张老师：我的观察维度是教师教学·环节和学生活动·互动。研究问题是：教师如何引导学生思考问题？我的观察侧重于教学的第一部分——照相与电影的出现。据我统计，本部分教师共提问7次。问题分别为：（1）同学们，一般出去旅游你们希望带点什么东西？（2）其中必有照相机，那么照相技术是何时出现、何时传入中国的？它有什么作用？（3）中国第一次放映的电影是在什么时候？（4）中国人拍摄的第一部电影叫什么？（5）中国第一部国际获奖的电影是什么？（6）电影传入后很快得到发展，其有什么作用？（7）你能谈谈今天的照相技术和电影技术有了哪些发展吗？其中，五次提问贴近生活；五次提问表达清晰，具有说明性、启发性；五次提问与素材相关联；五次提问组成问题链，具有很强的层次性。所有问题学生都有反应并且思考，绝大部分问题学生反应热烈。纵观整节课，教师引导学生紧密联系现实生活，展开教学活动表现较好；从现实情境导入照相、电影部分，语言生动、流畅、幽默，课件丰富、直观，起到了很好的教学辅助作用，课堂气氛好，教学效果好。

金老师：我的观察维度是教师教学·环节和学生活动·互动。研究问题是：教师如何引导学生思考问题？据我统计，在本课教学过程中，教师提问共16次。其中，"照相与电影的出现"提问7次，"剪发辫、改称呼"提问7次，"服饰的变化"提问1次，"本课小结"提问1次。根据课堂观察情况，我得出：吴老师课堂提问语言表达清晰、生动明了、富有幽默；问题与素材相关联，衔接自然，相辅相成，相得益彰；问题设置相衔接，具有层次性、递进性、拓展性，有助于学生发散思维。基于以上几点，我认为吴老师的这节课突出研究主题，达到教学要求。唯一不足的是，本节课在时间分配上不合理，有些"虎头蛇尾"。

王老师：我的观察维度是教师教学·环节和学生活动·互动。研究问题是：教师如何引导学生思考问题？根据课堂观察，我统计如下：在本课教学过程中，教师提问共16次。其中，"照相与电影的出现"提问7次，"剪发辫、改称呼"提问7次，"服饰的变化"提问1次，"本课小结"提问1次。分析得出：16次提问都属思考性提问，侧重于学生个人思考；16次提问都贴近学生的生活，具有生活性与实际性；16次提问都与素材相关联，其中引导性提问12次，思辨性提问4次；16次提问10次是层次性，

6次属于发展性。对于本学科的"知识、能力、情感态度价值观"的三维目标在提问中基本得到体现。每次提问学生都能积极反应，课堂气氛活跃。

3. 概括总结

（1）本课中值得肯定的做法。

①课堂组织严密，层次分明。教师不仅备课充分，所授课结构清晰，而且课程内容的挖掘也非常充分，并能结合现实生活加以引申和扩展。

②在教学目标上，教师能正确地处理好"知识、能力、情感态度价值观"等方面的关系，达到掌握基础知识、基本技能的教学目标。

③能全面提示教材，突出重点、突破难点，抓住关键。充分利用教学媒体创设情境，优化教学过程，恰当选择教学方法，激发学生的学习兴趣。

④教学语言准确、规范，富有启发性和感染力。教态亲切、自然，有应变力。

⑤本节研究课的问题预设符合教研组的研究内容，教师引导学生积极进行课堂思考。学生在教师的引导下紧密联系现实生活，师生互动，课堂气氛活跃。

（2）存在的问题。

课堂时间没有控制好，最后的综合小结和拓展讨论以及随堂练习没能有效进行，有些问题展开得太多，导致本课最后完成得比较匆忙。

该案例中课堂观察团队采用的是"多人一点"观察模式。首先，由被观察者进行了详细的教学反思，包括教学设计的思路和遗憾之处，然后每位观察者汇报了自己的观察结果，并就自己感到有困惑的地方与被观察者进行了沟通交流，最后提出了综合意见。笔者认为，被观察者的反思中教学设计思路等有关内容，应是课前会议的内容，课后会议应着重讲自己的目标是否达成、各项教学行为的效果和预期是否一致、课堂教学是否对教学预设进行了调整等。在观察者的汇报过程中，各位观察者首先做到了核心明确、发言简明扼要，但由于大家的观察点一致，几位老师的内容发生了重复性的阐述，这应该是通过注意可以避免的；在结果汇报时，张老师做到了有理有据，在举出课堂实例的同时阐述了自己的感受，其他几位老师只有感受，没有具体的事例证明。在总结概括阶段，观察者和被观察者共同提出了问题的所在，但并没有得出解决问题的方法，实属遗憾。

专题七 历史教学的评价

基本理论与学习要点

一、新课程背景下历史教学评价的变化

（一）历史教学评价的范式转变及其主要精神

对学生的历史学习进行评价，是历史课程实施的重要环节。新课程推进过程中，在评价领域主要有两个方面的转变：一是从考试文化向评价文化的转变；二是从过分关注"鉴定甄别"向关注"过程与发展"的转变。

《课程标准》指出："评价的主要目的是全面了解学生学习历史的过程和结果，激励学生学习，促进学生的学业进步和全面发展，以及改善教师的教学和提高教学质量。"由此可见，评价在历史教学中具有十分重要的作用，它具有导向、诊断、激励、促进的功能，对改进历史教学、提高教学质量具有重要意义。

新课程关于历史教学评价的主要精神，可以从以下几个方面来加以把握。

第一，要明确历史教学评价的定义及其含义。

《全日制义务教育历史课程标准（实验稿）》表述的定义是"历史教学评价主要是根据《课程标准》，运用科学的方法，对历史教学过程、教学效果以及影响教学的各种因素进行定性和定量的价值判断。"《课程标准》则指出评价须以历史课程标准中的"课程目标"和"课程内容"为依据，注重目标、教学和评价的一致性，运用科学、可行和多样的评价方式，对学生的历史学习过程和学习效果进行价值判断。这里，在评价依据的表述上，《课程标准》更为精确、明确，强调评价的依据是课标中的"课程目标"和"课程内容"，而不是其他。评价的主要对象是学生，是对学生的历史学习过程和效果进行价值判断。教学的成效是通过学生的发展状况来体现的。在进行价值判断时，不仅要关注学生的学习结果，更要关注学生在学习过程中的发展和变化。

第二，评价的内容。评价不仅是考查学生在知识、技能和情感态度价值观等方面是否达到《课程标准》的要求，而且还要注意考查学生学习的"过程与方法"，这三个部分是一个密切联系、相互交融的有机整体，以避免将历史知识的掌握程度作为唯一的评价内容。

第三，评价的原则。学习评价应坚持诊断性评价、形成性评价与终结性评价相结合，教师评价与学生自我评价、同伴评价相结合，量化评价与质性评价相结合的原则。

第四，评价的方法。综合运用历史习作、历史调查，历史制作、纸笔测验、教师观察、学生的自评与互评以及讨论、档案等多种方法进行评价。

第五，评价的主体。评价应包括教师评价、学生自我评价、同学互评以及家长评价等。

第六，评价的任务。不同的评价任务需要选择不同的评价方式。根据评价功能的不同，评价任务包括诊断性评价、形成性评价和终结性评价三种类型。

第七，评价结果的使用。评价结果应及时反馈给学生，以便及时改进学生的学习。

对上述内容作一个梳理，历史教学评价不外乎涉及三个问题。

一是"为什么评"，实际上是说评价的目的、意义与功能，即为了改进学生的学习，为了确保教学质量；加强对教学工作的导向、诊断、激励、促进。

斯蒂金斯认为："任何课堂教学的质量都取决于那里所运用的评估的质量"。

二是"评什么"，其主要对象是学生；主要内容是不仅考查学生在知识、能力和情感态度价值观等方面是否达到《课程标准》的要求，还要注意考查学生学习的"过程与方法"。

三是"怎样评"，涉及评价的依据、方法、主体以及不同阶段的安排实施。

泰勒认为，"评价必须建立在清晰的陈述目标的基础上，根据目标来评价教育效果，促进目标的实现。"华东师范大学崔允漷教授则提出"基于标准的教学，基于标准的学生学业成就评价"。

（二）历史教学评价的类型

历史教学评价从功能上分，可以分为三种类型。

一是促进发展性功能。发展性评价是当代教学评价强调的基本功能。它是指通过评价为教育活动提供有效的诊断和反馈，强化或改进教育的实施，促进教育活动的顺利进行，进而促进教师、学生、学校更好地向前发展。具体表现为六个方面：（1）导向功能。它是指教学评价对实际的教学活动有定向引导功能。（2）诊断功能。它是指教学评价能够对教育活动中存在的问题进行揭示与分析，找到症结与原因所在，进而提出改进和补救建议。（3）调节功能。它是指通过教学评价结果的反馈，可以让被评价者了解自身发展存在的优势和不足，从而调整自己的教育或学习行为，促进其进一步发展。当代教学评价对这一功能非常强调，认为评价最重要的不是得出一个客观准确的结论，而是要将评价的结果以科学的、恰当的、具有建设性的方式反馈给被评价者，促使其最大限度地接受，并促进其进一步发展。（4）激励功能。它是指通过教学评价让被评价者受到激励，增强其发展的积极性和主动性。（5）反思功能。它是指在教学评价中，通过被评价者的主动参与而促进被评价者自我反思，从而更深刻地发现问题和有效地改进活动，并在此过程中提升自己的反思能力。（6）记录功能。它是指通过评价可以全面而清晰地记录个体成长的过程，为科学诊断和调整教学活动提供充分的依据。

二是鉴定水平功能。它是指教学评价可以对评价对象与评价指标的适应程度作出区分和认定。

三是选拔性功能。它是指评价可以为选拔优秀者、淘汰不合格者提供依据。

当然，按照不同的分类标准，教学评价还可以分为不同的类型，如按照评价的范围不同，可以分为广义评价和狭义评价；按照评价参照标准不同，可以分为相对评价和绝对评价；按照评价主体不同，可以分为自我评价和他人评价；按照评价内容不同，可以分为单项评价和综合评价；按照评价目的不同，可以分为预测性评价、诊断性评价和总结性评价。按照评价是否采用数学统计方法，可以分为定性评价和定量评价。教学中要根据不同的需要，采用不同的评价类型。

（三）历史教学评价方法的多样化

历史教学评价方法应具有科学性、灵活性和实践性。要综合采用观察、记录、调查、访问、讨论、作业、测验、考试、评议、档案、自我评价、家长评价等多种方法进行评价。评价结果应及时反馈给学生，以便及时改进学生的学习。

根据教学阶段性的特点，可以把历史教学评价分为课堂教学评价、单元教学评价、学期教学评价、学年教学评价等。不同教学阶段的评价，应有相应的评价目的、评价范围和评价方法，如课堂教学评价主要针对一节课的学习目标，而学期教学评价则是系统考查学生一学期教学目标的达成情况。对学生历史学习业绩的评价，应该灵活采用各种评价方法，避免以笔试作为主要的甚至是唯一的评价方法。

以下介绍两种质性评价方法：

1. 档案袋评价法

档案袋也称成长记录袋，有"代表作选辑"的意思。它是根据特定的教育教学目标有目的地将有关各种学生表现的作品、学生参与的材料、教师或同伴作出评价的有关材料以及学生的反思等有关材料收集起来，以展示学生学习和进步的状况。它是学生在某一时期的成长"故事"，是评价进步过程、努力程度、反省能力和最终发展水平的理想模式，其作用在于促进学生的学习和发展。

档案袋的基本特征：作品的收集是有目的的，不是随意的；其基本成分是学生某一领域的作品；档案袋内容的选择和提交是由师生共同决定的，但学生是主要的决策者；教师要对成长记录的内容进行合理的分析和解释，但学生是所提交作品质量和价值的最终仲裁者，允许学生的反省和自我评定是最为重要的。

档案袋评价的意义：它为学生提供了一个学习机会，使学生能够学会自己判断自己的进步。目的是对学生运用所学知识获得成就的评定，是为了促进，而不是对学生掌握内容范围的阶段性审计。对教师而言，它为教师最大限度地提供了学生学习与发展的重要信息，有助于教师形成对学生的准确预期。同时，使评价和课程与教学整合起来，使课程与学生的发展保持一致，提高了评价的效度。

档案袋的使用范围非常广泛，根据不同的评价目的、内容，可以运用在学校教育教学的不同方面。如可与学科教学相结合（具体的技能习得和整体发展）、与学生全面发展相结合（如品行发展、兴趣发展、习惯养成等）、与特殊学生的教育和培养相结合、与班级管理工作相结合，等等。

档案袋评价的主要类型有：过程型档案袋、目标型档案袋、展示型档案袋、评估型档案袋。

（1）过程型档案袋。过程型档案袋的目标：诊断学生在学习过程中所取得的成绩及存在的问题；记录学生在学习某一领域上的进步过程或轨迹；培养学生的学习兴趣与积极性；帮助学生发展对自己的学习过程或经历进行思考和评估的能力。

过程型档案袋的特点：过程型成长记录袋收集的内容与时间多由教师根据自己的教学目标与学生的学习现状来确定。学生要负责选择和提交符合要求的作品或其他有关证据。

（2）目标型档案袋。目标型档案袋的目标：除了过程型成长记录袋中所涉及的目标外，还关注让学生学会制订计划与选择目标，有一个属于自己的创造空间；培养学生自我监控学习和自我反思的能力。

目标型档案袋的特点：教师按照教学计划与内容列出成长记录袋的主题；目标型成长记录袋中的内容；学生的反省记录。

（3）展示型档案袋。展示型档案袋的目标：展示型档案袋也称最佳成果型档案袋，是为了展示学生在某一学期或学年在某一学科领域所取得的成果。通过展示成果，关注学生的个体差异，让每个学生都有机会展示自我。

展示型档案袋的特点：收集的是学生自己选出的最好或最喜欢的作品，以及他们对作品的自我反省与选择标准的说明；在有家长和其他人参加的展示会上，呈现学生作品的样本。

（4）评估型档案袋。评估型档案袋的目标：评估型档案袋主要用于向家长、学校领导，甚至是教育行政部门提供学生在某一方面所取得的成绩的标准化报告。

评估型档案袋的特点：评估的标准是预先决定的。但由于成长记录袋是形成性评价，因此，在评估标准中必须有学生进步及改进情况的报告；主要是由教师、管理者、学区所建立的学生作品集。

档案袋形成的基本步骤是：①明确目的（是成就展示、描述过程，还是水平评估）；②确定评价内容（依据课程目标、学习目标）；③确定评价对象；④确定要搜集的内容；⑤确定搜集的次数频率；⑥调动学生积极参与；⑦确定评分程序；⑧向每个人介绍档案袋；⑨制订结果交流的计划（日常交流、期末交流）；⑩档案袋的保存。

运用档案袋评价法，收集学生个人的历史学习作品建立档案，对学生的历史学习进行评价。通常收集经过学生选择的历史作品，也可以收集和历史学习有关并能反映学生成就的材料。每件作品最好有教师、家长、同学和自我的评语，评语应该突出学生历史学习的特长和优点。师生在建立此类档案时应确定起止时间，一般按一个单元或一个学习主题为单位收集历史作品。档案可以保留在相应的文件夹或档案袋内，也可以保留在学生作业本里。学生本人是建立档案的主要参与者，教师应提出要求并给予适当指导，师生通过协商来确定档案内容，并让学生自己管理档案。学生以评价对象和评价者的双重身份参与评价过程，充分发挥了学生的主体作用；同时，让家长参与评价过程，调动了家长的积极性，是一种可以广泛推行的评价方法。

评价中，可以将学生每个学期的历史小论文、历史考察报告、历史小制作、小组讨论活动中的表现等归入档案，学生通过档案可以看到自己的进步。

2. 表现性评价法

表现性评价法是指通过观察学生在完成实际任务时的表现来评价学生已经取得的发展成就。它是学生学习成效评价的又一种方法。表现性评价强调回归于学生在教育活动中、在课堂教学中的完整而真实的生活，强调在完成实际任务的过程中来评价学生的发展，不仅要评价学生的知识技能掌握情况，更重要的是通过对学生表现的观察分析，评价学生在创新能力、实践能力、与人合作能力以及健康的情感、积极的态度、科学的价值观等方面的发展情况。表现性评价体现了重视过程性评价、重视质性评价、重视非学业评价等最新评价理念，在当代教育评价领域占有重要地位。

表现性评价示例：中学历史课小组研究项目——历史调查

近年来出现了对哥伦布地位的争议。他是不是英雄，我们在学习哥伦布时，可以读到不同的历史学家用不同的观点来写"发现新大陆"和建立新领地的文章。在合作小组里，选择至少两种相反观点的材料，讨论它们的矛盾之处，并用可获得的资源寻求历史学家以不同观点报道这个历史事件的理由。而且，你的小组要向全班提供解决矛盾的方法。小组活动的结果可以是向全班呈现一个改编的剧本，也可以是专门讨论和辩论，项目自今日起三周内结束，每周五由一个小组成员向全班汇报项目的进展情况以及下一周的计划。

评价标准

社会学习内容标准：

a. 你对历史记录受到历史学家观点影响的认识。

b. 你对哥伦布发现新大陆和建立新领地等一系列事件的认识。

复杂的思维标准：

a. 对过去事件的不确定或矛盾进行辨别和解释的能力。

b. 为有逻辑的、合乎情理的解决办法进行辩护的能力。

有效交流标准：

a. 为各种目的进行有效交流的能力。

b. 以各种方式进行交流的能力。

合作标准：

a. 与组内所有同学一起工作，成功完成项目的能力。

b. 为向班级呈现研究结果而出主意、提供资源的能力。

c. 做多种工作帮小组出色完成项目的能力。

（四）如何评价历史课堂

课堂教学是学校教育的主阵地，也是历史教学的主阵地。教学质量的高低，关键在课堂。如何看待和评价课堂，是实施教学评价的主要内容。不同的价值观对课堂教学的质量有不同的判断。新课程推进之初，曾有观点认为，活动多的教学就是好的教学，甚至觉得从事历史教学不一定要用历史专业教师，非专业的语文或其他学科的善于搞活动的老师，会比历史教师上课更好。

有这样几种课堂现象值得反思：

一种是直奔主题式。上课后，教师对课堂教学内容对照标准与教学要求，稍作讲解，然后要求学生们划书、背诵、默写，下节课还要先默再讲再划再背，循环往复。这种教学在纸笔测验中的分数还不低，被一些教师认为是有效的教学方法，而且是很实在的教学方法。

一种是讲故事。课堂上教师连续讲故事，学生听得津津有味，笑声不断，兴趣盎然。但是若加以检测，分数很低，学习所得无几。在课堂互动方面，则是教师在课堂上提出问题后，要么学生不回答，教师叫答又答不对，换人还是答不对，于是教师连续叫。

还有一种是教师刚刚提出问题根本不给学生时间思考，立即提问；或者自己把答案说出来；或者提问后遇到学生大段读书，影响时间，教师立即打断，换人回答或自答。

再有一种是每节课都在组织小组讨论，有的问题即使非常简单也安排讨论。讨论完毕后，教师又自己说出答案。不知道讨论的目的何在、意义何在。

对上述教学现象，一些教师在自评中并不认为有何不妥，或觉得有实效，或觉得有兴趣，或觉得此课是以学生为中心。由此引发出这样一个话题：在新课程背景下，什么样的课才是好课？应如何评课？等等。

【教学案例与分析】

某市初中历史评优课评价表

姓名		学校		授课班级				得
学科		时间		等　级				分
课题								
评价指标			分值	优	良	中	差	

	评　价　指　标	分值	优	良	中	差
教学目标	符合学科课程标准和教材的基本要求，教学目标明确、具体、多元化。	8	8	6	4	2
教学内容	形成合理的知识结构，突出重点，难易适度，联系学生生活和社会实际。	8	8	6	4	2
教学策略与方法	围绕目标创设灵活的、有助于学生学习的情境，营造民主、平等、互动、开放的学习氛围，激发学生的学习兴趣。	8	8	6	5	4
	善于引导学生主动学习、合作学习，指导具有针对性、启发性、实效性。	8	8	6	5	4
	学生认真参与学习、评价活动，积极思维，敢于表达和质疑。	12	12	10	8	5
	根据教学实际选用恰当的教法，为学生的学习设计提供合理的学习资源。	10	10	8	6	4
教学效果	学生获得的基础知识扎实，在学会学习和解决问题方面形成一些基本策略和能力。	10	10	8	6	4
	学生在情感、态度、价值观等方面得到相应的发展。	12	12	10	8	6
教师素养	正确把握学科的知识、思想和方法，重视教学资源的开发与整合。	8	8	6	4	2
	有较为丰富的组织和协调能力，有教改创新精神，有独特良好的教学风格。	6	6	5	4	3
	现代教学技术手段设计应用适时适度，操作规范熟练。	6	6	5	4	3
	语言准确、有感染力，板书工整、合理。	4	4	3	2	1
备注	各项累计得分 90 以上为优，89～80 分为良，79～60 为中，60 分以下为差。	合　计				
		评议人				

　　思考：对上述表格，你如何看待其中的各个评价要素，又是如何评价这张"评价表"的。请说说你的看法。

　　当然，如何评价课堂教学，可以有许多视角。如华中师范大学教授叶澜先生就提出了"五个有"的标准：

（1）有意义－扎实？（2）有效率－充实？（3）生成性－丰实？（4）常态性－平实？
（5）有待完善－真实？

此外，华东师范大学崔允漷教授不仅提出基于标准的教学、基于标准的学业成绩评价，还强调要教得有效、学得愉快、考得满意。他对观课议课还提出了新的思路，总结出4个维度和20个视角：

维度	学生学习	教师教学	课程性质	课堂文化
视角	准备 倾听 互动 自主 达成	环节 显示 对话 指导 机智	目标 内容 实施 评价 资源	思考 民主 创新 关爱 特质

思考：什么样的课才是好的历史课？我们应如何评价历史课堂？

二、历史试卷的设计

教学效果如何，最终表现为学生的学业成就。好的教学理应产生好的效果。然而，如何看待学生的学业成就，却是看法不一。目前，教师把分数看成是衡量学生学业成绩唯一标准的现象依然普遍存在，主要原因是通过测验获得学生的学习信息是最简便也是最客观的一种方式。而新课程倡导多元评价，理念很好，但是操作起来比较费时费事。所以，在实际运用中，对纸笔测验以外其他方式的应用目前还处于初级阶段，主要的评价方式其实还是以纸笔测验为主。

殊不知，日常的历史测验本身就存在着很大问题。其具体表现为：教师不会命题，随便找几份试卷一拼，就是一张考卷，或者到网上去下载试卷，然后作为考卷。考完之后，教师按照分数对学生排高低次序，有的学校还用各种变相的方式公布名次。而到了讲评课上，主要是对对答案。总之，与新课程所倡导的理念方法对照，其差距依然遥远。因此，如何出好一张试卷，如何作好一次试卷讲评，却是需要教师加以认真对待的。如果连这一点都不规范，那么其他改革更是纸上谈兵。

（一）日常历史考试（测验）命题的规范

1. 几个与考试命题相关的概念

首先，必须知道测验或测量和评价不是一回事。

所谓测量，是根据一定的法则用数字对事物加以确定。任何测量都包括三个要素：测量对象、测量工具和测量结果。如一次考试中的测量要素是学生的学业水平（测量对象）、历史试卷（测量工具）、测验分数（测量结果）。

所谓测验，"测验实质上是行为样本的客观的和标准化的测量"。

这里所说的"行为样本"，是指具有代表性的题目。因为一个测验不可能包含所要测的行为中所有可能的题目。

"客观的和标准化的测量"指标包括：一是题目的质量，包括难度和区分度；二是信度，指测验结果的可靠性程度；三是效度，指测验结果的有效性程度。

在日常生活中，测验和测量往往不加区分。

所谓评价，是依据测验目的和测验结果对学生行为变化和倾向变化给予价值判断的系统过程。

例如，某学生一次历史考试得到 80 分，这是测量的结果。但这"80 分"说明了什么？这才是评价。

测量和测验主要着眼于提供客观的资料本身，而评价则把重点放在资料的解释及其含义上。

二者关系：测量是手段，评价是目的。

注意：评价不仅借助量化的测验和测量手段，也借助非量化的，如档案袋记录、观察、访谈、录音、录像等手段。

换言之，评价有两种范式，即量化评价和质性评价。

2. 设计一份历史试卷的基本规范

设计一份试卷需考虑的第一因素是考试的性质与目的。不同性质的考试，其指导思想及试卷设计都是有区别的。

如果以期末历史考试为例，我们在设计试卷时该怎么做才是符合规范的呢？

期末考试属于总结性评价范畴，考试性质是水平考试。需要考虑：

考试依据：课程标准的要求（基于标准的评价）

考试范围的能级要求：双向细目表的设计

考试内容	能级要求		
	识记	理解	运用

难度：

计算难度的方式： 选择题　　$P=R$（答对人数）$/N$（总人数）

简答题　　$R=X$（平均分）$/X$（总分值）

试题难度分布： 较难题（0.2—0.35）　　10%

中档题（0.35—0.65）　　20%

较易题（0.65—0.8）　　60%

易题（0.8 以上）　　10%

原则上，尽量不出 0.2 以下难度的试题，尤其是在水平考试的试卷中。水平考试的一般难度尺度，就是通常所说的"7∶2∶1"（容易—中档—较难）。

区分度：区别好坏的程度；信度：准确性程度（科学性、合理性）；效度：正确性程度（内容与目的相符）；覆盖面：40%以上（按课计算，若按单元计算尽量每个单元都能涉及），等等。

试题命制的方法：三要素。情境：注意材料的选取，要有真实性，要联系实际、联系社会、联系学生生活，切忌胡编乱造。立意：注意试题的价值取向，要从知识立意转为能力立意。角度：注意问题的指向性、科学性，不出偏题、怪题。

题型：历史试卷多年来主要是三种题型：选择、材料、问答（或简答）。

编制试题的总体原则：

试题的形式和内容必须与考试目的相一致；

应以双向细目表为准，尽可能不随意增减；

同类试题的编写格式要统一；

试题表述必须用词恰当，表意明了；

试题不能照抄教材和练习上的陈题；

试题应各自独立，各题之间不能有关联，不能给其他试题提供暗示；

涉及内容要突出重点，兼顾全面；

试题要便于施测、作答、评分；

各类试题的编制原则和方法；

选择题要有考查价值；

选项数要一致；

题干语言要精练（现阶段发展以情境题为主，但发问仍需精练）；

选项要有干扰性；

选项不能重叠包容；

不能刻意编造，故弄玄虚。

材料解析题：

选材要典型、新颖；

要有一定的考查信息；

材料之间应有一定的逻辑联系；

初中生使用的材料量不宜过大；

设问要与材料相关联；

答案组织宜简洁。

问答题（目前材料式问答题居多）：

要突出重点；

要体现综合性；

要引发思维性；

要明确问题的范围；

要注意答案的多样性。

（二）中考历史对教学的导向功能

在目前我国各类考试中，最难出的卷子就是中考试卷。与高考卷相比，高考是选拔性考试，试题无论怎么出，难度有多高，总有解释的理由。与会考相比，会考是水平考试，考查学生的达标状况。所以，无论试题如何容易，也是说得过去的。唯独目前的中考是两考合一，既要让学生毕业，又要为高一级学校作好选拔，是两种不同性质的考试整合在一起的考试。所以，这样的试题最难把握。

中考命题的总体要求和日常考试既有一致的地方，又有更高更复杂的要求。

其一，中考需在考前面向全体师生公布考纲，这个考纲其实就是导向，就是承诺。考纲中要说明命题的指导思想、考试范围、要点、能级要求，还要对各类能级要求作出解释。并且提供相应的题型示例，以便师生理解把握。

其二，中考考纲的依据是课程标准。但是，必须说明的是，课程标准仅仅是对全国历史教学的最低要求。中考具有选拔性功能，加上许多区域是以开卷考试的方式来组织中考的。这是《课程标准》的制定者无法解决的难题。

通常，发达地区的中考考纲要求会高于课程标准的要求，也理应高于《课程标准》的要求。

其三，命题的具体要求、原则，如科学性、思想性、思维性、综合性等可以写进去，甚至写创新性、发散性也不要紧。但是，总体难度的把握必须控制到位。一个区域的难度系数通常在 0.70～0.75。难度系数太高的话会有很多学生要补考，这肯定不合适；难度系数太低又失去了考查的价值，不利于学生的思维发展。

其四，中考命题的程序比一般考试要严密、周密，特别强调保密。对整个试卷的推敲和每一道试题的推敲需要很长时间。

（三）测验结果的处理——评价

日常考试，只是一种测量方法，如何看待测量的结果，作出价值判断，才是评价。通常，有些教师简单处理结果，作一些数据统计，然后把失分较多的题重点讲解，或者让学生讲。有些教师在平时的讲评课上，只对答案的现象是常见的。一个重要原因就是课时紧，教师不可能拿出大量的时间来处理结果。那么，应该如何处理测验结果呢？

首先，教师要明确日常考试的目的，不是对学生排一个高低，分一个好差。而是通过考试，诊断学生的学习状况，及时发现学生学习过程中的问题，并在后续教学中加以改进，同时有针对性地帮助学生解决问题。换言之，这种评价是过程性（发展性）评价，以促进学生的发展为目标。

其次，考试总是以数字来说话的。教师必须对每一场考试的数据进行统计分析，不仅要分析整个班级或年级的，还要分析学生个体。数据包括：各分数段人数；最高分、最低分、平均分；每道题的答对人数；每个人错在哪里。

在此基础上，首先要从整体上看，错误的性质是什么？是基本概念、基本史实，还是思维方法或解题方法。形成错误的原因是教学问题，还是命题指向不明？或是学生的思维遇到障碍，态度不端正，等等。要有一个基本判断。

对于学生个体，要关注哪些学生进步了，哪些学生退步了，退步的原因是什么，等等。

再次，教师在进行试卷讲评时，要对问题进行归纳，重点解决共性问题，兼具个别有代表性的问题。主要还是让学生参与问题矫正的过程，特别是要帮助有差错的学生，尽量多给他们一些参与的机会。

最后，坚决杜绝用不文明的语言或打击学生自尊心的方式，如讽刺挖苦、张榜公布名次等方式，要充分发挥考试评价的激励功能。

案例分析

案例

1. 少年瞿秋白针对当时的社会变化说："皇帝倒了，辫子割了"。下列选项反映这一社会变化的是（　　）

A. 洋务运动　　B. 维新变法　　C. 辛亥革命　　D. 新文化运动

答案：C

分析：本小题考查考生对辛亥革命作用的理解水平。平均分为 1.31，难度系数为 0.87。试题在表述上，借助少年瞿秋白的眼光来创设情境，有新意。考生在解答这道题时，需要了解在四个选项中，只有辛亥革命起到了推翻封建专制并在社会上起了移风易俗的作用。其他选项，如洋务运动是为维护封建统治服务的，维新变法运动是在皇帝支持下进行的，因此可以排除。新文化运动是一场思想解放运动，针对的是北洋军阀反动统治，此时民主共和观念已深入人心。总体来说，考生只要把握住四场运动的作用，答案就不难辨析。

2. 正确区分历史史实与历史观点，是学习历史的重要方法。下列表述属于历史史实的是（　　）

A. 炎帝是中华原始农业的创始人

B. 孔子主张"有教无类"

C. "丝绸之路"有利于东西方经济文化的交流

D. 科举制度是扼杀人性的罪恶制度

答案：B

分析：本小题考查考生学习历史的方法，难度系数为 0.43。解答此题的关键是，在各个选项中辨析出什么是客观史实，什么是历史阐释。由于一些学生习惯于记诵，缺乏辨析的能力，导致失分。因此，在历史教学中，教师需加强学生历史学习方法的指导，切忌死记硬背。

3. "20 世纪在世界现代化发展道路上有三次重要的改革、调整和机遇。一次是在

20年代初的俄国，一次是在30年代西方大危机时期的美国，还有一次是在70年代末期以来的中国。"其中发生在社会主义国家的是（　　）

①苏俄新经济政策　②中国"大跃进"运动

③中国改革开放　　④苏联戈尔巴乔夫改革

A.①③　　　　B.③④　　　　C.①②　　　　D.①④

答案：A

分析：本小题考查考生对世界现代史上的重大改革情况的辨析能力。平均分为1.0，难度系数为0.66。解答此题的关键是审题，题干强调发生在社会主义国家的改革，并列出了三次改革的时间。抓住这两个方面，该题不难解答。由于四个选项列出的都是发生在社会主义国家的事件，因此重点抓住时间即可。在教学中，要引导学生审清题意，切忌匆忙作答。

4. 历史学家黄仁宇先生在《资本主义与二十一世纪》一书中以"外事之刺激"和"中国的反应"来分析近代前期中国的变化。

"外事之刺激"			"中国的反应"
英国发动侵略中国的鸦片战争。	1842年	南京条约	"清政府虽战败而无意改革，对不平等条约反应少。"
英法联军侵入北京。	19世纪60至90年代	①	"'中学为体，西学为用'，保卫传统体制，在造船、制炮等技术方面吸取西方科技。"
②	1898年	戊戌变法	"企图君主立宪，创制新法律，编制预算，改革教育。"
八国联军侵华	1911年	③	"否定两千年来的政治体系。"
④将中国的主权任意宰割。	1919年	五四运动	"知识阶级全部革面洗心，改革及于文化与思想。"

请回答：

（1）根据材料结合所学知识，填出各序号所表示的历史事件。

（2）根据材料结合所学知识，说明历史事件①和③在政治目的上的根本区别是什么？

参考答案：

（1）①洋务运动；②中日甲午战争（或马关条约的签订）；③辛亥革命；④巴黎和会（或凡尔赛和约）。

（2）洋务运动主张维护封建统治；辛亥革命主张推翻封建君主专制统治。

分析：本小题共6分，难度系数为0.66，均分为4分［其中第（1）题是2.70分；第（2）题是1.30分］。本小题采用表格题，第（2）题填表，第（2）题根据表格的内容完成一道综合性问题。主要涉及中国近代史以下考点：中英《南京条约》、鸦片战争的影响；英法联军火烧圆明园；洋务运动及其地位和作用；甲午中日战争，《马关条约》及影响；戊戌变法及影响；八国联军侵华战争；辛亥革命的意义；五四运动；《凡尔赛和约》等。命题的第（1）题在立意上要求学生了解历史的基本史实和基本线索；能初步分析历史事实的因果关系及作用影响。命题的第（2）题要求学生对所学知识进行比较、归纳和整理；初步认识历史事物的本质和规律。在整个大题中，从得分情况来看，失分率也是属于比较高的，尤其是出现了较多的 0 分。但这道题学生若能仔细审题，分清因果关系，得分并不是很困难，所以拿满分的学生有 33.28%。

考生常见的错误如下：第（1）题的①洋务运动，许多考生写成"北京条约"，估计是根据前面一格"南京条约"推理的，还有回答"第二次鸦片战争；火烧圆明园；左宗棠收复新疆"等。第（1）题的②中日甲午战争或"马关条约"，得分率较高，但答案五花八门。多位考生写成"光绪帝颁布《明定国是》诏书"或"维新变法运动"，还有许多考生写"日本侵略中国"，"公车上书、民族危机日趋严重、明治维新"等。第（1）题的③辛亥革命，此题的回答与①洋务运动有异曲同工之处。许多考生回答"辛丑条约"，估计也是根据前面一格"南京条约"推理的，还有许多回答义和团运动、新文化运动、中华民国成立等等，这些答案共同之处是忽视了左边一格的时间，右边一格的影响，第（1）题的④巴黎和会或"凡尔赛和约"，这题得分率较低，很多考生写"英法美、列强或战胜国"等，但要求是填写历史事件，考生在审题时没有注意到这一点，当然是不能得分的。还有考生写巴黎和会上《九国公约》，史实混淆。

第（2）题要求写出历史事件①③在政治目的上的根本区别。该问共 2 分，平均得分 1.30。本题因为与第（1）题有关联，若第（1）题中①③回答错误，此题也不可能正确作答，故本题 0 分达 28.88%。由于对政治目的的含义不理解，一些考生把洋务运动的政治目的与内容混为一谈，把辛亥革命的政治目的写成"三民主义或君主立宪"等。

5. 思想解放是伟大社会实践的先导，中外历史上巨大社会变革都与思想解放运动有关。据此回答下列问题。

（1）根据表中的相关信息，按表中空格处的数字顺序，在答题卡上填写相应的内容。

运动名称	开拓性代表人物	运动核心思想	主要作用
文艺复兴运动	但丁	人文主义	①
法国启蒙运动	②	③	弘扬理性，全面清算封建意识形态，把人们的思想从宗教神学和封建专制的禁锢中解放出来。
新文化运动前期	④	民主、科学	激发了广大青年追求新思想的热情，促使人们冲破封建思想的樊笼，探索救国救民的新出路。

（2）概括上述三大运动的共同作用。

参考答案：

（1）①打破了中世纪以来的封建统治和教会神学对人们思想的束缚，强调人的作用；是资产阶级叩响近代社会大门的思想解放运动；②伏尔泰；③理性主义；④陈独秀。

（2）反封建，解放思想，推动社会进步。

分析：本小题考查的是中外重大思想解放运动的有关知识，涉及文艺复兴、启蒙运动、新文化运动。总分为 6 分，平均分为 4.20，难度系数为 0.70。

此题考查考生使用历史图表，以及比较、概括历史事实的能力。在对代表人物的考查上，强调"开拓者"；在对思想的考查上，强调"核心思想"，不求面面俱到。在对主要作用的考查上，强调概括、比较共同作用。考生失误主要表现为审题不清，填写代表人物时随意性强，填写核心思想时混同于一般思想，填写共同作用时不加概括与比较。因此，在历史教学中，教师需加强学生审题能力的培养，同时关注"比较与概括能力"的培养。

6. 阅读下列材料。

材料一：我确信，全国同胞们正期待着我在就任总统之时，能坦诚而果断地向他们说明我们民族在目前处境下的前进方向。……目前的状况是，工业企业枯萎的落叶随处可见；农民找不到他们的产品市场，一大批失业的人们正面临着严酷的生存问题。

　　　　　　　　　　——罗斯福总统首任就职演说 1933 年 3 月 4 日

材料二：八年前，当这个共和国的生命似乎被一种宿命论的恐怖封冻时，我们证明了这不是正确的，我们身处打击之中——但是我们行动起来了。……近些年来国家一直生机勃勃……

　　　　　　　　　　——罗斯福总统第三任就职演说 1941 年 1 月 20 日

材料三：在今天，我们的任务是拯救这个国家和它的各种制度，以免受到外部摧毁。

　　　　　　　　　　——罗斯福总统第三任就职演说 1941 年 1 月 20 日

请回答：

（1）根据材料一并结合所学知识，概括说明罗斯福就任总统时，美国面临什么样的"处境"？

（2）材料二所说的"我们行动起来了"，这个"行动"及其核心措施分别是什么？有何特点？"行动"的结果如何？

（3）根据材料三并结合所学知识，说明这个国家和它的各种制度面临着什么势力的威胁？这一年来自"外部摧毁"的重大事件是什么？美国是如何应对的？

参考答案：

（1）处境：1929～1933 年经济大危机（或大萧条）。

（2）行动：罗斯福总统实行"新政"；

核心措施：实施《全国工业复兴法》；

特点：资产阶级政府大规模干预经济生活；

结果："新政"使美国渡过了危机。

（3）威胁：法西斯势力；

外部摧毁：日本偷袭珍珠港；

应对：美国对日宣战，正式参加世界反法西斯战争。

分析：本小题考查的是罗斯福新政的背景、内容及影响，还考查了与之相关的第二次世界大战的内容。总分为9分，平均分为5.80，难度系数为0.64。

本小题重点考查的是考生从历史材料中获取有效信息并准确解读的能力，重视对材料本身的信息提取与运用；还考查考生结合所学知识，并运用所学知识解决问题的能力。其中，第（1）和第（2）题的难度系数为0.70，考生答题主要失误表现为对核心措施不清楚，混同于一般措施；还对新政的特点把握不准，对结果的表述不准确。第（3）题的难度系数为0.53，反映出考生对知识的拓展性联系还把握不住，尤其是概念混淆，以"第二次世界大战"来代替"珍珠港事件"这个概念，导致失分。在历史教学中，教师要加强学生的材料阅读与解析能力的培养，帮助学生弄清历史概念，同时在教学中还要加强知识之间的纵横联系，将历史事件置于宏观历史背景下加以考查，帮助学生全面理解。

7. 阅读下列材料。

材料一：1950年，中央人民政府颁布《中华人民共和国土地改革法》，规定："废除地主阶级封建剥削的土地所有制，实行农民的土地所有制。"

材料二：家庭联产承包责任制（采取）包产到户的形式，把土地包给社员，以家庭为单位分散经营。家庭联产承包责任制不同于中国过去农村的任何一种土地制度，它是以土地等基本生产资料的公有为前提的。

请回答：

（1）根据上述材料，指出土地改革和家庭联产承包责任制中所实行的土地所有制有何不同？

（2）土地改革何时基本完成？家庭联产承包责任制是在中共中央哪次重要会议之后开始出现的？

（3）结合所学知识，说明土地改革和家庭联产承包责任制所产生的共同作用。

参考答案：

（1）土地改革实行的是农民土地所有制；

家庭联产承包责任制实行的是土地公有制。

（2）1952年土地改革基本完成；党的十一届三中全会。

（3）调动了农民的生产积极性；促进了农业生产的发展。

分析：本小题总分为6分，难度系数为0.70，均分为4.20［其中，第（1）题1.10分；第（2）题1.80分，第（3）题1.30分］。本题主要考查考试说明中涉及的中国现代史部分"中华人民共和国土地改革法"和"家庭联产承包责任制"两个知识点，能级要求均为 B 级。

从考生作答情况来看，第（1）题错误的考生，大多没有审清题意，忽略了题干中的关键词"所有制"，甚至从答案来看，有考生弄不懂"所有制"的概念，不知道"所有制"指的是"人们对生产资料的占有形式"，所以答案出错就不奇怪了，以至许多考生把"土地改革"和"家庭联产承包责任制"的意义一抄了事。第（2）题：本小题的得分率在三个小题中是最高的，难度系数在 0.90 左右，看得出绝大多数考生对土地改革完成的时间以及家庭联产承包责任制实行的时间掌握得比较准确。第（3）题：从本小题的阅卷情况来看，大多数考生能够写出两个历史事件的部分共同作用，比如"促进农业的发展""促进农村经济的发展""提高农村生产力"等，但是容易忽视共同作用的另一个方面，那就是"调动了农民的生产积极性"。

从答题总的情况来看，大概有 45% 左右的考生拿到了 5~6 分，但也出现相当多的空白卷，这是命题与阅卷者始料未及的。本题的命题思路清晰，源于课本，高于课本，大多数考生经过思考可以得出正确的答案。

8. 阅读下列材料。

材料一：19 世纪法国著名的历史学家托克维尔认为："当今世界存在着两个伟大的民族，他们就是俄国人和英裔美国人。这两个民族是在不知不觉中发展起来的，正当世界注意着其他地方的时候，他们却突然加入第一流民族行列……两者出发点不同，道路各异，尽管如此，看来他们都在上帝的意志的驱使下，为今后有朝一日能够掌握半个世纪的命运而奔波。"

材料二：俄国——苏联——俄罗斯联邦，无论是昨天还是今天，甚至是明天，它都是中国最大的近邻。……十月革命爆发的消息传到中国后，革命家李大钊立即满怀信心地断言："试看未来之域中，定是赤旗之天下。"另一位伟大的革命家毛泽东也大声宣布："十月革命一声炮响，给我们送来了马克思主义。"走苏联的路，建立苏维埃政权，人民当家做主，这一个个理想激励着几代中国人为之不惜抛洒热血。

请回答：

（1）根据材料一结合所学知识，列举两个民族在 19 世纪中期"发展起来"的重大历史事件及其作用？

（2）材料一中"为今后有朝一日能够掌握半个世纪的命运"的预言是否有道理？为什么？

（3）根据材料二结合所学知识，分析十月革命对世界历史产生的影响？

（4）根据材料二结合所学知识，从"十月革命一声炮响，给我们送来马克思主义"至 1921 年，在中国发生了哪些改变中国历史命运的重大事件？中国人民从此"当家做主"是在哪一历史事件之后？

参考答案：

（1）俄国：通过废除农奴制改革，走上了发展资本主义的道路。美国：通过内战，使国家和民族的统一得到维护，资本主义更加快速地发展。

（2）有道理。二战后，形成了以苏美两极对峙的世界格局。

（3）影响：十月革命把社会主义的理论变为现实（或俄国成为第一个社会主义国家，在人类社会的现代化进程中开创了社会主义探索道路），为世界上落后国家的发展树立了榜样。

（4）事件：五四爱国运动；中国共产党的诞生；中华人民共和国成立。

分析： 本小题总分为12分，难度系数为0.69，均分为8.30。在试卷中本小题是历史学科的主打题目，考查的重点是考生的历史综合运用能力。在内容上涉及中外近现代史上最主要的国家：俄国、美国、中国，时间跨度长达一个多世纪。

从考生答题情况来看，第（1）题出现的错误情况有：①对"两个民族"指什么，没能作出正确的判断。材料中提到的有，"法国历史学家""俄国人""英裔美国人"等，部分考生不能准确理解，出现了回答英国、法国等情况，另外还有回答日本的。②对"19世纪中期"的时间判断失误，出现了写俄国、美国历史上发生的其他重大历史事件，如十月革命、独立战争、新经济政策、罗斯福新政等。③对重大历史事件名词叙述运用不准确、不规范。如美国内战，写成"解放黑人奴隶宣言、废除奴隶制"等；俄国农奴制改革写成"沙皇改革、俄国改革"等。④对重大历史事件认知错误，张冠李戴。⑤对历史作用的表述不完整，不能准确把握历史作用中最重要的中心句。第（2）题出现的错误情况有：①对"今后"理解错误，没有看到材料引用的是19世纪历史学家的话，"今后"应是19世纪以后，而不是从现在往后。这类考生较多的作出了否定式判断，所以本小题为0分。②对"为什么"的理解有歧义。题目问的是"为什么这句话有道理"，一些考生认为是"为什么这两者能掌握半个世纪的命运"，这类考生把较多的答题篇幅放在了论述美、俄各自国家的发展情况上，导致失分。

第（3）（4）题的技术性失分较多，特别是错别字较多。如"中共一大"中的"大"字出头写成了"丈"字；"中华人民共和国"的"华"字写成了"国"字，"新中国的成立"中的"立"字写成了"力"字，"中华人民共和国"中的"和"字写成了"合"字，"中国共产党"写成了"中国公产党"，等等。还有书面表达失分，表述不规范。如把俄国十月革命写成"苏联十月革命"；十月革命把社会主义的理论变成现实写成了"十月革命把资本主义的理论变成现实"，等等。此外，还有审题不清、概念混淆的情况。有的考生在答题时，不是先审题，而是先忙于抄书，看书中哪些段落与试题内容接近，就抄哪些段落。由于审题不清，缺乏对题目的整体理解，也就难以形成一个完整的思路，往往是东抄一段，西抄一段，不得要领。如把十月革命的意义写成了"列宁新经济政策的意义"，新中国成立的时间写成了"1994年"，十月革命的时间写成了"1918年"，中共一大的召开的时间写成了"1928年"等等。

修炼建议

初中历史教师在学习历史教学评价时，需注意以下几点：

（1）学习评价理论，尤其是新课程所倡导的评价理念。可以重点学习历史新课程标准中的评价建议。在此基础上，阅读有关教学评价方面的理论书籍，结合教学实践，在运用中不断提高评价能力。评价的改革是整个课程改革中最难突破的一个瓶颈，政策方面的评价改革是有关部门的职责。作为历史教师，必需的评价知识还是要具备的。

（2）命题工作是教师工作的一项基本功。在日常工作中，历史教师要学会命制原创题，精选优质典型题。要学会分析学生解题的思维状态，通过对学生的解题情况进行分析，适时改进教学，提高教学质量。

（3）要有牢固的多元评价意识，要学会用发展的眼光看待每一位学生，并以促进每一位学生的发展为教师的使命与责任，反对仅以分数论英雄的各种行为。

专题八　做一名反思型历史教师

一、反思型历史教师的特征

反思是教师以自己的职业活动为思考对象，对自己在职业中所作出的行为以及由此所产生的结果进行审视和分析的过程。新课程认为，反思型教师具有较强的自我反思意识和自我监控能力。一般来说，反思型教师具有以下一些特征：

（一）创造性

反思型教师往往在课程实施过程中，表现出更多的创造性。反思型教师习惯用质疑的眼光审视自己和同事的教学，用批判的思维分析、检验教学信念，因此，他们不满足于现状，不断追求新思想的生成，追求原有经验的发展和创新。在教学实践中，反思型教师很少会用自己以前或他人现成的教学设计，也不会拘泥于教材和教参教学，更不会不顾学生的实际展开课堂教学。

首先，反思型教师在课前对各种教学资源会进行创造性的整合和开发。如科学地处理教材，联系学生生活经验，敏锐地捕捉学生生活中的热点问题，拓展课程资源，为学生的课堂学习提供良好的学习环境。

其次，反思型教师在课堂教学中会创造性地处理好预设和生成的关系。反思型教师不仅要根据学生的实际学习情况，对教学设计进行适当调整，而且还要能够敏锐地发现有价值的动态生成资源，并运用自己的教学智慧合理利用这些宝贵的资源，让课堂成为学生和教师共同创造课程、不断意义建构的过程。

第三，反思型教师在教学设计时会经常表现出独特的风格和思想。反思型教师善于观察、勤于思考的习惯，往往为他们提供了更加理性的思考和判断能力。他们会基于自己对于教学内容的理解和学情的分析，作出自己的判断和选择，从而创造性地运用自身的理论和专业知识设计出具有个人独特风格、体现个人思想的教学方案，而不会人云亦云。

（二）批判性

反思是教师立足于自己的实践经验，通过深刻的内省来调控自己的情绪和行为，整合自己的知识和信念的活动。它是"思考"的一种形式，但又不同于一般的思考。反思更多地表现为批判性思维方式。

首先，反思型教师的批判性表现为对自己教学行为的审视和调整。布莱克认为，"反思是立足于自我之外的批判地考察自己的行动及情境的能力。"反思过程是教师对自身教学经验与教学活动不断质疑、不断追问的过程，教师将否定自身实践的不合理因素，对正确的、有效的行为或活动给予肯定。即反思型教师善用质疑的眼光看待自己的教学行为，并作出理性的自我分析和自我评价，以改进自己的实践。

其次，反思型教师的批判性表现为对教育理论的谨慎运用和教学信念的检验。反思型教师在接触新的教育理论时，表现出较多理智的思考，他们一般会在自己充分理解、全面把握的基础上，将理论运用于实践。在理论向实践转化过程中，反思型教师还会坚持跟踪性研究，检验理论的指导作用。

（三）自主性

反思是人的思维的一种品质，它使人更清晰地理解自己的行为和行为的后果，从而更加理性、更加有目的地开展行动。反思型教师相比其他教师，具有更明显的自主性。

首先，反思型教师的自主性表现在专业学习方面。《课程标准》指出："历史教师只有不断提高自己的史学素养与教育素养，才能在历史教学活动中发挥最重要的人力资源的作用。"[①] 反思型教师倾向于追求教学设计的完美性，他们总感觉自身已有的理论和专业知识还不够，需要不断学习，向书本学习，向同行学习。因此，反思型教师在专业学习上体现出更大的自主性，他们有着终身学习的习惯，总能在不同的发展阶段为自己确定学习内容和学习目标，并朝着既定目标努力。

其次，反思型教师的自主性还表现在专业成长方面。自主的、主动的学习使教师产生知识建构者的知觉，进而能顺利地建立专业自尊及意识。反思型教师是自己专业成长的责任主体，有着更多的专业自主权。他们个人专业成长的目标明确，能够制定个人专业成长规划，并有相应的专业发展措施，善于调用一切资源为自己的专业成长服务。

（四）研究性

反思是教师对自身教学实践积极主动地、以批判的眼光进行理性思考与分析的过程。反思所独有的批判性和质疑性，使得反思者更容易将研究和教学实践相结合，在研究中实践，在实践中研究。教师将批判反思的意识和探究活动纳入教学活动，养成不断学习、批判反思的习惯；增强研究意识，以研究者的眼光重新审视自己身边的教学实践，解决教育教学过程中遇到的问题；把教学与研究整合起来，形成一种新的专业生活方式。反思进行的行动研究，刺激教师不断发展自己的实践性理论，发展自己教学工作的主导性原理。通过行动研究，教师个人的实践经验与智慧可以获得系统化的整理，有利于教师实践知识的保存、分享、创新和扩散，从而提升教师个人知识的

191

---

① 中华人民共和国教育部．义务教育历史课程标准（2011 年版）［S］．北京：北京师范大学出版社，2012.

应用价值。

（五）高成长性

教学反思是教师培育职业感情，构建专业思想、改善教学技能的赋权增能过程，能够帮助教师走向自觉、自主与探究的专业发展之路。由于反思型教师在教学中更具有创造力、在思考时更具有批判性，在专业发展上具有更多的自主性，在教学实践中有更明显的研究性，因此反思型教师在专业成长上体现了更高的成长性，在专业领域中扮演着更活跃的角色，相信他们对教育未来发展的方向将会产生更大的影响力。

二、做一名反思型历史教师的途径

（一）勤于学习，为反思提供支撑

观念的更新不仅是做好教育教学工作的前提，也是教师进行反思必不可少的保障条件。如何才能使自己的观念不落伍？只有通过不断学习、不断吸收最新研究成果，才能让自己始终处于教育教学阵地的前沿，让反思的背后有先进的教育理念的支撑。

学习途径之一是阅读理论书籍。根据自身的需要，选择1～2本包含教育教学较新研究成果的书籍，作为每学期的学习内容。

学习途径之二是参加各种形式的培训活动。参加培训时，做有心人，吸取精华，为我所用。

学习途径之三是积极参与各级教研活动，认真开展相互听课、说课、评课活动，博采众家之长，迅速提高自我业务水平。

学习的关键是善于思考，善于运用。如果教师将接触到的理论知识和实际工作结合起来考虑问题，就会经常获得一些启示，其理论水平和工作水平都会得到提高。

（二）善于观察，为反思提供信息源

教师反思的问题大多源于生活，这就要求教师要善于观察生活，观察自己和同行的学习、教学的行为，观察学生在课堂中的表现等。教师要仔细观察，更要善于从别人司空见惯的现象中发现问题。一般来讲，教师在对同行观察时，除了采用听课、当面请教、倾听等方式，采集信息，为自身专业成长服务。教师在对自己所教班级学生进行课堂观察时，除了采用眼看、耳听外，还可采用学生课堂表现记载表、学业当堂评价等方式，尽可能多地采集有效信息，以让自己作出正确的判断和高质量的反思，从而进一步改进教学。

（三）主动研究，提炼反思成果

在教育教学工作中，我们经常会碰到一些问题和困惑，而后得到一些心得体会。教师要通过写教学后记或以小论文的方式将自己的心得及时记录下来，为改进教学奠定基础。同时，教师要有研究的意识，能对发现的问题进行持续、系列的探究；从教学研究的角度，能运用行动研究的方法，进行专题式探索，从而实现自身经验的提升，形成较强实践性的主导理论，真正发挥出反思对其专业成长的促进作用。

（四）合作交流，提升反思水平

教师的反思是在群体支持下的教师个体探究活动。即教师不仅要积极反思，而且还要主动与其他人进行交流，借助群体的智慧提升个人的反思水平。这就需要教师具有交流合作意识，而且这种交流合作也是始终如一地与教学实践同步进行。具体如下：

1. 教师要加强与同学科教师的合作

在传统的教学活动中，教师常常"单兵作战"，依靠个人的力量解决课堂上的问题，普遍存在着"单干"的现象。在教学实践中，不同的教师在教学内容处理、教学方法选择、教学整体设计等方面的差异是明显的。教师之间应该随时切磋，随时交流，相互启发，相互补充，实现思维、智慧的碰撞，从而产生新的思想。教师不能一心只教自己的书、管好自己的学科，而应打破以自我为中心的封闭式教学心态，打破文人相轻的堡垒，以开放的态势，认真聆听其他学科教师的教学理念、育人方法、教学手段等，从他们的闪光点中启悟自己教学的得失、权衡自己教育的利弊，从中撷取能为己所用的知识。只有这样教师才能不断提高自己的教学技能，提高教育教学效率，从而达到共同成长的目的。

2. 教师要加强与其他学科老师的合作

新课程提倡培养学生的综合能力，而综合能力的培养要靠教师集体智慧的发挥。新课程标准要求教师打破自己原有的知识结构，冲破学科壁垒的禁锢，不再让知识结构单一，加强与其他课程及生活的联系，促进学科素养的整体推进和协调发展。新课程标准又要求教师必须学会新的教学技能，即搜集和处理信息的能力、课程开发和整合的能力、将信息技术与学科教学有机结合的能力、广泛利用课程资源指导学生开展探究性学习的能力等。这些都强调教师要善于与其他学科的教师合作，以增强教育者之间的互动联系。因此，教师必须改变彼此之间的孤立与封闭现象，学会与他人合作，包括与同类学科教师的合作、与不同学科教师的合作。

3. 教师要加强与家长的合作

学校教育与家庭教育密不可分，良好的家校合作有利于学生的成长。同时，家长具有专业的行业知识和能力，可以为教学提供独特的课程资源，因此，教师要加强与家长合作，让家长成为教育教学不可或缺的宝贵资源。

4. 教师要加强与学生的合作

新课程强调，教师是学生学习的合作者、引导者和参与者，教学过程是师生交往、共同发展的互动过程。它不仅是忠实地执行课程计划的过程，而且是师生共同开发课程、丰富课程的过程。正如《课程标准》中指出的，"教师应重视学生资源的开发与利用，积极利用学生已有的社会阅历、知识经验及认知基础，调动学生积极参与历史教学活动，在师生的共同努力下，完成历史教学的任务。"①

---

① 中华人民共和国教育部．义务教育历史课程标准（2011 年版）［S］．北京：北京师范大学出版社，2012.

苏霍姆林斯基在谈到师生关系时指出，"师生应该是共同探求真理的志同道合者，师生之间必须进行平等的交流。"新课程中这种师生关系的转变，可以大大激发学生的求知欲，使他们可以自由地提问、质疑。在学生心中，教师就像是他们的朋友，而教师在与学生共同学习的过程中，也易于抛开以往那种居高临下的权威，真正和学生打成一片。

案例分析

案例

浅谈课本剧在课堂教学中的应用①
——历史课程改革中的一点反思

伴随着新课程的实施，许多新型的教学形式也层出不穷。其中，最受青睐的大概要属课本剧了。课本剧究竟魅力何在？价值几何？我就近年来的教学体会，谈谈自己的一些认识，与大家共同商榷。

我第一次正式将课本剧形式引进课堂教学，是在课程改革开始前。那是一节市级公开课，我开课的选题是：秦汉文化课外学习成果展示，课型：活动课。整节课由三部分组成，即文化成就、名人轶事、知识知多少（知识竞赛）。其中，"名人轶事"这个环节，是以课本剧形式出现的。

课前准备工作：全班46位学生分为两大组，各组学生分工、合作，经历了确定选题、查阅资料、编写剧本、推选导演及选拔演员的过程，是一次由学生自编、自导、自演的学习过程。教师密切关注着准备过程，对选题、排练、学生间的合作问题提出一些建议和帮助。

课堂效果：短剧内容为神医华佗治病救人和司马迁忍辱写《史记》两个历史片段。每个短剧演出约5分钟左右。台上同学惟妙惟肖的表演赢得了一阵阵笑声和掌声，几句旁白道出了故事所蕴涵的道理，而教师适时、适度的点评则将故事中所蕴涵的精神进一步升华。

开课结束后，我感觉本次课本剧的应用不仅培养了学生查阅资料、筛选资料的能力，而且锻炼了学生写作剧本、口头表达和表演的能力，更重要的是学生学会了与他人合作。

因此，我和学生们都被课本剧"迷住"了。学生们热情高涨，我也是信心百倍，以为找到了课堂教学改革的突破点。于是，我在后来的教学中频繁应用课本剧。但是，形势的发展却很快出乎意料。我渐渐发现，愿意承担课本剧演出的学生越来越少；有演出时，能耐心观看的人也越来越少；课本剧的质量越来越差；而作为教师，我也感到课本剧十分无聊……恰逢课改半年有余，放眼四周，惊呼课本剧竟已"功成名就"，

---

① 张萍. 浅谈课本剧在课堂教学中的应用 [J]. 中学历史、地理教与学，2005，(8).

几乎文科类公开课都会有课本剧的影子。一时间，课堂成了课本剧演出的"舞台"，教师是"导演"，少数学生是配角中的"主角"，大多数学生只是不起眼的"群众演员"，很多情况下只是"观众"与"听众"。并且，在一些公开课上，也已出现课本剧向肥皂剧发展的倾向，似乎是为了搞笑而演出，有哗众取宠之嫌。更让人担忧的是，有一次公开课，课本剧内容出现了好几处历史常识错误，教师点评时竟以肯定学生出色的表演一带而过，对错误却只字不提，真是误人子弟。

经历了失败，我认真学习了新课程的理论，再度审视课本剧，更多地看到了它的局限性。

1. 课本剧课前准备工作量大，增加了学生的负担

每个成功的课本剧，都需要学生、教师课前付出大量的心血、精力来准备。一般要经过确定选题、查阅资料、编写剧本、推选导演及选拔演员的过程，这个工作量是庞大的。学生在完成各门功课学习任务的同时，再承担如此重的工作，他们的时间、精力允许吗？为了达到教师教案所预设的效果，这样的付出值得吗？如果同时有几门学科都要求学生编排课本剧，那将是怎样的局面？我觉得，这是学生们不愿意承担课本剧任务的主要原因之一。

2. 课本剧关注了少数学生，却忽视了多数学生

新课程强调教育应面向全体学生，遵循以学生发展为本的基本原则。历史课程应突出体现义务教育的普及性、基础性和发展性，应面向全体学生，为学生进入和适应社会打下基础，为学生进一步接受高一级学校教育打下基础。但由于课本剧的特点，每次只能有少数学生参与。于是，课本剧往往成了某几个学生的"专利"，多数学生成了观众。于是，教师理想主义的教学目标成了针对少数人的教学目标。课堂上，教师所关注的也是这少数人。其实，多数学生由于被忽视，他们会对课堂漠不关心，而少数人由于缺少观众，便想尽办法吸引观众，于是，哗众取宠的行为便油然而生，课本剧的质量和教学效果也因此降低。这是与新课程理念相违背的，也是学生们不愿意承担课本剧任务的另一个主要原因。

3. 课本剧预设性太强，缺少新的动态生成

预设是教学的基本要求，教学是有目标、有计划的活动，教学的运行也需要一定的程序。课本剧从选题、编排到演出，都是事先精心设计的，体现出较强的预设性。由于受教学活动计划性、预设性的影响，学生的思维与活动总是被限制在教案的束缚中。

新课程要求从生命的高度、用动态生成的观点看待课堂教学。动态生成的教学是根据学生的具体情况，随时调整教学过程，真正使学生成为学习的主人。它追求真实自然，敢于"暴露"意料之外的情况，课堂再现的是师生"原汁原味"的生活情景。我们的课堂教学首先要求真，然后求善、求美。这是动态生成的教学观对我们的课堂教学提出的要求。课本剧是教师把课堂教学当做一种理想状态来设计的成果，它体现的不是真实的课堂，是预设的、虚假的，不符合动态生成的观点。

课本剧的局限性决定它必然没有持久的生命力，但鉴于它在创设历史情境、实现情感体验方面具有独特的优势，我决定对它进行改进、调整。首先，我对自己提出了"慎用课本剧"的要求，并制定了优化课本剧的几条对策。

（1）优化课本剧使用时机。当课本剧的教学效果，其他教学形式无法替代时，才允许自己使用课本剧。

（2）优化课本剧教学目标定位。既然课本剧的主要优势在于创设历史情境，实现情感体验，因此其目标宜着眼于情感价值观方面，不宜于其他，尤其不适合科学知识的学习。

（3）优化前期准备工作。课本剧的准备应以学生的知识背景准备为主，如引领全班学生查阅相关资料等。只有具备了相应的知识背景，学生才有可能达成情感上的共鸣。

（4）优化课本剧的设计。改变以往预设过多的做法，引进课堂动态生成。即将课本剧的编排、演绎都纳入到课堂教学过程中。教师在教学过程中提出编排课本剧的要求，让全班学生以小组为单位，都参与编排和演出，演出过程中不追求完美，只追求真实。

（5）优化教师的知识结构，提高评价、引导水准。动态生成，对教师的本体知识要求提高了。表演结束后，我一般要做两件事：一是通过教师或学生评价的形式，肯定和感谢参演学生；二是引导学生以科学的态度、质疑的精神评价课本剧内容，感悟其中蕴涵的精神。

从"慎用课本剧"至今，我惊喜地发现学生的热情慢慢回来了，历史课堂又开始恢复了活力。在我校最近进行的综合实践活动的报名中，历史学科竟成了最热门的学科之一。学生们对历史学科的热爱肯定了我对课本剧的重新"包装"。

回顾这段经历，我得到了两点启示：

一、教师应加强学习，不断更新教育教学观念，改进教学方法

教育教学理论始终在不断发展，作为一名教师，应密切关注最新的教育教学理论，及时更新观念，并运用到实际工作中。教学方法也同样在不断发展中。现在先进的教学方法不代表它将永远先进，它需要我们不断运用新的教育教学理论去改进、调整，否则就会出现始料不及的状况。如我第一次使用课本剧时，通过学生自编、自导、自演的形式，达到了教师预设的目标，在"学生主体、教师主导"教育理论下接近完美。随着新课程理论的出现，这种教学方法就显示出了其弊病，但我未能预见性地将新的理念运用到工作中，抱着"法宝"不放，于是便出现了学生觉得没劲、教师感觉无聊的危险局面。而接下来的学习和反思，拯救了我和我的学生，也拯救了历史课堂。因此，我由衷地感到学习是教师成长的最好方式。

二、教师应理性地投入课改，把握好几个关键问题

课程改革开始后，教师和学生都以高度的热情参与其中。在取得成绩的同时也出

现了一些问题。从课本剧"泛滥成灾"可以看到,作为教育教学工作的实施者——教师,未能把握好课程改革中的几个问题。

1. 关于课堂教学目标多元化的问题

传统的课堂教学关注的是学生的认知目标,尤其是知识掌握的状况,教学目标的指向单一。因此,新课程倡导的是目标的多元化,强调知识与能力、过程与方法、情感态度价值观。

知识与能力、过程与方法、情感态度价值观三者之中,知识是基础。学生学习能力的提高、学习方法的掌握、良好的学习态度与习惯乃至价值观的形成,都是以知识的学习为载体的。离开知识的掌握,其他各项目标均无法落实。

但在改革中,却出现了片面强调能力、方法、情感的目标失衡状况。如课本剧教学的主要目标是情感价值观的培养。在课改中,也出现了不分场合、不分时机地滥用,这就是教学三大目标把握失衡的结果,也是一种危险的倾向。

2. 关于过程与结果的问题

在传统教学中,教师关注的是学生的学习结果,忽视了学生的学习过程。因此,新课程理论强调了关注学生学习过程的理念。"历史教学评价应以学生综合素质为目标,采用灵活多样的评价方法,注重学生学习过程和学习结果的全程评价,充分发挥历史教学评价的教育功能。"但在改革中,却出现了片面理解新课程理论,只关注过程、完全不管结果的过激行为。如课本剧形式热闹,表面上体现了以学生为核心的理念,在演出过程中又达到了一定的情感体验或能力提高目标,因此便成为部分教师的"最爱"。其实,过多、过滥地使用课本剧必然会在忽视学习结果的同时,降低学习过程对学生的吸引力,从而使"关注学习过程"成为空谈。因此,在关注过程的同时,也要关注结果,两者是相辅相成的。

3. 关于课堂教学的实质问题

课堂教学的实质是交往、互动。没有交往,没有互动,就没有或未发生教学。

教学过程是师生交往、积极互动、共同发展的过程。在师生互动、生生互动过程中会产生新的动态生成,因此,课堂教学的生命之源是真实。

而在以往的教学中,教师追求的是完美而非真实,因此预设很多,缺少新的生成。课本剧就是教师为了达到自己理想中完美的课堂教学而预设的。我认为课堂预设是不可少的,但不是不可变的,应根据实际教学需要随机调整。只要教师用动态生成的观点去看待、使用预设的教学手段,并将两者有机结合,就一定能找到课堂教学的真谛。

分析:上述案例是一位初中历史教师以叙事方式撰写的教学故事,这位教师用朴素、简洁的语言记录了自己在历史教学实践中使用历史课本剧的经历,属于专题探究性的教学反思。案例首先从现象描述入手,先后记录了初次使用课本剧学生欣然、继续使用课本剧学生淡然、多次使用课本剧学生漠然的过程,这些叙述让我们在感同身受的同时也有一些感慨。接着,张老师又用智慧的头脑对课本剧进行了重新定位和分析,找到了问题的症结所在，并对自己的教学行为作出了理性的、深刻的分析。可贵的是，张老师没有将反思停留在记录和分析上面，而是带着研究的意识提出了解决问题的措施，并付诸实践，检验这些"优化建议"，体现了行动研究的思想。最后，在成功检验反思成果的基础上，张老师继续写下了课本剧故事对自己的启示。从该案例中，我们可以看出反思是动态的、循环的过程，需要教师以一种包容、执著的意志品质去面对问题。有关课本剧的反思是具有连续性的，教师反思的过程也是学习的过程、研究的过程、创造的过程，更是教师体验成功、走向发展的过程。在该案例中，反思的功能不再仅仅表现为促进和改善该教师的教育教学，而是凸显了反思对该教师专业发展的重要作用。教师在对自身活动不断地质疑、持久地探究、连续地推理、反复地验证的过程中，使实践更趋向合理化，并重新建构新的教学思想框架，提升了自己的专业素质。

修炼建议

新课程认为，教师的教学反思是教师专业发展和自我成长的核心因素。学者熊川武认为，教学反思是教学主体借助行动研究不断探究与解决自身和教学目的以及教学工具等方面的问题，将学会教学与学会学习结合起来，努力提升教学实践合理性，使自己成为学者型教师的过程。这里强调了教师以"解决教学实践问题"为出发点，以"行动研究"为行动方法，以追求"实践合理性"为目标，最终实现学生自身成长和教师的专业发展。只有经过反思的教学生活才有意义，教师才能在教学中找到自我。

那么，教师如何做好教学反思呢？新课程认为按教学的进程，教学反思分为教学前、教学中、教学后三个阶段。

（一）教学前的反思

在教学前进行反思，这种反思能使教学成为一种自觉的实践。教学前的反思通常指的是对于教学预设的反思。教学预设的反思是指在教学设计实施之前，教师对自己的预设进行反思。教学预设的反思可从几个方面进行。

1. 反思教学目标的设计

教师可从三方面反思教学目标：

（1）目标的全面性，即预设的教学目标是否体现全体学生全面发展的需求。

①教学预设要体现三维目标的协调统一。教学是教养与教育的统一。纽纳也说，"在教学中并不仅仅传授源于人类知识文化诸领域的知识、技能、技巧，它同时也传递立场、自然观、社会观、人类生活的价值与目标，即世界观的、政治的、道德的基本态度。"教学总是伴随着教育的。

新课程改革致力于改变以往过于注重知识的倾向，强调知识的学习过程、能力的培养过程、情感态度价值观养成过程的统一，并从知识与能力、过程与方法、情感态度价值观三个维度对课程目标进行了重新构建。教师在进行教学预设时，应正确地理解三维目标的要求，明确三维目标在整个目标系统中的地位，把握三者之间的内在一致性。

②教学预设要适合全体学生的发展需求。面向 21 世纪的教育是以人为本、全面发展的教育。基础教育是大众教育，是面向全体学生的。基础教育要满足每个学生身心健康发展的需要，培养学生终身学习的愿望和能力。因此，教师在教学预设时必须面向全体学生，以基础性学习培养为着力点，在最本质、最基本的方面提出具体、实在的要求。

"教学要面向全体学生"这一要求，在历史学科义务教育阶段的课程标准中有明确表述：历史课程应突出体现义务教育的普及性、基础性和发展性，应面向全体学生，为学生进入和适应社会打下基础，为学生进一步接受高一级学校教育打下基础。

（2）目标的针对性，即三维目标的定位是否适合所教班级学生的学情。

教学目标的设计应基于教师对教学内容和学习者特征分析，不同学校、不同班级的教学目标应该是不同的。教师要重视学情分析，教学设计要以学生为中心，不能以教师为中心，更不能目中无人。

（3）目标的开放性，即教学目标的预设中是否允许某一目标在动态生成的情况下有所拓展、升华？某一目标也许因为动态生成的课堂教学不能完成。如果出现目标不能达成的情况，课堂教学将作怎样的取舍？

在课堂教学中，经常会发生教师预设之外的情况，有一些偶发情况往往就是潜在的宝贵的课程资源，教师不仅要善于捕捉这样的动态生成资源，而且在教学设计时要留有空间。开放的教学目标可以让教师在教学中从容地处理好预设和生成的关系。

2. 反思教学内容设计

教师可从两方面反思教学内容：

（1）教学内容的开放性，即教学内容是否整合了相关的课程资源？是否预设了开放性的教学情境，有利于合作、民主的课堂教学？

教育是人的教育，是科学教育与生活教育的融合。教育必须回归学生的生活世界，从学生熟悉的生活与他们自己的经验和已有的知识出发，对教材进行必要的加工和整合，选用学生喜闻乐见的材料，激发学生学习的兴趣，有利于学生主动参与课堂学习，并自主建构教学内容与知识体系。

增强教学内容的开放度，加强课堂教学与学生生活经验、科技发展、社会热点的联系，这是教学的基本原则和要求。

（2）教学内容的针对性，即教学内容是否和学生现实生活相联系，以免出现教学内容很空洞、乏味的现象。

增强教学内容的针对性，首先要做到科学分析学情。学情分析是教学预设的重要环节，学情分析是否科学，直接影响到教学预设的针对性和教学效果。学情分析包括对任教学生的心理发展特征、知识准备情况、学习能力水平等的判断和分析。学情分析是教师确定教学目标、确定教学重难点、选择教学方式的重要依据。

其次，教学内容的针对性还需要教师对学生生活热点的敏锐捕捉。当代中小学生生活在改革开放的大环境中，现代传媒发达，信息传输便捷，学生的视野更加开阔，生活中新事物、新名词层出不穷，教师平时要走进学生生活，了解学生关注的热点话题、焦点事件，并适当运用于教育教学，以提高教学的针对性、教育的实效性。

最后，关注个体差异是提高教学内容针对性的关键之举。个体差异是指个体在生理、心理和社会等方面表现出的相对稳定而又不同于他人的特点。人的个体差异表现在方方面面，每个个体的心理、生理和社会的背景都存在着差异。这些个体差异是影响教学有效性的一个重要因素。因此，教师在进行教学预设时，在遵循教育规律的情况下，要敢于打破统一的模式和传统的做法、教法，去关注每一个或每一类学生，并在此基础上采用分别指导、分层次、分组等教学方法来满足学生的不同需求，帮助他们确立"每个学生都具有成功的潜能"的信念，使每个学生都能得到充分的发展。

现代教学理论与教学实践都告诉我们，教学效果的优劣是由学生在课堂教学中的参与程度来决定的，而在我们的课堂教学活动中应更多重视有效参与。既然学生之间客观存在着差异性，学习中就应允许学生差异参与，提倡差异参与。根据学生不同的个性特点和发展水平进行教学，立足于一般，照顾到特殊，使不同的学生得到不同的发展。教师在教学预设时，可以通过课堂练习分层设计，课堂提问分层设计，对不同层次的学生给予不同起点为标准的课堂教学评价，已达到关注差异、尊重差异，甚至利用差异资源的目的，在动态生成的过程中促进学生的共同成长。

3. 反思教学方法设计

教师可从三方面反思教学内容：

（1）教学方法的必要性，即教学情境的设计、教学活动的预设是否是突出教学重点、解决教学难点的需要。

教学活动、教学情境都是为达成教学目标而服务，因此，教师在设计教学活动、创设教学情景时，要做到有的放矢，不能太随意而忽视教学的中心——教学目标。一般来讲，教学情境、教学活动都要围绕着教学重点和教学难点而展开，坚持做到"小难小动，大难大动，不难不动"。

（2）教学方法的不可替代性，即预设的教学方法是否具有最优的教学效果、最少的教学代价，是否是其他教学方法不可替代的。

课程改革以来，各种新的教学方法、教学媒体层出不穷，因此在历史课堂教学中出现了百花齐放的局面。可是，我们经常在一些历史课堂中，尤其是公开课、评优课中，发现教师不讲究各种教学方法的互补，也不考虑各种教学方法的适用性，随意地根据自己的喜好加以运用，以致出现一些课改倡导者始料不及的现象，如课本剧泛滥成灾、小组讨论形如虚设、人灌变成机灌等。

（3）教学方法的开放性，即预设的教学方法是否有利于营造民主、平等、合作的学习气氛。

在教学中，教师要充分体现学生的主体地位，教师主要充当学生学习活动的组织者、合作者。课堂上应尽可能增大学生的"自由度"，把教学组织得像是学生自由选择的活动一样。课堂上可以教师提问学生答，也可以学生提问教师答，还可以学生提问学生答。学生的学习可以是个别竞争，也可以合作完成；可以畅言叙述，也可以实践操作。开放式的教学方式将有利于民主、平等、合作的学习气氛的形成。

4. 反思教学评价设计

教学评价设计是指教师根据教学目标的分析，设计与目标相匹配的学业评价和过程性评价。

对教学评价的反思可从两个方面进行：

（1）教学评价是否与教学目标相匹配。教学评价是对教学目标的反馈，是整个教学进程中的方向，它可以帮助学生了解自己的学习成果，也可以帮助教师诊断学生的学习情况，以促进学生的全面发展。设计一份与教学目标相匹配的教学评价至关重要，教学目标的达成情况需要从教学评价中得到反馈，以利于教师判断学习质量、调整教学设计。因此，教学评价的设计要以教学目标为基础和依据，评价内容要紧扣目标，便于观察和诊断。

（2）教学评价是否体现了学生学习的过程性评价。新课程认为，教学评价要注重过程，做到终结性评价与形成性评价相结合。关注过程的形成性评价，是面向"未来"、重在发展的评价。评价更多地关注学生求知的过程、探究的过程和努力的过程，关注学生的进步和成长。目前在初中历史教学中出现的学生成长档案袋、课堂学习情况记录等评价方式，体现了激励性、发展性的评价原则，也体现了教学评价重心的转移。

（二）教学中的反思

反思不仅是教师的思维特质，也是整个教学实践的一个重要环节。在教学中进行反思，即及时、自动地在行动过程中反思，这种反思能使教学高质高效地进行。教学中反思的方式一般有观察、倾听、判断。

首先，教师在课堂教学中要善于观察学生的学习情况，了解学生的学习疑点和兴趣点，反思教学目标的准确性、教学容量的适合性和教学方法的适用性，并作出恰当的调整。

其次，教师在课堂教学中要耐心倾听学生的想法，了解学生的认识与自己的预期是否一致。当学生的认识与教师的预期不一致甚至距离较远时，教师要适当调整预设，积极引导学生思维，以确保将教学活动建立在学生已有认知的基础上。

第三，教师在课堂教学中要智慧判断各种"意外"，捕捉思维碰撞的火花，充分挖掘和利用有效的动态生成资源，适当调整预设的教学程序、教学目标和教学内容，处理好教学预设与动态生成的关系。

（三）教学后的反思

《礼记·学记》中曾说"是故学然后知不足，教然后知困。知不足，然后能自反也；知困，然后能自强也。故曰，教学相长也。"教学后的反思，即在行动结束后有批判地进行反思，这种反思能使教学经验理论化。教学后自我反思的方式一般有写课后记、图表记录、撰写教育故事。反思的信息来源既可以是教师自我观察收集信息，也可以通过同伴合作、专家引领的途径获取信息。

1. 写课后记

课后反思，即每当一堂课结束之后，教师常常会感到有某些美中不足之处或意外闪光的心得体会。此时，教师及时把这些新的体会记录下来，并进行整理、分析，反思自己的教学行为，可以提高教学的自我监控能力，提升教学的灵活性和针对性，从而促进学生的发展和教师自身专业的发展。

课后记主要从以下问题切入：（1）你的教学目标在本次课中是否已经达到了？达到的标志是什么？如果没有达到的话，标志又是什么？（2）你预先的教学设计与实际的教学进程之间有何区别？你在课上又是如何处理这些区别的？处理是否得当？（3）这次课你感到比较得当的地方有哪些？存在的问题又有哪些？什么问题是最突出的问题？（4）在下次课中你打算如何克服在这次课出现的最突出的问题？有哪些初步的安排？需要克服哪些困难和障碍才能做到？（5）在这次课上有无对你来说印象较为突出的事件？如果有的话，简单地记录一下这件事情发生的原委。（6）这次课上成绩较好的学生表现怎样？成绩中等和成绩较差的学生表现又怎样？

2. 设计记录图表

近年来，图表记录方法在历史教师课后反思中开始出现，它具有快速、使用方便、便于对比等优点，受到很多年轻教师的喜爱。图表记录方法一般包括教学设计的基本要素，具体如下表：

课文标题：				
反思内容	所任班级 1	所任班级 1	所任班级 2	所任班级 2
	成功之处	失败之处	成功之处	失败之处
教学目标				
教学评价				
教学过程				
教学策略				
教学内容				
动态生成				
改进措施				

教师可根据教学内容的不同，自行设计反思图表，也可根据自己行动研究的主题，设计与研究有关的反思项目。

3. 撰写教育故事

作为一种反思方法，教育故事是指教师运用故事的手法叙述教育教学事件、教育教学实践经验，从而发掘或揭示内隐于事件和经验背后的教育思想、教育理论和教育信念。教师在教学反思中积累素材，从面临的教学问题中提炼主题，从探究的成功经验中提升教育思想，最终形成真实、生动、鲜活的教育故事。当教师对日常教学反思中的某一个问题进行持续的探究，带着研究的意识去反思这个问题，并将研究得出的改进策略运用于教学实践时，教学故事的素材就产生了。一般来说，教学故事包括这样三个阶段：分析情境，发现问题阶段；提出假设，探究问题阶段；积极验证，解决问题阶段。教师主动地进行专题式探索，可以提升反思成果的质量。

主要参考书目

［1］中华人民共和国教育部．义务教育历史课程标准（2011 版）［S］．北京：北京师范大学出版社，2012.

［2］钟启全，崔允漷，张华．为了中华民族的复兴，为了每位学生的发展——《基础教育课程改革纲要（试行）》解读［M］．上海：华东师范大学出版社，2001.

［3］崔允漷．有效教学：理念与策略［J］．人民教育，2001，（6）.

［4］施良方，崔允漷．教学理论：课堂教学的原理、策略与研究［M］．上海：华东师范大学出版社，2001.

［5］于友西．历史学科教育学［M］．北京：首都师范大学出版社，2000.

［6］叶小兵，姬秉新，李稚勇．历史教育学［M］．北京：高等教育出版社，2004.

［7］齐健，赵亚夫．历史教育价值论［M］．北京：高等教育出版社，2004.

［8］赵亚夫．历史课堂的有效教学［M］．北京：北京师范大学出版社，2007.

［9］张静，李晓风，姚岚．历史学习方略［M］．北京：高等教育出版社，2003.

［10］黄牧航．历史教学与学业评价［M］．广州：广东教育出版社，2005.

［11］沈毅，崔允漷．课堂观察：走向专业的听评课［M］．上海：华东师范大学出版社，2008.

［12］白月桥．历史教学问题探讨［M］．北京：教育科学出版社，1997.

［13］余伟民．历史教育展望［M］．上海：华东师范大学出版社，2002.

［14］朱汉国，郑林．新编历史教学论［M］．上海：华东师范大学出版社，2008.

［15］刘军．历史教学的新视野［M］．北京：高等教育出版社，2003.

［16］朱煜．历史课程与教学论［M］．长春：东北师范大学出版社，2005.

［17］申继亮．教学反思与行动研究［M］．北京：北京师范大学出版社，2006.

［18］赵明仁．教学反思与教师专业发展［M］．北京：北京师范大学出版社，2009.

［19］钱乘旦，杨豫，陈晓律．世界现代化进程［M］．南京：南京大学出版社，1997.

［20］罗荣渠．各国现代化比较研究［M］．西安：陕西人民出版社，1993.

［21］丁建弘．发达国家的现代化道路——一种历史社会学的研究［M］．北京：北京大学出版社，1999.

初中历史教师专业能力必修

Chu Zhong Li Shi Jiao Shi Zhuan Ye Neng Li Bi Xiu

［22］钱乘旦，王宇博．换个角度看历史——现代化与世界近现代史学科体系研究［M］．成都：四川人民出版社，2007．

［23］杨宁一．历史学习新视野新知识［M］．北京：人民出版社，2008．

［24］L·S·斯塔夫里阿诺斯．全球通史——1500年以前的世界［M］．上海：上海社会科学出版社，1988．

［25］马克垚．世界文明史［M］．北京：北京大学出版社，2004．

［26］周春生．文明史概论［M］．上海：上海教育出版社，2006．

［27］苏霍姆林斯基．给教师的建议［M］．北京：教育科学出版社，2004．

［28］赵亚夫．国外历史教育透视［M］．北京：高等教育出版社，2003．

［29］吴式颖．外国教育史教程［M］．北京：人民出版社，2008．